Richard Thiess

Ladendiebstahl erkennen, verhindern, verfolgen

AF570626

Richard Thiess

Ladendiebstahl erkennen, verhindern, verfolgen

Ein Handbuch für die Praxis

Tectum Ratgeber

Richard Thiess
Ladendiebstahl erkennen, verhindern, verfolgen
Ein Handbuch für die Praxis
© Tectum Verlag Marburg, 2011
ISBN: 978-3-8288-2694-6

Umschlagabbildung (Handschellen) Dan Brandenburg – www.istockphoto.com;
Innenteilsabbildung (Glühbirne) ijsendoorn – www.istockphoto.com
Druck und Bindung: Finidr, Český Těšín
Printed in Germany
Alle Rechte vorbehalten

Besuchen Sie uns im Internet
www.tectum-verlag.de

Bibliografische Informationen der Deutschen Nationalbibliothek
Die Deutsche Nationalbibliothek verzeichnet diese Publikation in der Deutschen Nationalbibliografie; detaillierte bibliografische Angaben sind im Internet über http://dnb.ddb.de abrufbar.

Inhalt

Vorwort

Als Mitarbeiterin oder Mitarbeiter in einem Handelsunternehmen werden Sie in vorderster Linie immer wieder mit einem Problem konfrontiert, das Sie – ob Sie das wollen oder nicht – stets aufs Neue dazu zwingt, Ihre eigentliche Arbeit im Verkauf zu unterbrechen und unter Umständen weitreichende Entscheidungen zu treffen und Maßnahmen zu veranlassen. Die Rede ist vom Ladendiebstahl. Oft genug geraten Sie dabei in Situationen, auf die Sie nicht oder nur unzureichend vorbereitet wurden. Situationen jedoch, die allzu leicht dazu führen könnten, dass Sie sich selbst womöglich durch taktisch unkluge oder gar durch unzulässige Maßnahmen in Schwierigkeiten oder in Gefahr bringen. Straftäter haben ein feines Gespür für Unsicherheiten und Schwächen und nutzen diese skrupellos zu ihrem eigenen Vorteil.

Ladendiebstahl ist ein Thema, das uns alle betrifft

Ladendiebstahl – wohl keine andere Straftat ist in unserem täglichen Leben so präsent und wird doch zugleich so sehr im öffentlichen Bewusstsein verdrängt wie Diebstähle im Groß- und Einzelhandel. Jeder ist in irgendeiner Weise durch Ladendiebstahl betroffen – so etwa der Kunde, der bei seinem Einkauf für die Schäden, die Ladendiebe anrichten, durch höhere Preise zum Ausgleich der Diebstahlsverluste herangezogen wird. Oder der sich peinlichen Ausgangskontrollen unterziehen lassen muss, weil fehlerhafte Warensicherungsanlagen Alarm ausgelöst haben. Betroffen sind auch die Eigentümer von Handelsunternehmen, deren Erträge durch Diebstähle geschmälert werden. Vor allem aber ist das Thema Ladendiebstahl für nahezu jede Verkäuferin und für jeden Verkäufer dauerhaft präsent: Einerseits soll das Unternehmen vor Verlusten geschützt werden, andererseits aber fehlen dafür fast immer das erforderliche rechtliche Wissen und das taktische Know-how. Durch die rechtlichen Unsicherheiten und die ständige Angst, sich durch falsches Verhalten selbst strafbar zu machen oder durch aggressive Täter verletzt zu werden, wird das Thema Ladendiebstahl so weit wie möglich verdrängt und tabuisiert. So hat sich in den letzten beiden Jahrzehnten im Bereich Ladendiebstahl ein weites und außerordentlich lukratives Feld für professionelle Straftäter eröffnet, in dem nicht nur horrende Gewinne zu erzielen sind, sondern auch das Entdeckungs- und Bestrafungsrisiko minimal ist.

Betrachtet man die offiziellen Zahlen der Kriminalstatistik, so stellt man erst einmal beruhigt fest, dass es so schlimm wohl nicht sein kann mit dem Ladendiebstahl. Die offiziellen Fallzahlen des Bundeskriminalamtes weisen aus, dass 2006 deutschlandweit 428.553 Fälle von Ladendiebstahl registriert wurden, diese Zahl 2007 auf 408.377 Fälle zurückging und 2008 um weitere 3,1 % auf 395.722 Fälle sank.

Laut polizeilicher Kriminalstatistik (PKS) lag der Gesamtschaden durch Ladendiebstähle im Jahr 2007 in Deutschland bei 26,6 Millionen Euro (für 2008 liegen in der PKS keine Schadenssummen vor). Teilt man die Schadenssumme für 2007 durch die Zahl der 408.377 gemeldeten Ladendiebstähle, so ergibt sich ein durchschnittlicher Schaden pro Ladendiebstahl von 67,54 €.

Die Zahlen zeigen: 99 % der Ladendiebstähle bleiben unaufgeklärt

Stellt man allerdings diesen Zahlen die Zahlen des Europäischen Einzelhandelsinstitutes (EHI) im Jahr 2007 für Deutschland gegenüber, so wird deutlich, dass die in der Kriminalstatistik erfassten Zahlen nur die Spitze des Eisbergs wiedergeben. Laut EHI beläuft sich die Schadenssumme durch Ladendiebstähle im Jahr 2007 nämlich auf 3, 9 Milliarden Euro! Unterstellt man, dass auch hier der durchschnittliche Schaden dem Durchschnittsschaden aus der PKS entspricht, ergibt sich ein bemerkenswertes Ergebnis: teilt man den Gesamtschaden laut EHI von 3,9 Milliarden € durch den Durchschnittsschaden in Höhe von 67,54 €, so errechnet sich eine Fallzahl für das Jahr 2007 von über 57 Millionen (genau: 57.743.559) Ladendiebstählen! Da in der PKS für 2007 jedoch nur 408.377 Fälle erfasst sind, bedeutet dies, dass lediglich 0,7 % aller Ladendiebstähle im Jahr 2007 in der polizeilichen Kriminalstatistik aufscheinen, während es in diesem Deliktsbereich eine Dunkelziffer von 99,3 % gibt! Mit den Zahlen anderer Jahre verhält es sich entsprechend. Da ist die Frage erlaubt, was eine derartige Zahl in der Statistik für einen Aussagewert hinsichtlich der öffentlichen Sicherheit und der Kriminalitätsentwicklung in unserem Land haben kann.

Doch sind es nicht allein diese Zahlen, die nachdenklich stimmen. Vielmehr ist es der Schaden insgesamt, der besorgniserregend sein sollte. Dazu möchte ich Ihnen einmal bildlich vor Augen führen, was es bedeutet, wenn jährlich Waren im Wert von 3,9 Milliarden Euro durch vorsätzliche Diebstähle in Handelsunternehmen entwendet werden. Stellen Sie sich einmal vor, dass man für den Betrag von 3,9 Milliarden € handelsübliche Kühlschränke der mittleren Preisklasse im Durchschnittswert von 500 € kaufen würde. Für den Betrag von 3,9 Milliarden € erhielte man 78 Millionen Kühlschränke. Stellen wir uns weiter vor, dass diese Kühlschränke mit der Bahn verschickt werden müssten. Für den Transport werden Standardgüterwaggons der DB mit einer Länge von 14,52 Metern und einem Ladevolumen von 80 m^3 verwendet. Damit können pro Waggon 100 verpackte Kühlschränke transportiert werden. Um alle Kühlschränke mit einem Zug verschicken zu können, benötigt man demnach 780.000 (!) Waggons zu je 14,52 Meter Länge. Das bedeutet, dass der Zug eine Länge von 1.132,56 Kilometer hätte – das ist mehr, als die Entfernung zwischen Flensburg und Berchtesgaden beträgt! Müssten Sie an einem beschrankten Bahnübergang warten, bis dieser Zug bei einer durchschnittlichen Geschwindigkeit von 80 km/h an Ihnen vorübergefahren ist, würde es mehr als 14 Stunden dauern, ehe sich die Schranke wieder öffnen könnte. Davon also sprechen wir, wenn wir von den jährlichen Verlusten durch Ladendiebstahl sprechen.

Der Schaden ist enorm

Und um die Größenordnung der Problematik noch auf eine andere Weise zu dokumentieren, nenne ich beispielhaft ein paar Zahlen zu Fällen des gewerbs- oder bandenmäßigen Ladendiebstahls, die ich während meiner dreizehnjährigen Tätigkeit als Sachbearbeiter und zugleich stellvertretender Kommissariatsleiter bei einem Kommissariat für Diebstahls- und Bandenkriminalität in München selbst bearbeitet habe:

Tatzeit	**Täter**	**Anzahl Straftaten**	**Schadenshöhe**
1988	Kundenehepaar	1.400	250.000 DM
1989	86 Täter	1.793	10.000.000 DM
1990	ein Angestellter	fortges. Unterschlagung	5.000.000 DM
1992	ein Angestellter	fortges. Diebstahl	200.000 DM
1995	82 Täter	etliche Tausend	4.150.000 DM
1996	eine Täterin	2.100	160.000 DM
1997	vier Täter/210 Hehler	einige Tausend	2.500.000 DM

1997	zwei Täter	ca. 250	340.000 DM
1997	zwei Täter	ca. 700	250.000 DM
1998	eine Täterin	ca. 500	200.000 DM
2000	eine Täterin	36	350.000 DM
2001	elf Täter	ca. 800	350.000 DM
2001	fünf Täter	ca. 400	500.000 DM

Es ist vielen von uns noch gut in Erinnerung, wie in den Jahren 1993 und 1994 der Schaden durch Pkw-Diebstähle die magische Grenze von 1 Milliarde *DM* überstieg. Dies hatte zur Folge, dass die Autoindustrie auf Betreiben der Versicherungswirtschaft ab dem Jahr 1995 elektronische Wegfahrsperren in jedes Fahrzeug einbauen musste und dies per Gesetz ab dem 01.01.1998 für jeden Neuwagen verbindlich vorgeschrieben wurde. Die Versicherungsprämien stiegen an, es wurden allenthalben Sondereinheiten der Polizei gegen organisierte Pkw-Diebstähle gegründet und die internationale polizeiliche Zusammenarbeit wurde intensiviert.

Kaufhausdetektive werden meist unzureichend ausgebildet

Zeitgleich erreichten und überstiegen die Verluste aus Ladendiebstählen die Fünf-Milliarden-*DM*-Grenze. Das aber interessierte weder Versicherungswirtschaft noch Bundesregierung. Man sah im Gegenteil nicht einmal die Notwendigkeit, die Tätigkeit von Kaufhausdetektiven als eigenständigen Ausbildungsberuf anzuerkennen und dementsprechende gesetzliche Ausbildungsregelungen zu schaffen. Es wurde vielmehr festgelegt, dass die Arbeit von Kaufhausdetektiven lediglich als eine allgemeine Bewachungstätigkeit anzusehen sei und dementsprechend eine ein- bzw. zweiwöchige »Ausbildung« analog zu Parkplatzbewachern nach § 34a der Gewerbeverordnung genügen würde. Niemand, der einen Beruf erlernt hat, wird bestreiten, dass eine zweiwöchige Teilnahme an einer Ausbildungsveranstaltung völlig ungenügend ist, um qualifizierte Kenntnisse in einem – noch dazu sehr vielseitigen – Tätigkeitsbereich der Kriminalitätsbekämpfung zu erlernen.

Ladendiebstahl sollte nicht entkriminalisiert werden

Um die Wertigkeit der Problematik noch weiter ad absurdum zu führen, waren zeitweise sogar ernsthafte politische Bestrebungen im Gange, den Ladendiebstahl zu »entkriminalisieren«, um so die Kriminalitätsstatistik zu schönen. Man wollte kein »Volk von Vorbestraften«. Es war beabsichtigt, dass einfacher Ladendiebstahl bei Ersttätern und bei geringem Warenwert keine Straftat, sondern nur mehr eine Ordnungswidrigkeit wie Falschparken oder nächtliche Ruhestörung darstellen sollte. Diese »Entkriminalisierung« hätte jedoch die weitreichende Folge gehabt, dass nach der Strafprozessordnung dann kein Festnahmerecht mehr bei einem »einfachen« Ladendiebstahl bestanden hätte; Diebe hätten demnach völlig risikolos die Geschäfte plündern können. Erst nachdem das private Sicherheitsgewerbe gegen diese Pläne Sturm gelaufen war, verschwanden diese völlig unausgegorenen und dilettantischen Ideen – zumindest bis dato – wieder in der Versenkung. Mancherorts behalf man sich nun ersatzweise damit, dass man nicht mehr jeden gemeldeten Diebstahl statistisch erfasste, sondern z. B. pro Kaufhaus und Monat nur noch einen einzigen Fall auswies. Hauptsache, man konnte, wenn schon nicht immer einen permanenten Rückgang, so zumindest einen nur moderaten Anstieg der Kriminalität vermelden …

Ladendiebstahl ist kein Bagatelldelikt. Das gilt auch für Taten Jugendlicher

Passend zu dieser unverkennbaren Entwicklung hin zur Bagatellisierung dieses Deliktes wird der Großteil der angezeigten Taten durch die Staatsanwaltschaft ohne Anklage und immer häufiger auch ohne jedwede sonstige Sanktion eingestellt. Handelt es sich bei den Tätern außerdem noch um Jugendliche oder Heranwachsende, ist das Risiko für die Täter, für die ersten fünf bis zehn Taten überhaupt eine spürbare Reaktion der Justiz zu erfahren oder gar angeklagt zu werden, verschwindend gering. Das Jugendstrafrecht setzt hier immer öfter auf Einsicht und Nachreife, wobei beharrlich übersehen wird, dass die Nichtverfolgung von Ladendiebstählen oder gar ein »Freispruch« trotz erwiesener Schuld von den Jugendlichen nicht als »Schuss vor den Bug« gesehen wird, sondern als Freibrief für weitere Taten. Je öfter ein Verfahren gegen ein Mitglied einer Jugendbande trotz zweifelsfrei nachgewiesener Taten eingestellt oder spätestens vor dem Jugendrichter mit »Freispruch« gegen minimale Auflagen endet, umso höher steigt der Täter im Ansehen seiner Gruppe. Man darf auch nicht außer Acht lassen, dass viele Jugendliche oder Heranwachsende zudem Ladendiebstahl als oft einfachste und risikoloseste Möglichkeit sehen, sich durch den Verkauf des Diebesgutes eine dauerhafte Einnahmequelle zur Finanzierung ihres Betäubungsmittelkonsums zu verschaffen. Damit allein aber ist das Phänomen des besorgniserregenden

Nichtbestrafung ist eine Art »Freibrief« für weitere Taten

Anstiegs von Fällen des gewerbs- und bandenmäßig begangenen Ladendiebstahls nicht erklärbar.

Zunahme von organisierten Diebesbanden

Vielmehr haben organisierte Diebesbanden – immer häufiger auch aus den ehemaligen Ostblockstaaten – erkannt, dass »einfacher Ladendiebstahl« im Gegensatz zu Einbruchsdiebstählen eine kaum nennenswerte Bestrafung nach sich zieht, soweit bei Ersttätern überhaupt eine Strafe verhängt wird. Die Ware ist in der Regel nicht registriert und ohne verräterische Gebrauchsspuren, was bedeutet, dass man entwendete Kaufhausware über Kleinanzeigen risikolos verkaufen und dabei bis zu 80 % des regulären Verkaufspreises erzielen kann. Sogenannte »heiße Ware« aus Einbrüchen lässt sich hingegen für maximal 25 % des tatsächlichen Wertes veräußern. Zudem ist der Aufwand, an Ware aus einem Kaufhaus zu gelangen, völlig unbedeutend gegenüber dem Aufwand, den man für einen Einbruch benötigt. *Und last but not least* ist Ware in Kaufhäusern und anderen Einzelhandelsunternehmen nur unzureichend gesichert. Treten Tätergruppen geschlossen und entsprechend bedrohlich auf, gibt es in aller Regel auch keinerlei Widerstand seitens des Verkaufspersonals gegen die immer dreister agierenden Diebe.

Einleitung

Das vorliegende Buch ist als Handlungsanleitung für alle Personen gedacht, die im Zusammenhang mit ihrer Tätigkeit in einem Handelsunternehmen mit Ladendiebstahl konfrontiert werden. Die meisten von ihnen haben sogar direkt mit der Anhaltung von Ladendieben und/oder mit der Erstellung von Strafanzeigen zu tun. Das kann ein Kaufhausdetektiv ebenso sein wie ein Verkäufer, ein Abteilungsleiter oder ein Mitarbeiter aus einem Bereich außerhalb des direkten Verkaufsbereiches. Dieses Buch bietet Ihnen praktische Hilfe im Berufsalltag. Sie erfahren, wie Sie sich organisatorisch vorbereiten müssen, um im Falle eines Ladendiebstahls die Erstellung einer Strafanzeige – auch unter den Gesichtspunkten der Eigensicherung – optimal durchführen zu können. Breiter Raum wird den Inhalten gewidmet, die in einer Strafanzeige enthalten sein sollen. Es werden Möglichkeiten der Personalienfeststellung bei Verdächtigen aufgezeigt. Auch die Zusammenarbeit mit Polizei und Staatsanwaltschaft wird erläutert sowie die rechtlich korrekten Verfahrensweisen bei der Behandlung von sichergestelltem Diebesgut.

Mehr Sicherheit durch korrekte Verfahrensweisen

Im Kapitel »Vortatverhalten« wird dargestellt, wie man Straftäter im Unternehmen bereits erkennen kann, noch ehe sie die Tat ausgeführt haben, und wie man sich zu verhalten hat, sobald man eine Straftat oder einen Straftäter bemerkt hat. Ein besonderer Schwerpunkt wird auch auf die Anhaltung bzw. die vorläufige Festnahme von Straftätern gelegt, die zu den kritischsten Momenten für den Mitarbeiter jedes Handelsunternehmens gehört.

Ladendiebe schon vor der Tat erkennen

Weiterhin werden anhand echter Fallbeispiele eine Reihe von Begehungsweisen vorgestellt, wie Diebstahls- und Betrugsdelikte ausgeführt werden, denn deren Kenntnis allein kann bereits vor Straftaten schützen.

Wissen, wie Ladendiebe vorgehen

Schließlich werden Sie mit ausgewählten rechtlichen Bestimmungen vertraut gemacht, wobei hier der klare Schwerpunkt auf solche Abhandlungen gelegt wird, die den Zuständigkeitsbereich von Mitarbeitern im Groß- und Einzelhandel bei der Verfolgung von Straftaten betreffen. Dabei nehmen neben der Erörterung wesentlicher Strafbestimmungen aus dem Strafgesetzbuch (StGB) vor allem die teils über-

Sie sollten Ihre Rechte kennen – aber auch wissen, wann Sie sich strafbar machen

raschend weitreichenden Befugnisse eine besondere Stellung ein, die »Jedermann« bei der Feststellung einer Straftat in Anspruch nehmen darf. Hier sind besonders die Maßnahmen der sogenannten »Selbsthilfe« nach dem Bürgerlichen Gesetzbuch (BGB) und die vorläufige Festnahme nach der Strafprozessordnung (StPO) zu nennen. Abgerundet wird die Abhandlung durch die Darstellung der Problematiken im Zusammenhang mit der Erhebung von Fangprämien oder Vertragsstrafen bei Ladendieben, von Taschenkontrollen und den Befugnissen im Zusammenhang mit der Alarmauslösung an Ausgangsschleusen. Leisten Sie sich die Zeit, sich das einzigartige Erfahrungswissen des Autors zu eigen zu machen und tragen Sie dazu bei, Diebstahlsverluste in Ihrem Verantwortungsbereich spürbar zu reduzieren. Nicht zuletzt aber schützen Sie sich selbst und Ihre Kollegen davor, sich im Bestreben, Schaden vom Unternehmen Ihres Arbeitgebers abzuwenden, womöglich selbst strafbar und damit auch schadenersatzpflichtig zu machen!

Zur Erläuterung

In den nachfolgenden Texten wird für alle Personen, die mit der Anhaltung von Ladendieben und der nachfolgenden Sachbearbeitung befasst sind – unabhängig von ihrer sonstigen Position und Tätigkeit im Unternehmen – einheitlich die Bezeichnung »Sicherheitsverantwortlicher« verwendet.

1 – Anzeigenbearbeitung

Das nun folgende Kapitel »Anzeigenbearbeitung« befasst sich mit dem gesamten Wissenskomplex rund um die Erstattung einer Strafanzeige. Hierzu zählen Themen wie »Ausstattung eines Vernehmungsbüros«, »Eigensicherung während der Vernehmung«, »Vernehmung«, »Formblattwesen«, »Ausfüllen der Formblätter« und »Erstellen der Strafanzeige«. Zudem bieten die Abhandlungen zur Durchsuchung des Verdächtigen und zur Sicherstellung und Behandlung von Diebesgut sowie ergänzende Hinweise den Mitarbeitern von Handelsunternehmen die Möglichkeit, ihr Fachwissen zu erweitern und sich dabei die langjährige Berufspraxis eines erfahrenen Kriminalbeamten zunutze zu machen.

Zeit und Geld sparen durch richtiges Handeln

Gleich von Anfang an alles richtig zu machen, spart später Zeit und Geld. Nur durch sorgfältige Tatsachenerhebung und eine chronologisch einwandfreie und nachvollziehbare schriftliche Dokumentation eines Sachverhaltes werden die Strafverfolgungsbehörden in die Lage versetzt, ein Ermittlungsverfahren einzuleiten und im Idealfall einen Verdächtigen zu überführen und rechtskräftig zu verurteilen. Daneben dient eine korrekte und sachlich einwandfreie Strafanzeige nicht zuletzt dem Schutz des Anzeigenerstellers, der sich andernfalls allzu leicht dem Verdacht einer fahrlässigen oder leichtfertigen falschen Anschuldigung aussetzen könnte. Und jeder, der im Bereich Kaufhausdiebstahl tätig ist, wird bestätigen, dass vor allem die Beschuldigten und deren Rechtsanwälte nicht zimperlich darin sind, einem Anzeigenerstatter Unfähigkeit oder gar persönliche Interessen als Auslöser für eine Strafanzeige zu unterstellen. Gegen solche Vorwürfe schützt man sich am effizientesten durch fachlich und rechtlich einwandfreie, wertfreie Darstellung des Sachverhaltes, der korrekten Erstellung der Strafanzeige und durch fehlerfreies Vorgehen bei der Vernehmung, der Durchsuchung oder der Sicherstellung von Beweismitteln oder von Diebesgut. Um Ihnen all dies nahezubringen, greife ich in diesem Kapitel wie auch im gesamten Buch auf mein umfangreiches Erfahrungswissen aus mehr als 50.000 Anzeigen, überwiegend aus dem Bereich Eigentums- und Vermögenskriminalität, zurück. Darunter waren auch diverse Großverfahren des Autors mit bis zu 200 Beschuldigten und im Einzelfall mit mehr als 3.000 Einzeltatbeteiligungen. Weiterhin habe ich in meiner beruflichen Laufbahn mehr als 3.000 Straftäter selbst festgenommen, die meisten davon wurden auf frischer Tat er-

Nutzen Sie den Erfahrungsschatz des Autors für sich!

tappt. Nur durch einen solchen Praxisbezug ist gewährleistet, dass Sie ausschließlich Wissen vermittelt bekommen, das ohne jeden Abstrich in der Praxis durch den Sicherheitsverantwortlichen umsetzbar ist.

1.1 – Anforderung an Vernehmungsräume

Während in der Vergangenheit das Thema Ladendiebstahl eher als Tabu, ja, fast als unschicklich galt und dementsprechend auch der gezielten Aufklärung dieser Delikte nur ein stiefmütterlicher Rang zukam, hat sich in den letzten drei Jahrzehnten durch das explosionsartige Ansteigen der Eigentumskriminalität im Bereich des Groß- und Einzelhandels die Notwendigkeit einer umfassenden Bekämpfung dieser Delikte ergeben. Leider aber hat sich bis heute bei den meisten Konzernverantwortlichen die Erkenntnis noch nicht durchgesetzt, dass man den Mitarbeitern, die für Bearbeitung von Ladendiebstählen zuständig sind, auch die notwendigen technischen und räumlichen Voraussetzungen für ihre oft schwierige und nicht ungefährliche Tätigkeit bieten muss. Als Zentralstelle für die Diebstahlsbekämpfung spielt dabei das Sicherheitsbüro, in der Folge neutral als »Vernehmungsraum« bezeichnet, eine wesentliche Rolle. Richtig gestaltete und ausgestattete Vernehmungsräume sind unverzichtbar, auch für den Schutz der Mitarbeiter!

Besonders dann, wenn ein Mitarbeiter oder der Marktleiter eines Unternehmens die Bearbeitung von Ladendiebstählen nur nebenher mit erledigt, wird der Ausstattung der dazu erforderlichen Räumlichkeiten häufig keinerlei Beachtung geschenkt. Und so ist es nicht verwunderlich – und dieser Punkt wird den Verantwortlichen eines Unternehmens im Falle eines Falles unentschuldbar anzulasten sein –, dass diese Räume und deren Ausstattung zumeist in keiner Weise den Erfordernissen der Eigensicherung entsprechen!

Nachfolgend werden Empfehlungen und detaillierte Anweisungen für die optimale Ausstattung eines Vernehmungsbüros gegeben. Sie sollten sie in Ihrem eigenen Interesse und zum Schutz Ihrer Mitarbeiter genauestens beherzigen!

1.1.1 – Lage des Vernehmungsraumes

Gute Erreichbarkeit

Eine generelle Aussage zur idealen Lage eines Vernehmungsraumes lässt sich verständlicherweise nicht treffen. Zu sehr ist diese Frage von den örtlichen Gegebenheiten innerhalb eines Unternehmens abhängig.

Jedoch gibt es eine Reihe von Grundsätzen, die bei der Auswahl der Räumlichkeiten für den Vernehmungsraum beachtet werden müssen. So sollte der Raum möglichst nahe des Ausgangs (bzw. des Hauptausgangs) im Erdgeschoß liegen und vom Ausgang aus leicht und schnell zu erreichen sein. Der Weg von diesem Ausgang (dem Ort also, wo die große Mehrzahl der Täter gestellt wird) bis zum Vernehmungsraum soll dem Täter keine Möglichkeit zur Flucht bieten. Das bedeutet, dass der Weg an keiner weiteren Ausgangstür und an keinem offenen Fenster o. Ä. vorbeiführen soll.

Das Büro sollte so gelegen sein, dass auch nach Geschäftsschluss die zur Abholung eines Täters verständigte Polizei mühelos Zutritt zum Büro erhält, ohne dass der Sicherheitsverantwortliche zum Öffnen der Eingangstür den Beschuldigten aus den Augen verliert oder er mit ihm weite Wege durch die Verkaufsräume oder einsame Treppenhäuser auf sich nehmen muss. Außerdem sollte es möglich sein, vom Büro oder seinem Vorraum aus das Haus verlassen zu können, ohne nochmals durch die Verkaufsräume gehen zu müssen. Dies hat besonders dann einen wesentlichen Vorteil, wenn Widerstand leistende Täter von der Polizei abgeführt werden müssen. Denn so wird vermieden, dass unbeteiligte Personen angegriffen oder verletzt oder dass bei Widerstandshandlungen Waren oder Einrichtungsgegenstände beschädigt werden; überdies ist es für das Image eines Unternehmens nicht unbedingt von Vorteil, wenn sich derartige Aktionen vor den Kunden abspielen.

Sichere Verwahrung und problemlose Abholung des Täters durch die Polizei muss gewährleistet werden

Nähe zu anderen Räumen

Der Vernehmungsraum sollte schließlich so liegen, dass alle während einer Anzeigenaufnahme benötigten Stellen schnell und mühelos erreicht werden können. Hier ist z. B. an die Kasse zu denken, an der Ware nachträglich bezahlt werden kann, sofern sie dem Täter mitgegeben werden soll. Wichtig ist aber auch, dass sich eine – möglichst separate und nicht für die übrigen Kunden bestimmte – Toilette in der Nähe des Büros befindet. Soweit das Unternehmen über einen eigenen Raum für die Videoüberwachung verfügt, sollten die beiden Räume unmittelbar nebeneinander liegen, jedoch baulich vollkommen getrennt sein.

1.1.2 – Größe des Vernehmungsraumes

Mindestens zwölf Quadratmeter

Was bereits zur Lage des Raumes gesagt worden ist, gilt auch hier: Wo immer dies machbar ist, muss bereits bei der Planung eines Geschäftes der entsprechende Raum für die Unterbringung eines Vernehmungsraumes in der erforderlichen Größe mit berücksichtigt werden. Wo dies aufgrund der örtlichen Gegebenheiten nicht umzusetzen ist, sollte der Sicherheitsverantwortliche zumindest in der Frage ein Mitspracherecht erhalten, in welchem der Räume das Vernehmungsbüro untergebracht werden soll. Hierbei sollte mehr Augenmerk auf die Lage denn auf die Größe gelegt werden. Dennoch soll die für die Anzeigenbearbeitung zur Verfügung stehende Fläche nicht weniger als zwölf Quadratmeter betragen. Dabei sind für jeden Vernehmungsplatz zu einem Schreibtisch mindestens vier Sitzplätze (für Straftäter und Unterstützungskraft) einzuplanen sowie eine ausreichend große Stellfläche für mindestens einen Aktenschrank und für einen Asservatenschrank (Asservaten = sichergestellte Gegenstände). Soweit weiteres, spezifisches Mobiliar (z. B. Monitorüberwachungswand u. Ä.) hinzukommt, ist auch dafür eine genügend große Stellfläche mit zu berücksichtigen, wobei immer anzustreben ist, den Bereich der Überwachungsmonitore vor den Augen der Täter zu verbergen. Anzustreben ist hierfür natürlich am besten ein separater Raum. Wo dies nicht möglich ist, muss die Monitorwand mit einem Vorhang oder einer entsprechenden Vorrichtung versehen sein, damit die Überwachungsbildschirme während der Anzeigenbearbeitung vor den Augen von Dieben zumindest soweit verborgen werden können, dass man nicht erkennen kann, welche Bereiche videoüberwacht sind.

Überwachungsmonitore verbergen

1.1.3 – Ausstattung des Vernehmungsraumes

Keine überflüssigen Gegenstände

Bei der Planung und/oder der Einrichtung eines Vernehmungsraumes müssen an erster Stelle die Grundsätze der Eigensicherung berücksichtigt werden! So sollen nur die unbedingt erforderlichen Einrichtungsgegenstände im Raum vorhanden sein. Schmückendes Beiwerk wie Blumentöpfe oder Bilderrahmen könnten sich in der Hand eines verzweifelten Straftäters in gefährliche Waffen verwandeln. Dabei ist unbedingt anzustreben, einen separaten Raum für die Anzeigenbearbeitung einzurichten; soweit dies aus zwingenden Gründen nicht realisierbar ist, sollte der Raum anderweitig nur als Büro, keinesfalls jedoch als Lagerraum mitbenutzt werden. In diesem Fall darf das Büro weder zum Aufenthalts- noch als Besprechungsraum genutzt werden, um eine Gefährdung unbeteiligter Personen weitestgehend zu vermeiden.

Unbeteiligte Personen fernhalten

1.1.4 – Technische Grundausstattung

Der Vernehmungsraum muss über einen abschließbaren Zugang verfügen. Soweit Fenster vorhanden sind, müssen die Scheiben aus bruchsicherem Glas und die Fenster vergittert sein. Dabei sind jedoch die Bestimmungen über Flucht- und Rettungswege zu beachten! Wenn der Raum keine Fenster hat, muss eine gut funktionierende Belüftungsanlage vorhanden sein (manchem Täter schlug die Aufregung schon auf Magen oder Darm ...). Der Raum muss hell ausgeleuchtet sein, wobei die Lampen nicht blenden dürfen und die Lichtquellen außerhalb der Reichweite des Täters liegen müssen. Lampen sind mit einem engmaschigen Drahtnetz als Schutz vor Zerstörung zu versehen, sodass der Täter sie nicht ohne Weiteres zerschlagen und im Schutz der Dunkelheit fliehen oder angreifen kann. Der Raum muss ferner über eine funktionsfähige (!) Notfallbeleuchtung verfügen, die sich unabhängig vom Stromnetz sofort automatisch einschaltet, sobald die normale Beleuchtung aufgrund eines Stromausfalles erlischt. Diese Notfallbeleuchtung muss so beschaffen sein, dass sie den üblichen Sitzplatz eines Täters gut ausleuchtet und den Anzeigenersteller nicht blendet.

Lampen und Notfallbeleuchtung

In dem Vernehmungsraum müssen (mindestens) ein funktionierendes Telefon, ein Handy und ein Internetanschluss vorhanden sein. Außerdem muss eine zweite, vom Telefon unabhängige Sprechverbindung (z. B. Haussprechanlage) zu einem weiteren, ständig besetzten Raum innerhalb des Unternehmens existieren (Telefonzentrale, Pförtner, Hauptkasse o. Ä.). Es ist darauf zu achten, dass in dem Büro Handyempfang möglich ist. Ein Internetanschluss sollte eine Selbstverständlichkeit sein, um so z. B. Angaben von Verdächtigen sofort überprüfen zu können. Weiterhin muss im Vernehmungsraum ein Mikrofon angeschlossen sein, mit dessen Hilfe der Sicherheitsverantwortliche über die geschäftsinterne Lautsprecheranlage Durchsagen machen kann (z. B. für verschlüsselte Alarmierungen). Schließlich sind an geeigneten Stellen verdeckte Alarmschalter anzubringen, damit der Sicherheitsver-

Telefon, Handy und Internetanschluss

antwortliche im Notfall Unterstützungskräfte alarmieren kann. Ideal wäre es, wenn zugleich mit der Betätigung des Alarmschalters eine Freisprechanlage aktiviert wird, die die im Raum gesprochenen Worte an die Alarmzentrale überträgt. So ist es im Falle des Falles für Mitarbeiter außerhalb des Vernehmungsraumes möglich, mitzuhören, was der Alarmauslösung zugrunde liegt.

Videoüberwachung des Vernehmungsraums

Heutzutage ist es angesichts der steigenden Aggressions- und Gewaltbereitschaft von Straftätern und der immer häufiger zu beobachtenden Versuche weiblicher Straftäter, durch willkürliche Anschuldigungen über angebliche sexuelle Attacken den Sicherheitsverantwortlichen in Bedrängnis zu bringen, zweckmäßig, den Vernehmungsraum permanent mithilfe einer Videokamera zu überwachen, wobei die Aufnahmen eine Zeitlang gespeichert werden sollten. Auf den Umstand der Videoüberwachung müssen die Täter mit einem deutlich sichtbaren Aushang aufmerksam gemacht werden. So hat man die Möglichkeit, im Falle einer unberechtigten Anschuldigung durch die objektive Videoaufzeichnung den Hergang z. B. eines Handgemenges und damit sein eigenes, korrektes Verhalten zu dokumentieren. Unabhängig davon sollte es eine Selbstverständlichkeit sein, dass sich männliche Firmenangehörige niemals allein mit weiblichen Tatverdächtigen in einem Büro aufhalten!

1.1.5 – Mobiliar

Keine losen Möbel, alles verschrauben und verdübeln!

Pro Vernehmungsplatz (EDV-Arbeitsplatz) ist ein Schreibtisch mit Drehstuhl erforderlich. Der Monitor und ggf. auch der Rechner sollten in einem fest mit dem Schreibtisch verbundenen Drahtgehäuse montiert sein, damit ein Täter diese Gegenstände nicht unvermittelt ergreifen und als Waffe gegen den Sicherheitsverantwortlichen einsetzen kann. Hinzu kommen mehrere am Boden verschraubte Stühle als Sitzplätze für Beschuldigte. Bietet der Raum genügend Platz, wird an der Wand eine Sitzbank oder eine Reihe zusammenhängender (!) Stühle befestigt, die je nach erwartetem Betrieb und nach der Anzahl der eigenen Unterstützungskräfte mindestens drei Personen Platz bieten sollte (ein sitzender Täter ist wesentlich leichter kontrollierbar als ein stehender!). Im Büro werden ferner je ein Aktenschrank und ein Asservatenschrank (für sichergestellte Gegenstände) benötigt. Die

Garderobe muss an der Wand verschraubt sein. Soweit Einsatzmittel von Sicherheitsverantwortlichen im Büro verwahrt werden müssen, ist dafür ebenfalls ein separater Schrank vorzusehen. Kleiderspinde für die Mitarbeiter können die Einrichtung ergänzen. Alle Schränke müssen abschließbar und auch immer abgeschlossen und fest mit der Wand verdübelt sein.

1.1.6 – Sonstige Ausstattung

Eine gute Ausstattung leistet Ihnen wertvolle Dienste

Eine Digitalkamera leistet wertvolle Hilfe, wenn vor Gericht die Auffindesituation von Diebesgut, versteckten Verpackungsteilen oder weggeworfener Altkleidung des Täters eine Rolle spielt. Sehr wichtig ist in jedem Fall ein gut ausgestatteter Erste-Hilfe-Kasten. Daneben sollte eine klappbare Liege in der unmittelbaren Nachbarschaft des Vernehmungsraumes verfügbar sein. An der Wand des Vernehmungsraumes sollten die einschlägigen gesetzlichen Bestimmungen (Festnahme, Fangprämienregelung mit BGH-Urteil, Folgen der Nichtbeachtung des Hausverbotes u. Ä.) in gut sichtbarer Form aushängen (auf dünnen Plastiktafeln). Zur Kennzeichnung und Verpackung von Diebesgut müssen genügend Plastiktüten in verschiedenen Größen, Plastiksäcke, Beschriftungsanhänger und Selbstklebeetiketten zur Beschriftung vorrätig gehalten werden. Aber auch Hartplastikbehälter zur Aufnahme zerbrechlicher Gegenstände und stabile Behältnisse zur Aufnahme von Messern oder Einwegspritzen von Rauschgiftsüchtigen (**Achtung! Ansteckungsgefahr mit Aids oder Hepatitis!**) müssen griffbereit vorrätig sein. Zur Kennzeichnung von Gegenständen, die als Spurenträger infrage kommen, sind auffallend gefärbte Klebeetiketten mit dem Aufdruck »Achtung! Spurenträger!« zweckmäßig.

Richtiges Verpacken von Diebesgut und Spurenträgern

Keine zerbrechlichen oder schweren Gegenstände lose herumliegen lassen!

Ein Wasseranschluss im Raum (evtl. in einem verschließbaren Einbauschrank) ist günstig. Allerdings sollten keine Trinkgefäße aus Glas (Becher, Gläser und Flaschen), sondern lediglich Einweg-Plastikbecher für den Täter zugänglich sein. Papierkörbe müssen aus leichtem Plastik sein. Blumentöpfe, Vasen, schwere Aschenbecher und Bilder mit Glasrahmen gehören nicht in den Vernehmungsraum!

1.2 – Eigensicherung bei der Vernehmung

Das Thema Eigensicherung wird **ausdrücklich** auch im Kapitel »Taktik« im Zusammenhang mit der vorläufigen Festnahme behandelt. Dies verdeutlicht, welches besondere Gewicht der Eigensicherung im Umgang mit Straftätern zugemessen werden muss. Die ausführliche Darstellung in diesen beiden Kapiteln darf aber nicht den – gefährlichen – Irrtum entstehen lassen, dass die Eigensicherung in den übrigen Bereichen vernachlässigt werden könne! Solange der Sicherheitsverantwortliche mit einem Straftäter unmittelbar befasst ist, solange darf die Aufmerksamkeit nicht nachlassen. Das eigene Verhalten ist so auszurichten, dass man zu jedem Zeitpunkt einen überraschend ausgeführten Angriff abwehren kann. Dabei muss aber klar unterschieden werden zwischen verantwortungsbewusstem Einsatzwillen und unverantwortlichem Leichtsinn. Sobald der Täter nämlich durch Bedrohung mit einer Schusswaffe oder einem Messer erkennen lässt, dass er seine Flucht um jeden Preis ermöglichen will, **ist von allen weiteren Maßnahmen Abstand zu nehmen!** Um sich in derartigen Gefahrensituationen überlegt und besonnen zu verhalten, muss man die Grundsätze der Eigensicherung immer und immer wieder durchgehen und in Rollenspielen zusammen mit den eigenen Kollegen auch einüben.

Ihre Aufmerksamkeit darf nie nachlassen!

Im Umgang mit Tätern nicht leichtsinnig sein, sondern überlegt handeln

Eine nicht zu unterschätzende Gefahr für die Eigensicherung liegt in der Routine. Je routinierter man als Sicherheitsverantwortlicher ist, umso eher neigt man dazu, im Umgang mit Straftätern leichtfertig oder gar nachlässig zu werden, was die Eigensicherung anbelangt. (Nach-)Lässigkeit aber ist in diesem Bereich kein Zeichen von Können und Professionalität, sondern sie kann sehr schnell und überraschend zu lebensgefährlichen Situationen für sich oder einen Mitarbeiter führen! Daher sollte man sich stets vor Augen halten:

Der größte Feind der Eigensicherung ist die Routine!

1.2.1 – Gegenstände im Büro

Alles, was als Waffe verwendet werden könnte, wegschließen oder befestigen

Wie bereits ausgeführt, muss man stets damit rechnen, dass auch Einrichtungsgegenstände (Monitor, Schirmständer, Hefter, herumliegende Waren aller Art) von einem Straftäter überraschend als Waffe verwendet werden könnten. Deshalb ist es besonders wichtig, dass alle Gegenstände, die für den normalen Ablauf im Büro unentbehrlich sind, entweder so verwahrt werden, dass sie vom Täter nicht erreicht werden können, oder aber so beschaffen sind, dass sie als Waffe keine Gefahr darstellen. Dazu kann es in vielen Fällen schon ausreichen, dass Gegenstände aus zwar stabilem, jedoch leichtem, unzerbrechlichen Kunststoff sind. Andere Dinge lassen sich durch Verschrauben an der Tischplatte sichern (wie z. B. der Heftlocher). Soweit beide Möglichkeiten jedoch nicht realisierbar sind, müssen diese »gefährlichen« Gegenstände unbedingt unter Verschluss gehalten werden. Dies gilt in besonderem Maße natürlich auch für spitze Brieföffner und Papierscheren. Der Haken an der Schreibtischseite für die Schere ist auch dem Straftäter bekannt!

Keine Versteckmöglichkeiten für Beweismittel bieten

Bei allen Einrichtungsgegenständen, die notwendigerweise im Büro benötigt werden, ist darauf zu achten, dass sie nicht als Versteckmöglichkeiten für Beweismittel verwendet werden können. So müssen alle Schränke im Raum mit dem Fußboden und der Zimmerdecke bündig abschließen. Gepolsterte Sitzbänke oder Sessel mit Ritzen zwischen den Polsterungen verbieten sich ebenso wie buschige Grünpflanzen oder geschlossene Behälter als Schirmständer. Und selbstverständlich dürfen keinerlei Schriftstücke für Beschuldigte offen einzusehen sein. Das gilt auch für Dienstpläne, Telefonlisten und andere Aufzeichnungen mit personenbezogenen Informationen über Mitarbeiter, also all das, was in »normalen« Büroräumen gerne an Pinnwänden ausgehängt wird.

1.2.1.1 – Herumliegende Gegenstände

Eine besondere Gefahr stellen Gegenstände dar, die achtlos im Büro liegenbleiben. Diese Dinge könnten von einem festgenommenen Täter leicht ergriffen und als Waffe gegen den Sachbearbeiter verwendet werden. Dies gilt in besonderem Maße für Papierscheren, Brieföffner,

Werkzeuge, Glasaschenbecher und herumstehende (leere und volle) Trinkgläser und Flaschen. Als Grundsatz gilt daher:

Alle Gegenstände, die als Waffe verwendet werden könnten, gehören ständig unter Verschluss!

Immer alles wegräumen

Auch wenn man nur kurz das Vernehmungsbüro verlässt, hat man alle herumliegenden Gegenstände, die als Waffe verwendet werden könnten, sorgfältig wegzuräumen. Schließlich könnte in der Zwischenzeit ein Kollege mit einem festgenommenen Straftäter das Büro betreten und durch die herumliegenden Gegenstände arg in Bedrängnis geraten! Soweit bei einer festgenommenen Person gefährliche Gegenstände oder Waffen sichergestellt werden, sind diese sofort aus dem Zugriffsbereich des Festgenommenen zu entfernen (nach Möglichkeit sofort wegzuschließen)! Dasselbe gilt für sichergestelltes Diebesgut, das nach seiner Art und Beschaffenheit als Waffe geeignet sein könnte!

Auch Ihre Mitarbeiter sollten alles wegräumen

Sollte es – was die schlechteste denkbare Möglichkeit für ein Vernehmungsbüro überhaupt darstellt – unvermeidbar sein, dass man das Büro mit Angehörigen einer anderen Abteilung teilen muss, so sind die Mitarbeiter der anderen Abteilung immer wieder eindringlich darüber zu belehren, keine gefährlichen Gegenstände liegenzulassen, auch wenn sie das Büro nur kurz verlassen. Und in Anwesenheit von festgenommenen Straftätern dürfen durch die anderen Benutzer des Raumes ebenfalls keine als Waffen verwendbaren Gegenstände für Täter zugänglich gemacht werden! Es sollte miteinander vereinbart werden, dass andere Kollegen während einer Anzeigenaufnahme ihre Arbeit unterbrechen und nach Möglichkeit den Sicherheitsverantwortlichen unterstützen.

1.2.1.2 – Mobiliar als Waffe

Auch Möbel können zur Waffe werden

Neben der Verwendung herumstehender oder herumliegender Gegenstände durch den Täter als Waffe für einen Angriff besteht natürlich auch die Möglichkeit, Mobiliar als Waffe einzusetzen. Hier sind besonders Stühle mit Stuhlbeinen, Schirm- und Garderobenständer zu nennen. Daher dürfen nur Stühle mit Metallbügeln verwendet werden, die sich miteinander fest verbinden lassen! Einzelne Stühle sollten fest am Boden verschraubt werden.

Möbelteile sichern

Ein weiterer, heikler Punkt sind Kaffeeautomaten, Rechner und Monitore. Ein kräftiger Täter ist durchaus in der Lage, einen derartigen Gegenstand zu ergreifen und gegen den Sachbearbeiter zu schleudern. Daher sollten alle größeren Geräte grundsätzlich mit der jeweiligen Unterlage verschraubt sein! Dazu kann man sich einfacher Hilfsmittel wie z. B. eines Winkeleisens bedienen. Alle anderen Dinge (Schranktüren, Regalbretter usw.) sind so zu sichern, dass sie nicht losgerissen und als Waffe verwendet werden können. Dazu gehört auch, Schränke mit der Rückwand an der Zimmerwand festzudübeln, damit kein Täter in der Lage ist, einen Schrank umzuwerfen und damit den Sachbearbeiter außer Gefecht zu setzen.

Scharfe Kanten und Glas vermeiden

Die Möbelstücke in einem Vernehmungsbüro dürfen keine scharfkantigen Ecken haben. Nötigenfalls sind Kanten mithilfe von aufgeschraubten Plastik-Eckleisten zu »entschärfen«. Dies ist wichtig, damit im Falle eines Handgemenges die Verletzungsgefahr so niedrig wie möglich gehalten wird. Und auch Glaskannen von Kaffeemaschinen sind eine potenzielle Gefahr, nämlich dann, wenn der Täter eine Kanne ergreift und sie an einer Tischkante abschlägt. Die scharfen Zacken können im Falle eines Angriffs schwerste Verletzungen verursachen. Daher sollten Thermoskannen aus Aluminium oder Kannen mit Plastikgehäuse verwendet werden.

1.3 – Durchsuchung des Täters

Vor dem Beginn jeder Sachbearbeitung, vor allem aber jeder Durchsuchung, ist nach Möglichkeit der Ausweis des Täters in Gewahrsam zu nehmen und so wegzulegen, dass er ihn im Falle einer schnellen Flucht nicht mehr ohne Weiteres wieder an sich nehmen kann!

Personalausweis sichern

1.3.1 – Durchsuchung mit dem Einverständnis des Täters

Das geltende Recht lässt die Durchsuchung eines Straftäters durch eine Privatperson (wozu alle Mitarbeiter eines Handelsunternehmens einschließlich eventuell beschäftigter Kaufhausdetektive zählen) grundsätzlich nur dann zu, wenn der Täter mit der Durchsuchung *ausdrücklich* einverstanden ist. Nur dann stellt die Durchsuchung keinen Rechtseingriff dar. Jedoch kann der Täter jederzeit – auch während der Durchsuchung – seine Einwilligung widerrufen! Dies gilt für die Durchsuchung nach gefährlichen Gegenständen (Zielrichtung: Eigensicherung) ebenso wie für die Durchsuchung nach Diebesgut (Zielrichtung: Beweissicherung). Wird das Einverständnis für eine Durchsuchung verweigert, so kann die Durchsuchung gegen den Willen des Täters grundsätzlich nicht durchgeführt werden. Äußert sich der Täter überhaupt nicht, so ist dies so zu werten, als ob er das Einverständnis zur Durchsuchung ausdrücklich verweigert hätte.

Durchsuchung *nur* mit Einverständnis erlaubt

1.3.2 – Durchsuchung zur Wegnahme von Angriffswaffen

Eine Ausnahme ist allenfalls dann denkbar, wenn die Durchsuchung zur Wegnahme einer erkannten Angriffswaffe als Notwehrhandlung das mildeste geeignete Mittel ist, um einen gegenwärtigen, rechtswidrigen Angriff des Täters abzuwehren. Gleichzeitig kann damit vermieden werden, dass weitere einschneidendere Maßnahmen erforderlich werden (wie z. B. die Fesselung des Täters). Aufgefundene Waffen dürfen dann dem Täter weggenommen werden, wenn dadurch der rechtswidrige Angriff beendet werden kann.

Angriffswaffen dürfen weggenommen werden

1.3.3 – Schneller Zugriff auf Diebesgut ohne Durchsuchung

Vernichtung von Beweismaterial darf unterbunden werden

Wühlt der Täter in einer Bekleidungstasche oder einer mitgeführten Einkaufstasche, und besteht die Gefahr, dass er Beweismittel in der Tasche vernichtet (z. B. durch das Ablösen eines »verräterischen« Etiketts), so kann dieses Verhalten als »Fluchtversuch« gewertet werden. In einem solchen Fall darf man den Täter, wenn er der Aufforderung, die Hände aus der Tasche zu nehmen, nicht unverzüglich nachkommt, vorläufig festnehmen, an den Händen ergreifen und nötigenfalls sogar fesseln, um weitere Handlungen des Täters zu unterbinden. In diesem Falle ist Sorge dafür zu tragen, dass Diebesgut oder Beweismittel durch den Täter nicht weiter verändert oder vernichtet werden können (z. B. durch das Entfernen und Vernichten von Etiketten). Der Umstand, dass der Täter bereits begonnen hat, Beweise zu verändern, ist in der Anzeige zu dokumentieren. Lässt sich Diebesgut, das der Täter in einer Tasche oder in seiner Bekleidung eingesteckt hat, durch einen schnellen Griff hervorholen, ohne dass dazu eine Durchsuchung erforderlich ist, so kann diese Wegnahmehandlung nicht als Durchsuchung, sondern als erlaubte Selbsthilfe gem. § 229 BGB – unter den dort genannten Voraussetzungen – gelten.

1.3.4 – Die richtige Position bei der Durchsuchung

Je nach vermuteter Gefährlichkeit eines Täters sollte sich die Art und Weise der Durchsuchung unterschiedlich gestalten. Wird mit einem Widerstand seitens des Täters oder mit der Möglichkeit eines überraschenden Angriffs während der Durchsuchung gerechnet, so sollte man den Täter sich vor Beginn der Durchsuchung an einer freien Wandfläche mit beiden Handflächen abstützen lassen. Dabei muss er so weit zurücktreten, bis er in einem 30°- bis 45°-Winkel zur Wand lehnt, und zwar zusätzlich mit weit gespreizten Beinen. Der Durchsuchende stellt sich nun seitlich hinter dem Täter auf, wobei er den dem Täter zugewandten Fuß zwischen die Beine des Täters stellt. Dieser Fuß berührt dabei fast den Fuß des Täters. Greift dieser während der Durchsuchung nun überraschend an, so kann der Sicherheitsverantwortliche mit einer schnellen Bewegung das Bein des Täters nach außen und zur Seite wegschlagen. Der Täter verliert dabei unweigerlich den Halt und stürzt gegen die Wand und zu Boden, wo er dann leichter überwältigt werden kann.

Korrekter Ablauf der Durchsuchung

Sobald der Täter zu Beginn der Durchsuchung die verlangte Position eingenommen hat (er darf vorher natürlich nicht in die Taschen greifen und muss mitgeführte Gegenstände, z. B. Einkaufstaschen, außerhalb seiner Reichweite abgelegt haben), so wird mit der Durchsuchung begonnen. Dazu wird die Bekleidung des Täters systematisch abgetastet. Begonnen wird zweckmäßigerweise mit der Kopfbedeckung, die abgenommen und durchsucht wird. Sodann wird die Durchsuchung fortgesetzt, und zwar von oben nach unten; erst der Arm an der Seite, an der der Durchsuchende steht, dann der Oberkörper, und dann an der gleichen Seite das Bein einschließlich des Schuhs. Dabei wird der Arm mit beiden Händen von der Hand bis zur Achselhöhle abgetastet; es folgt der Oberkörper (einschließlich der Halspartie und eventuell vorhandener Kragen). Das jeweilige Bein wird vom Schritt aus bis in die Schuhschäfte hinein abgetastet. Schuhe werden ausgezogen und kontrolliert. Sobald ein Gegenstand ertastet wird, sollte er vorsichtig hervorgeholt werden.

Vorsicht generell beim Abtasten der Bekleidung und speziell beim Hineingreifen in Taschen oder Behälter: es könnten Spritzen in der Kleidung sein, an denen man sich stechen könnte!

Ansteckungsgefahr mit Aids oder Hepatitis C!

Die aufgefundenen Gegenstände werden entweder sofort einem Kollegen übergeben oder außerhalb der Reichweite der durchsuchten Person abgelegt. Dies gilt vor allem und ganz besonders für aufgefundene Waffen!

Achtung! Niemals eine Durchsuchung vorzeitig abbrechen, wenn man eine Waffe aufgefunden hat – manche Täter tragen zwei oder mehr Waffen bei sich!

Erst nachdem der Täter gründlich und komplett durchsucht worden ist und der Durchsuchende sich davon überzeugt hat, dass der Täter hundertprozentig keine Waffen oder gefährlichen Gegenstände (mehr) mit sich führt, darf sich der Durchsuchte wieder aufrichten und anschließend Platz nehmen (ein sitzender Straftäter ist leichter zu kontrollieren als ein stehender!). Dabei ist natürlich darauf zu achten, dass der Täter nicht in Reichweite der zuvor abgenommenen Gegenstände kommt.

Jacken und Mäntel vorher ablegen lassen

Erscheint es aufgrund des Gesamteindrucks, den der Täter vermittelt, als unwahrscheinlich, dass er Waffen mitführt oder dass er Widerstand leistet, so lässt man ihn Jacke und Mantel vorher ablegen. Diese Oberbekleidung wird zunächst außerhalb der Reichweite des Täters beiseitegelegt und erst nach der Person durchsucht. Erklärt sich der Täter mit der Durchsuchung nicht einverstanden oder verzichtet der Sicherheitsverantwortliche ganz auf eine Durchsuchung (z. B. bei Frauen, wenn keine Frau zur Verfügung steht, die die Durchsuchung durchführen könnte, oder in den Fällen, in denen der Täter das Diebesgut sofort und freiwillig herausgegeben hat und kein Anhaltspunkt dafür vorliegt, dass er noch weiteres Diebesgut haben könnte), so wird der Täter so gesetzt, dass ihn der Vernehmende ständig beobachten und im Angriffsfalle sofort reagieren kann. Werden Personen, die noch nicht durchsucht worden sind, der Polizei oder anderen Mitarbeitern zur Beaufsichtigung übergeben, so ist auf diesen Umstand extra und ausdrücklich aufmerksam zu machen: **»Achtung! Die Person ist noch nicht durchsucht worden!«**

Durchsuchen von Frauen

Noch eine Selbstverständlichkeit: Frauen dürfen nur von Frauen durchsucht werden, männliche Kollegen – und natürlich auch männliche Mittäter – haben solange den Raum zu verlassen! Man sollte jedoch die Tür angelehnt lassen und außer Sichtweite, aber dennoch in Hörweite in der Nähe des Raumes warten, um im Falle eines Angriffs der Kollegin zu Hilfe eilen zu können.

1.4 – Der richtige Sitzplatz für den Täter

Sitzplätze strategisch auswählen

Bei der Festlegung, wohin man den Täter während der Anzeigenerstattung setzen sollte, kommt es maßgeblich auf die örtlichen Gegebenheiten an. Folgende Kriterien sind bei der Wahl des günstigsten Sitzplatzes zu berücksichtigen: Der Täter sollte stets so sitzen, dass zwischen ihm und der Ausgangstür der Vernehmende sitzt. In Reichweite des Sitzplatzes des Täters dürfen sich keine Gegenstände befinden, die als Waffe verwendet werden könnten. Auch darf sich kein unversperrtes bzw. unvergittertes Fenster in der Nähe befinden. Weiterhin sollten mindestens zwei – voneinander räumlich getrennte – Sitzplätze für die Täter zur Verfügung stehen, damit heimliche Absprachen oder die heimliche Weitergabe von Gegenständen nach Möglichkeit erschwert oder ganz unterbunden wird. Täter, die eine Straftat gemeinsam begangen haben, sind grundsätzlich getrennt voneinander zu setzen. Jede Unterhaltung zwischen den Tätern ist zu unterbinden, wenn der Verdacht einer Absprache oder der gegenseitigen Beeinflussung besteht. Hat der Raum schrägen Lichteinfall (z. B. bei tief stehender Sonne), so soll der Täter stets mit Blickrichtung zur Lichtquelle sitzen.

Sitzplätze und Bewachung

Niedrigere Stühle erschweren das schnelle Aufstehen für den Täter. Für längere Beschuldigtenvernehmungen sollte jedoch ein leidlich bequemer Sitzplatz vorhanden sein, um den zu Vernehmenden nicht zu schnell ermüden zu lassen. Weigert sich ein – zumal ein noch nicht durchsuchter – Täter, sich zu setzen, so sollte ein Mitarbeiter ständig neben dem Täter stehen bleiben und diesen genau beobachten, wobei der Bewacher stets damit rechnen muss, dass ein Angriff oder ein Fluchtversuch erfolgen wird. Nötigenfalls muss mit dem Beginn der Erstellung der Strafanzeige solange gewartet werden, bis Unterstützungskräfte oder die Polizei eingetroffen sind!

1.5 – Besondere Situationen

Immer wieder erlebt man als Sachbearbeiter in der Praxis besondere Situationen, die einen vor außergewöhnliche Anforderungen stellen. Vor allem dann, wenn der Täter sich weigert, die Anordnungen des Vernehmenden zu befolgen (Täter setzt sich nicht auf den zugewiesenen Platz) oder wenn er ihn scheinbar nicht versteht (Ausländer) oder nicht verstehen kann (Betrunkener), ist besondere Vorsicht geboten. Sollte sich die Situation nicht bereinigen lassen, so ist der Beginn der Anzeigenerstellung ggf. so lange zu verschieben, bis ausreichend Unterstützungskräfte anwesend sind oder auch die Polizei. Einige der Ausnahmesituationen sind nachfolgend beschrieben. Zudem gibt es immer wieder Fälle, die auch routinierte Verbrechensbekämpfer vor echte Probleme stellen. Als Faustregel gilt dabei stets:

Jedes irgendwie von der Norm abweichende Verhalten ist mit besonderem Misstrauen zu beobachten!

Wenn der Sachbearbeiter das Gefühl hat, er habe die Situation nicht vollständig unter Kontrolle, sollte er die Anzeigenerstattung sofort unterbrechen und ausreichend Unterstützungskräfte anfordern. Besonderes Fingerspitzengefühl ist verlangt, wenn ein Täter vorgibt, eine Herzattacke zu erleiden. Hier müssen einerseits sofort alle erforderlichen Rettungsmaßnahmen eingeleitet werden; andererseits muss man immer auch mit der Möglichkeit rechnen, dass der Herzanfall nur vorgetäuscht wurde, um im Rahmen der Rettungsmaßnahmen einen Angriff zu probieren oder die Flucht zu ergreifen.

Für die Fälle, in denen ein Täter vorgibt, z. B. an Aids erkrankt zu sein, und damit droht, den Sicherheitsverantwortlichen zu beißen, wenn ihn dieser festhält, empfiehlt sich die Bereithaltung sogenannter Distanzwaffen, die keine blutenden Verletzungen hervorrufen (Tränengas, Pfefferspray). Ferner sollten eine feste Lederjacke sowie Lederhandschuhe nebst Plastikfesseln im Büro griffbereit vorhanden sein.

1.5.1 – Betrunkene Täter

Trunkenheit und Aggression

Ist ein Täter erkennbar angetrunken oder gar betrunken, so ist stets mit einer erheblich herabgesetzten Aggressionsschwelle zu rechnen. Dies aber erfordert erhöhte Wachsamkeit! Erfahrungsgemäß weigern sich angetrunkene Täter eher, Anordnungen zu befolgen (Platz zu nehmen, Einkaufstüten abzustellen u. Ä.). Um unnötige Widerstandshandlungen zu vermeiden, sollte man in diesem Fall prüfen, ob der erstrebte Zweck (z. B. Eigensicherung) auch auf andere Weise erreicht werden kann (Abstellen eines zweiten Mitarbeiters zur »Bewachung« des Täters). Es kann hier sinnvoll sein, mit Maßnahmen bis zum Eintreffen der Polizei abzuwarten. Bei erkennbar angetrunkenen Tätern sollte grundsätzlich die Polizei verständigt werden, auch wenn die Identität des Täters feststeht. Die Polizei wird nämlich einen Alkoholtest durchführen und bei positivem Ergebnis um die Anordnung einer Blutentnahme über den Bereitschaftsstaatsanwalt bei Gericht ersuchen. Das Ergebnis der Blutuntersuchung spielt unter Umständen für die Schuldfrage und damit für die spätere Urteilsfindung eine wichtige Rolle.

Der Zustand und das Verhalten des Täters sollten in der Anzeige sorgfältig beschrieben werden (Täter hatte gerötete Augen, sprach lallend und unverständlich, schwankte beim Gehen, roch stark nach Alkohol u. v. a. m.). Wenn der Täter Angaben über den vorausgegangenen Alkoholgenuss (Menge und Art des konsumierten Alkohols sowie Ort und Zeit der Alkoholaufnahme) macht, ist dies in der Anzeige mit zu vermerken. Schließlich ist sicherzustellen, dass der Täter nach seiner Anhaltung bzw. Festnahme bis zum Eintreffen der Polizei keinerlei Gelegenheit mehr bekommt, weiter Alkohol zu trinken. Es kommt dennoch immer wieder vor, dass ein Täter nach seiner Anhaltung im Büro plötzlich aus einer Tasche eine Flasche mit Alkohol zieht und Anstalten macht, daraus zu trinken. Hier gilt es abzuwägen, ob man mit einem schnellen Griff oder mit lauter, deutlicher Aufforderung, die Flasche wegzustellen und nicht zu trinken, den Täter von seinem Vorhaben abhalten kann.

Alkoholkonsum beim Täter

Zeichnet sich ab, dass der Täter sich nicht davon abhalten lässt, zu trinken, und würde die Unterbindung seines Vorhabens erkennbar zu einer Widerstandshandlung führen, so wird man im Regelfall aus

Gründen der Verhältnismäßigkeit das Trinken nicht verhindern. Allerdings sollte man in diesem Fall die Uhrzeit der Alkoholaufnahme und die Art und die Menge des konsumierten Alkohols genau vermerken und die verständigten Polizeibeamten über die Tatsache, dass der Täter nach der Tat noch Alkohol getrunken hat, unverzüglich informieren. Mithilfe dieser Angaben ist es später dem Gutachter des Instituts für Rechtsmedizin möglich, den Alkoholisierungsgrad des Täters zum Zeitpunkt vor der erneuten Alkoholaufnahme festzustellen.

1.5.2 – Täter leistet Widerstand

Bei rechtmäßiger Festnahme kein Recht auf Notwehr beim Täter

Leistet ein Täter bei der Festnahme körperlichen Widerstand, so kann dieser Widerstand nötigenfalls mit unmittelbarem Zwang in Form von körperlicher Gewalt gebrochen werden. Gegen die rechtmäßige Festnahme hat der Täter kein Notwehrrecht. In diesem Fall muss der Täter für die Folgen von Verletzungen beim Festnehmenden und für Sachschäden, die er im Zusammenhang mit der Festnahme verursacht, schadenersatzrechtlich aufkommen. Hier ist das BGB maßgebend, das besagt, dass Widerstand gegen eine rechtmäßige Maßnahme eine unerlaubte Handlung darstellt, die zum Schadenersatz verpflichtet. Bei Widerstandshandlungen ist auf ein schnelles Ende der Auseinandersetzung zu drängen. Soweit erforderlich, kann der Täter auch gefesselt werden. Wichtig ist, dass im Falle eines Widerstandes in der Anzeige genauestens auf die Auseinandersetzung eingegangen wird (»der Beschuldigte griff mir an die Kehle und versuchte, mich zu würgen; daraufhin erhielt er zwei schallende Ohrfeigen; als dies nicht fruchtete und ich langsam Atemnot bekam, stieß ich ihm das Knie mit voller Wucht in den Unterleib. Jetzt erst ließ der Beschuldigte meine Kehle los und krümmte sich stöhnend zusammen. Dadurch gelang es mir, den Täter zu überwältigen und zu fesseln.«). Für die wahrheitsgemäße Schilderung einer rechtmäßigen Notwehrhandlung hat jedes Gericht Verständnis. Unglaubwürdig wird der Festnehmende jedoch dann, wenn er schreibt, dass er sich eines Angriffs durch leichtes Zurückschieben des Täters erwehrt hat, der bei dieser Gelegenheit zwei Schneidezähne verlor und sich das Handgelenk brach ...

Sorgfältiges Notieren des Ablaufs der Festnahme bei Widerstand

Wird der Sicherheitsverantwortliche durch die Angriffe oder die dadurch erforderlichen Abwehrmaßnahmen verletzt, ist die Strafanzeige um das Delikt Körperverletzung zu erweitern. Dabei ist ggf. ein Strafantrag erforderlich. Wird der Täter durch das Brechen der Widerstandshandlung seinerseits verletzt, ist umgehend und schnellstmöglich für ärztliche Hilfe zu sorgen. Man muss sich dessen bewusst sein, dass der Festnehmende für den Festgenommenen eine Garantenstellung »aus tatsächlicher Obhut« besitzt. Eine Garantenstellung nach den Bestimmungen des BGB besteht z. B. durch enge natürliche Verbundenheit im Rahmen einer Familiengemeinschaft (z. B. Eltern für Kinder und umgekehrt, Ehegatten untereinander); aufgrund freiwilliger Übernahme von Schutz- und Beistandspflichten (z. B. bei Ärzten), aufgrund von Gefahrengemeinschaften (Bergsteiger) oder – wie im vorliegenden Fall – aufgrund einer besonderen Pflichtensituation. Indem der Festnehmende die Bewegungsfreiheit des Festgenommenen aufgrund einer Rechtsnorm beschränkt, bedeutet dies, dass der der Festnehmende ab dem Zeitpunkt der Festnahme die Garantie dafür übernehmen muss, dass dem in seiner Obhut stehenden Täter kein vermeidbarer Schaden zugefügt wird. Sollte der Festnehmende dieser Verpflichtung vorsätzlich oder auch nur fahrlässig nicht nachkommen, so ist er für daraus entstehende Schäden schadenersatzpflichtig. Unter Umständen macht er sich darüber hinaus auch wegen eines Unterlassungsdeliktes strafbar (beachte dazu auch die Ausführungen zum Thema Recht). Leistet ein Täter Widerstand und hat er sich dabei Verletzungen zugezogen, ist darüber die Polizei unverzüglich telefonisch zu unterrichten und es ist erforderlichenfalls auch ein Arzt bzw. ein Krankenwagen anzufordern. Ist der Sicherheitsverantwortliche oder einer seiner Mitarbeiter bzw. Helfer verletzt worden, so sind Art und Umfang der Verletzung von einem Arzt durch ein Attest bescheinigen zu lassen, welches der Anzeige in Kopie beigefügt oder zur Anzeige nachgereicht wird.

Zweckmäßiges Handeln bei Verletzungen des Täters

Zeugen einer Widerstandshandlung sollten namentlich erfasst und in der Anzeige vermerkt werden. Werden Unbeteiligte durch die Widerstandshandlung verletzt oder werden Dritte dadurch geschädigt (Schaufensterscheibe eines benachbarten Geschäftes geht zu Bruch o. Ä.), sollten die Geschädigten in jedem Falle gebeten werden, bis zum Eintreffen der Polizei zu warten. Soweit Videoaufzeichnungen der Szene vorhanden sind (z. B. über die Videoüberwachungsanlage), sollte die Sicherung der entsprechenden Sequenzen sofort veranlasst werden.

Zeugen, Unbeteiligte und geschädigte Dritte

1.5.3 – Täter erkrankt plötzlich

Erkrankung des Täters und ärztliche Hilfe

Wenn ein Täter offensichtlich während der Festnahme oder der Sachbearbeitung erkrankt, ist unverzüglich für ärztliche Hilfe zu sorgen, soweit dies der Zustand des Täters erfordert. Bis zum Eintreffen des Arztes ist sofort mit den erforderlichen Erste-Hilfe-Maßnahmen zu beginnen! Die Anzeigenaufnahme ist nötigenfalls solange zurückzustellen. Doch darf man im Falle einer Erkrankung des Täters eines nicht übersehen:

Die Erkrankung könnte vorgetäuscht sein, um überraschend angreifen oder fliehen zu können!

Hilfe muss geleistet werden

Daher muss jede Hilfeleistung von mindestens einem zweiten Mitarbeiter des Unternehmens abgesichert werden, der unverzüglich eingreifen kann, falls dies erforderlich werden sollte. Zugleich mit dem Arzt ist die Polizei zu informieren, die auf die Eilbedürftigkeit hingewiesen werden muss. Es ist anzustreben, dass kein Täter vor dem Eintreffen der Polizei abtransportiert wird (sofern der behandelnde Arzt dies nicht für unumgänglich erklärt). Die Polizei sollte vor dem Abtransport veranlasst werden, den Täter nach Diebesgut zu durchsuchen, soweit dies nicht bereits von ihm herausgegeben wurde. Im Zweifelsfalle geht jedoch die Rettung von Menschenleben ohne Wenn und Aber jeder Maßnahme der Strafverfolgung oder der Durchsetzung zivilrechtlicher Ansprüche vor!

1.5.4 – Der Gang zur Toilette

Gefahr des Fluchtversuchs und der Vernichtung von Beweismitteln

Verlangt ein noch nicht durchsuchter Täter, auf die Toilette gehen zu dürfen, so besteht immer die Gefahr, dass er auf dem Weg zur Toilette einen Fluchtversuch unternimmt oder dass er in der Toilette versuchen wird, sich des Diebesgutes oder sonstiger Beweismittel zu entledigen. Grundsätzlich ist der Gang zur Toilette nur dann zu gestatten, wenn feststeht, dass der Täter kein Diebesgut oder andere Beweismittel mehr bei sich hat. In dringenden Fällen sollten dem Täter auf jeden Fall alle mitgeführten Gegenstände (Taschen etc.) weggenommen werden; es ist zu verlangen, dass darüber hinaus auch die Oberbekleidung (Mäntel, Jacken, Kopfbedeckung) ausgezogen und im Büro gelassen wird. Dabei sollten aber immer zwei Mitarbeiter im Büro verbleiben, um eventuellen Anschuldigungen des Täters entgegentreten zu können (wie z. B. »Ich hatte 1.000 Euro in der Handtasche; die fehlen jetzt!«) Teils wird auch anschließend behauptet, dass ihm das Diebesgut in seiner Abwesenheit in die Tasche gesteckt wurde. Wenn man sich absolut sicher ist (und nur dann!), dass der Täter noch Diebesgut bei sich hat, so ist der Gang zur Toilette nur zu gestatten, nachdem diese Gegenstände herausgegeben worden sind. Selbstverständlich ist es, dass ein Festgenommener nur in solche Toilettenkabinen gehen darf, die keine Fluchtmöglichkeit (Fenstergitter!) besitzen. Der Festgenommene ist am Eingang zur Toilette und nötigenfalls auch vor der nur halb geschlossenen Kabinentür zu erwarten. Dabei versteht es sich von selbst, dass weibliche Täter nur von Frauen auf die Toilette begleitet werden dürfen.

Es ist anzustreben, dass für das Vernehmungsbüro eine eigene Toilette zur Verfügung steht, die direkt an das Büro angrenzen sollte. Dadurch lassen sich Begegnungen mit Unbeteiligten vermeiden (auch mit eventuellen, noch nicht bemerkten Mittätern, die beim Gang auf eine entfernte Toilette einen Befreiungsversuch starten könnten), und das Fluchtrisiko lässt sich vermindern. Der Umstand, dass der Täter die Toilette aufgesucht hat, ist in der Anzeige zu dokumentieren! Und selbstverständlich sollte die Toilettenkabine **vor und nach** der Benutzung durch den Täter sorgfältig nach verborgenen Waffen und anderen relevanten Gegenständen durchsucht werden.

1.5.5 – »Weibliche Waffen«

Es ist eine Selbstverständlichkeit, dass sich der Sicherheitsverantwortliche gegenüber Tätern stets einwandfrei und korrekt zu verhalten hat. Ganz besonders aber gilt dieser Grundsatz für den Umgang von männlichen Mitarbeitern mit weiblichen Tatverdächtigen. Im eigenen Interesse sollte stets ein weiterer Mitarbeiter hinzugezogen werden, wenn ein Mitarbeiter des eigenen Handelsunternehmens eine Frau zur Vernehmung in das Büro bringt. Günstig wäre es, wenn eine Mitarbeiterin zugegen wäre. Durchsuchungen von Frauen (mit dem

Einverständnis der Betroffenen) dürfen ohnedies nur durch eine Frau durchgeführt werden.

Anzügliche Bemerkungen weiblichen Tatverdächtigen gegenüber sind strikt zu unterlassen. Erfahrungsgemäß neigen vor allem jüngere und attraktive Täterinnen gelegentlich dazu, durch den Einsatz ihrer »weiblichen Vorzüge« eine Strafanzeige verhindern zu wollen. Es kann nur eindringlichst davor gewarnt werden, hier irgendwelche anzüglichen Bemerkungen oder gar Zugeständnisse zu machen. In solchen Situationen ist unbedingt ein weiterer Mitarbeiter hinzuzuziehen. Bis zu dessen Eintreffen ist die Bürotür offen zu lassen. Nötigenfalls sollte der Sicherheitsverantwortliche selbst in der offenen Tür auf das Eintreffen der angeforderten Unterstützung warten, sodass er immer von anderen Mitarbeitern gesehen werden kann. Und kommt es dennoch überraschend zu irgendwelchen Aktivitäten durch die Täterin (sie wirft sich dem Anzeigenerstatter um den Hals, öffnet ihre Bluse o. Ä.), so ist das entsprechend und akribisch genau zu protokollieren. Kommt es durch eine überraschende Handlung der Täterin dazu, dass der Mitarbeiter Körperkontakt mit ihr bekommt, ist in der Anzeige genau zu bezeichnen, an welchen Stellen der Bekleidung oder des Körpers der Täterin dieser Kontakt stattfand. Gegebenenfalls lassen sich damit falsche Anschuldigungen mithilfe von DNA-Spuren an der Bekleidung bzw. am Körper der Täterin widerlegen. In so einem Fall ist die Polizei auf diese Möglichkeit auch ausdrücklich nochmals hinzuweisen! Denn immer wieder einmal kommt es auch vor, dass weibliche Tatverdächtige sich selbst die Kleidung zerreißen und dann laut um Hilfe rufen (»Das Schwein ist über mich hergefallen!«). In derartigen Situationen sind Mitarbeiter – besser noch Mitarbeiterinnen! – des Unternehmens (als Zeugen) und schnellstmöglich die Polizei hinzuzuziehen. Die Anzeige ist um die Tatbestände »falsche Anschuldigung«, »Vortäuschen einer Straftat« und/oder »Verleumdung« zu erweitern. Bei derartigen Anschuldigungen ist immer dann, wenn es zu keinerlei körperlichem Kontakt zwischen dem beschuldigten Mitarbeiter und der Täterin gekommen ist, darauf zu bestehen, dass die komplette Bekleidung der Täterin und des Mitarbeiters durch die Polizei sicherzustellen und auf Kontaktspuren (Kreuzungsspuren, DNA-Spuren) zu untersuchen ist. Diese Forderung ist entsprechend auch in den Anzeigentext mit aufzunehmen!

Kam es zu einer »berechtigten« Berührung zwischen Täterin und dem Sicherheitsverantwortlichen (etwa durch festes Zupacken bei der Festnahme, wenn die Täterin flüchten wollte), so ist auch dieser Umstand genau in der Anzeige zu vermerken. Behauptet die Täterin, vergewaltigt worden zu sein, so ist durch die Polizei die erforderliche gerichtsmedizinische Untersuchung zur Beweissicherung und damit zur Entlastung des Sicherheitsverantwortlichen zu veranlassen. Zur Absicherung gegen derartige ungerechtfertigte Anschuldigungen empfiehlt es sich, das Vernehmungsbüro von einer Videokamera überwachen zu lassen, die alle Vernehmungssituationen permanent aufzeichnet. Ein gut sichtbares Schild im Büro muss auf diesen Umstand ausdrücklich hinweisen (Rechtsprechung)!

Videoaufzeichnungen schützen vor falschen Anschuldigungen

1.5.6 – Sonstige auffällige Verhaltensweisen

Neben den bis jetzt behandelten Situationen gibt es noch eine Reihe von besonderen Vorkommnissen, die erhöhte Vorsicht beim Einschreiten erfordern. Grundsätzlich ist immer dann ganz besondere Vorsicht geboten, wenn der Täter mit dem von ihm gezeigten Verhalten aus dem Rahmen üblicher Verhaltensmuster fällt. So ist Misstrauen beispielsweise dann erforderlich, wenn der Täter bei seiner Anhaltung völlig unmotiviert zu lachen anfängt oder überhaupt nicht auf das Ansprechen reagiert (er geht z. B. einfach weiter). Hier muss man immer mit plötzlichen Angriffen rechnen! Denkbar ist auch, dass der Täter unter einer psychischen Erkrankung leidet! Unterstützungskräfte sollten hier schon für den Weg zum Büro angefordert werden! Reagiert der Täter völlig uninteressiert oder wirkt er desorientiert, ohne dass er erkennbar unter Alkoholeinfluss stünde, so kann als Ursache auch vorangegangener Betäubungsmittelkonsum oder Medikamentenmissbrauch infrage kommen. Hier ist vor allem bei der Durchsuchung mit äußerster Behutsamkeit vorzugehen, um sich nicht versehentlich an einer Spritze zu verletzen (Gefahr einer Ansteckung mit Aids!). In diesen Fällen ist immer die Polizei zu holen.

Vorsicht bei ungewöhnlichem Verhalten des Täters

Vorsichtig sollte man auch dann sein, wenn der Täter besonders freundlich und entgegenkommend ist. Hierdurch könnte versucht werden, den Sicherheitsverantwortlichen in Sicherheit zu wiegen und seine Aufmerksamkeit abzuschwächen. Gerade dann aber heißt es: Augen auf! Und noch einmal sei darauf hingewiesen:

Der grösste Feind der Eigensicherung heißt Routine!

1.6 – Behandlung sichergestellter Waren

Waren dienen als Beweismittel

Den entwendeten oder auf andere Weise manipulierten Waren kommt zwangsläufig bei der gesamten Sachbearbeitung eine besondere Bedeutung zu: Zum einen dient die Ware als Beweis für die begangene Straftat; andererseits ist es natürlich das primäre Ziel jedes Unternehmens, durch die Anhaltung des Täters die Ware zurückzuerhalten und das Unternehmen dadurch vor Schaden zu schützen. In Teilbereichen können sich beide Zielvorstellungen sowohl überdecken (durch die Sicherstellung bleibt die Ware dem Unternehmen erhalten und die Strafverfolgungsbehörden verfügen dadurch über ein Beweismittel für die Tat) als auch sich widersprechen (das Unternehmen will die Ware schnellstmöglich wieder dem Verkauf zuführen, was vor allem bei Saisonartikeln bedeutsam ist; die Staatsanwaltschaft benötigt die Ware dagegen als Beweismittel für den Strafprozess, der vielleicht erst nach Ablauf eines halben Jahres oder noch später angesetzt wird).

Bei der Dokumentation ist Sorgfalt unerlässlich

Unabhängig von der späteren Veranlassung muss jede sichergestellte Ware mit größter Sorgfalt registriert und verwahrt werden. Dabei ist stets zu beachten, dass Gegenstände zugleich auch Spurenträger sein können! Besonders wichtig ist es darüber hinaus, einen lückenlosen Nachweis über den Verbleib der Ware zu führen. Beginnend mit Ort und Zeit sowie den Umständen der Sicherstellung muss jede Weitergabe des Gegenstandes mit einer Unterschrift dokumentiert werden. Dabei muss der Empfänger eindeutig erkennbar sein. Dies erfolgt am besten durch einen Eintrag in ein spezielles Verwahrbuch. Denn in der Praxis zeigt sich leider immer wieder, dass die Polizei auf die Mitnahme von Gegenständen verzichtet, obwohl diese Gegenstände später bei Gericht als Beweismittel von Bedeutung sein könnten. Es empfiehlt sich daher, derartige Beweismittel bis zum Abschluss des Verfahrens in einem Asservatenschrank zu verwahren. Dies ist vor allem bei solchen Gegenständen ratsam, an denen durch den Täter ein Austausch des Etiketts oder Manipulationen an der Verpackung oder an Diebstahlsicherungen vorgenommen wurde.

Beweismittel sicher verwahren, damit sie vor Gericht zugelassen werden

Bei der Aufbewahrung derartiger Beweismittel muss sichergestellt sein, dass Unbefugte keinen Zugriff auf die Asservate haben, da sonst Spuren vernichtet oder verfälscht werden könnten. Die Gegenstände sind im Asservatenschrank auch gegen zufällige Beschädigung zu sichern. Jeder verwahrte Gegenstand muss vollständig beschriftet sein.

1.6.1 – Ware aus dem eigenen Unternehmen

Ware kann dem eigenen Unternehmen dann zugeordnet werden, wenn dies aus dem Etikett oder der Verpackung eindeutig hervorgeht. Eine eindeutige Zuordnung ist auch anhand von individuellen Merkmalen wie Individualnummern, Reparaturzeichen oder aber geheimen Markierungen möglich und schließlich auch dann, wenn ein Zeuge die Diebstahlshandlung beobachtet hat und danach den Täter bis zu seiner Anhaltung ununterbrochen im Blick, ihn also – und damit auch die Ware – ständig 'unter Kontrolle' hatte. Eine weitere Möglichkeit der Zuordnung von Diebesgut besteht auch dann, wenn der Täter zugibt, die Ware im Unternehmen entwendet zu haben. Wird der Gegenstand, der entwendet wird, im Unternehmen aus der Verpackung genommen, so sollten Sie unbedingt versuchen, die vom Täter zurückgelassene Verpackung aufzufinden und als möglichen Spurenträger zu sichern (eventuell lassen sich Fingerabdrücke oder DNA-Spuren des Täters daran finden). Bestehen Zweifel an der korrekten Auszeichnung einer Ware (Etikettentausch), so ist stets der Verantwortliche aus der entsprechenden Abteilung hinzuzuziehen und ggf. als Zeuge zu vernehmen.

Umgang mit sichergestellten Waren aus dem eigenen Unternehmen

Ist ein Täter mit der Herausgabe der Ware an das geschädigte Unternehmen einverstanden (schriftlich bestätigen lassen!) und wird diese nicht als Beweismittel benötigt, geht die Ware zurück in den Verkauf. Beachten Sie dabei, dass die Ware wieder originalverpackt und ausgezeichnet wird. Wurde die Ware durch den Täter beschädigt, so ist dies zu protokollieren; die Ware wird bis zur vollständigen Schadensbegleichung im Asservatenschrank aufbewahrt. Wurde verderbliche Ware (Lebensmittel, z. B. Fleisch) beim Täter sichergestellt und wird diese vom Täter nicht nachträglich bezahlt, muss diese Ware im Regelfall aus hygienischen Gründen vernichtet werden. Dabei wird über die Vernichtung, die im Beisein mindestens eines Zeugen erfolgen muss, ein »Vernichtungsprotokoll« erstellt und von den beteiligten Personen unterzeichnet. Bei höherwertigem Gut (ab 50 €) darf die Vernichtung erst nach Rücksprache mit der Geschäftsleitung vorgenommen werden. Das Vernichtungsprotokoll wird der Anzeige beigefügt und der Schaden in Rechnung gestellt.

Verderbliche Ware muss vernichtet werden

1.6.1.1 – Diebesgut als Spurenträger

Diebesgut kann als Spurenträger von Bedeutung sein, und zwar entweder dann, wenn ein unbekannter Täter einen Gegenstand angefasst hat und die darauf zurückgelassenen Spuren (vor allem DNA oder Fingerabdrücke) zu seiner Identifizierung führen können, oder dann, wenn ein bereits bekannter Täter behauptet, einen Gegenstand nicht in der Hand gehabt zu haben (z. B. ein aufgeklebtes Etikett, eine aufgerissene Verpackung, zurückgelassene Schuhe u. v. a. m.).

Diebesgut kann wichtiger Spurenträger sein

1.6.1.2 – Aufbewahren von Beweismitteln im eigenen Unternehmen

Zur Aufbewahrung von Beweismitteln (z. B. Diebesgut) ist ein Asservatenschrank erforderlich, der mindestens aus Stahlblech sein sollte und über ein Sicherheitsschloss verfügen muss. Die Schlüssel dürfen nur berechtigten Personen der Sicherheitsabteilung und nur gegen unterschriftliche Empfangsbestätigung in einer Schlüsselausgabeliste ausgehändigt werden. Jeder verwahrte Gegenstand ist mit einem fest angebrachten Anhänger oder einem Aufkleber zu versehen, der das Aktenzeichen der Anzeige, die Kurzpersonalien des Beschuldigten (Vor- und Familienname, Geburtsdatum und -ort), die Bezeichnung der Straftat, das Datum der Tat, die laufende Nummer aus dem Verwahrbuch und den Namen des Sachbearbeiters enthalten muss. Bei jeder Einlagerung im Asservatenschrank ist sofort und unverzüglich ein Eintrag im Verwahrbuch vorzunehmen, das im Schrank zu liegen hat. Die erforderlichen Eintragungen werden im Kapitel über das Verwahrbuch näher erläutert.

1.6.1.3 – Weitergabe des Diebesgutes an die Polizei

Wird Diebesgut beim Täter aufgefunden, das vom Täter dennoch als sein Eigentum bezeichnet wird oder welches als Beweismittel für das Verfahren von Bedeutung oder dessen Herkunft zweifelhaft ist, so nimmt die Polizei nach Aufnahme der Anzeige diese Gegenstände im Normalfall mit dem Täter mit. Dabei sollte darauf geachtet werden, dass der Empfang der Ware durch die Polizei auf der Durchschrift,

Auch die Übergabe von Beweismitteln an die Polizei dokumentieren lassen

die im Unternehmen verbleibt, quittiert wird. Dieses Verfahren wird allerdings in der Praxis selten angewandt. Dazu sollte man wissen, dass es zwischen den einzelnen Dienststellen der Polizei vorgeschrieben und selbstverständlich ist, die Weitergabe von Asservaten nur gegen unterschriftliche Bestätigung beider Seiten (übergebender und übernehmender Beamter) vorzunehmen. Dies gilt umso mehr, je wertvoller das Diebesgut ist. Wird Bargeld weitergegeben, so müssen Sie sich den Empfang des Betrages (auf den Cent genau) unterschriftlich auf der Anzeigendurchschrift bestätigen lassen. Vonseiten der Polizei käme niemand auf den Gedanken, sich wegen dieses Verfahrens beleidigt zu fühlen. Es ist also nur fair, dass die Übergabe von Gegenständen auch zwischen dem Sicherheitsverantwortlichen und Polizeibeamten in der gleichen Weise, nämlich gegen Unterschrift, erfolgt. Dabei versteht es sich von selbst, dass man bei der Übergabe auf Schäden oder Gefahren, die von einem Gegenstand ausgehen könnten (gesprungene Gläser, chemische Eigenschaften, Ansteckungsgefahr bei gebrauchten Spritzen u. Ä.), unaufgefordert und unmissverständlich aufmerksam macht und dies auch in der Anzeige vermerkt.

1.6.1.4 – Nachträgliche Bezahlung von Diebesgut

Erklärt sich der Täter mit der nachträglichen Bezahlung der von ihm entwendeten Ware einverstanden (vorausgesetzt, er verfügt über das nötige Geld) und sprechen keine sonstigen Gründe dagegen (Ware wird als Beweismittel nicht benötigt), so kann der Täter die Ware nachträglich kaufen, wenn er den Diebstahl zuvor zugegeben hat. Eine Verpflichtung, dem Täter die Bezahlung nachträglich zu gestatten, gibt es jedoch nicht. Ebenso wenig gibt es für den Täter eine Verpflichtung, die gestohlene Ware zu kaufen. Bestreitet der Täter den Diebstahl, sollte man die Ware einbehalten, um sich nicht dem Vorwurf einer Nötigungshandlung auszusetzen. Verlangt der Täter, dass die Polizei hinzugezogen werden soll, so ist diesem Wunsch in jedem Falle nachzukommen – allein schon zur Absicherung des Sicherheitsverantwortlichen gegen spätere unberechtigte Vorwürfe. In diesem Zusammenhang weise ich darauf hin, dass das Abstreiten der Tat für sich alleine gesehen noch keine Rechtfertigung für eine Festnahme des Täters darstellt! Denn in unserem Rechtssystem haben Beschuldigte das Recht, jegliche Angaben zu verweigern oder eine Tat abzustrei-

Der Täter kann die Ware nachträglich bezahlen, muss es aber nicht

ten, ohne dass dieses Verhalten zu ihrem Nachteil ausgelegt werden darf. Das bloße Leugnen einer Tat darf daher nicht als Bestätigung für einen dringenden Tatverdacht umgedeutet werden und damit ist ein Abstreiten der Tat für sich allein gesehen keine Rechtfertigung für eine vorläufige Festnahme!

Kassenbelege der nachträglichen Bezahlung sorgfältig aufbewahren und an die Behörden weitergeben

Die nachträgliche Bezahlung von Diebesgut sollte immer im Beisein eines Zeugen erfolgen. Dabei gibt der Täter zur Bezahlung dem Sachbearbeiter das benötigte Geld. Dieser geht mit dem Geld und der Ware zu der dafür bestimmten Kasse und zahlt den Betrag ein. Der Kassenzettel wird sodann zweifach kopiert, und der Täter erhält das Original des Kassenbeleges zusammen mit dem Wechselgeld. Die erste Kopie wird der Anzeige für die Staatsanwaltschaft (und die Polizei) beigeheftet, die zweite Kopie des Kassenzettels verbleibt an der Vorgangsdurchschrift im Unternehmen. In der Anzeige wird die nachträgliche Bezahlung des Diebesgutes protokolliert. Bezahlt der Täter mit EC- oder Kreditkarte, so ist entsprechend zu verfahren. Der Täter soll dabei nur dann mit an die Kasse gehen, wenn er anschließend entlassen werden kann. Andernfalls besteht die Gefahr, dass er den Gang zur Kasse für einen Fluchtversuch nutzen könnte. Im letzteren Fall erfolgt die Bezahlung dann im Beisein der Polizei.

1.6.1.5 – Rückführung der Ware in den Verkauf

Wird die Ware einbehalten (der Täter will oder kann sie nicht bezahlen oder dem Wunsch nach nachträglicher Bezahlung wird durch das Unternehmen nicht stattgegeben) und besteht kein Erfordernis, die Ware der Polizei mitzugeben oder sie im Unternehmen zu asservieren, so wird die Ware schnellstmöglich in den Verkauf zurückgeführt. Es ist sinnvoll, die Ware zuvor dahingehend zu überprüfen, ob sie komplett und funktionsfähig ist. Außerdem muss gewährleistet sein, dass sie originalverpackt und mit den Originaletiketten ausgezeichnet ist. Sind diese Voraussetzungen erfüllt, wird die Ware vom Sachbearbeiter in die entsprechende Abteilung zurückgebracht. Der Abteilungsleiter oder sein Abwesenheitsvertreter bestätigen den Erhalt der Ware auf der Anzeigendurchschrift. Es ist dabei unbedingt darauf zu achten, dass die Rückgabe der Ware zweifelsfrei nachvollziehbar und durch die lesbaren Unterschriften des Abteilungsleiters oder seines Vertreters auf

Sorgfältige Dokumentation auch der Rückführung von Waren ins Unternehmen

der Anzeige protokolliert ist. Bei größeren Mengen an sichergestellten Gegenständen kann die Übergabe auch auf einem separaten Sicherstellungsverzeichnis oder einem extra gefertigten Übergabeprotokoll vermerkt werden und im Beisein eines Angehörigen der Geschäftsleitung erfolgen. Wichtig ist auch, dass das Datum und die Uhrzeit der Rückgabe eindeutig zu erkennen sind. In jedem Fall muss der Weg des sichergestellten Diebesguts jederzeit und ohne jeden Zweifel nachvollzogen werden können. Denn nur so können spätere Vorwürfe ertappter Ladendiebe, man habe das Diebesgut selbst behalten, zweifelsfrei entkräftet werden.

1.6.2 – Fremdware

Unter Fremdware sind alle die Waren zu verstehen, die beim Täter aufgefunden werden und die den Umständen nach aus einer Straftat in einem anderen Unternehmen stammen. Immer wieder nämlich kommt es vor, dass man bei einem ertappten Täter Ware findet, die dieser zuvor in einem anderen Unternehmen entwendet hat. Soweit sich keine zwingende Notwendigkeit dafür ergibt, die Polizei sofort einzuschalten (Festnahmegrund nicht vorhanden, Täter ist voll geständig, seine Identität steht zweifelsfrei fest und er verfügt nachweislich über einen festen Wohnsitz), wird man vor die Frage gestellt, was mit der gefundenen Fremdware zu geschehen hat. Grundsätzlich ist es zulässig, diese Ware mit schriftlichem Einverständnis des Täters einzubehalten, um sie an das geschädigte Fremdunternehmen auszuhändigen. Dies ist ein in der Praxis häufig angewendetes Verfahren, soweit das geschädigte Fremdunternehmen bekannt ist und es sich in der Nähe des eigenen Unternehmens befindet. Eine wie auch immer geartete Verpflichtung, Fremdware selbst auszuhändigen, gibt es jedoch nicht. Wenn man Fremdware nicht selbst entgegennehmen möchte, muss die Polizei verständigt werden, die dann die Fremdware zur weiteren Veranlassung übernimmt.

Fremdware kann direkt an das andere Unternehmen oder die Polizei übergeben werden

Übergabe an Fremdunternehmen unbedingt bescheinigen lassen

Nimmt man selbst die Fremdware vom Täter entgegen, ist es erforderlich, die Art der Waren, die genaue Menge, den Preis und die Herkunft schriftlich festzuhalten und das Einverständnis des Täters mit der Rückführung des Diebesgutes schriftlich bestätigen zu lassen. Selbstverständlich wird dann die Übergabe an das Fremdunternehmen ebenfalls schriftlich dokumentiert, wobei man das Datum der Übernahme und die Person des Empfängers genau vermerkt. Die Übergabebescheinigung wird dann – ggf. im Nachgang – zur Originalanzeige gegeben, die an die Polizei weitergeleitet wird. In jedem Falle müssen Sie den Verbleib der Waren lückenlos dokumentieren.

Es kommt vor, dass die Polizei Diebesgut aus anderen Kaufhäusern, das vom Sicherheitsverantwortlichen bei einem Ladendieb aufgefunden wurde, dem Sachbearbeiter zur Aushändigung an das geschädigte andere Unternehmen überlässt. Dies geschieht gelegentlich dann, wenn das andere geschädigte Unternehmen in der Nähe des Unternehmens liegt, in dem der Täter festgenommen wurde. Dabei muss das Einverständnis des Täters mit der Zurückgabe an die Drittfirma allerdings zwingend vorliegen. Grundsätzlich sollte man ein derartiges Ansinnen der Polizei jedoch ablehnen. Dort, wo es aufgrund langjähriger Praxis dennoch so gehandhabt wird, sollte man folgende Punkte berücksichtigen: Übernimmt man derartige Fremdwaren, ist zur eigenen Absicherung darauf zu achten, dass der Zustand der Ware, die Stückzahl und der Wert durch die Polizeibeamten unterschriftlich in der Anzeige bestätigt werden. Andernfalls sollte man die Annahme von Fremdware verweigern und die Zurückgabe an das geschädigte Unternehmen der Polizei überlassen. Ebenfalls verweigern sollte man die Annahme von besonders wertvollen Fremdwaren oder von Gegenständen, bei denen die Herkunft nicht eindeutig feststeht. Auch schnell verderbliche oder beschädigte Artikel sollte die Polizei selbst zurückgeben (die zur Rückgabe selbstverständlich verpflichtet ist).

Keine Verpflichtung zur Weitergabe an Fremdunternehmen

Bis zur Rückgabe der Fremdware muss diese sorgfältig verwahrt und vor Abhandenkommen und Beschädigung geschützt werden. Günstig ist es, einen Beauftragten der Fremdfirma um die Abholung der Ware im eigenen Unternehmen zu ersuchen. Die Übergabe ist unterschriftlich auf der Anzeigendurchschrift oder in einem Übergabeprotokoll zu dokumentieren. Die Übergabe kann auch im Verwahrbuch dokumentiert werden, wobei man darauf achten muss, dass der Beauftragte der Fremdfirma sich ausweist und dass sein Name deutlich lesbar geschrieben wird.

1.6.2.1 – Die Sicherstellung beim Täter

Erkennungsmerkmale von Diebesgut aus anderen Unternehmen

Fremdware (Diebesgut aus anderen Unternehmen) ist nicht immer einfach zu erkennen. Identifizierbar ist diese entweder am Etikett oder an der Verpackung oder auch an dem Umstand, dass dieser Artikel im eigenen Unternehmen nicht verkauft wird. Kann der Täter weder einen Kaufbeleg eines anderen Unternehmens vorweisen noch glaubhaft darlegen, dass dieser Gegenstand rechtmäßig in seinem Besitz ist, so besteht zumindest der Anfangsverdacht, dass es sich ebenfalls um Diebesgut handelt. Auch kommt es nicht selten vor, dass der Täter gesteht, den entsprechenden Artikel in einem anderen Geschäft entwendet zu haben. Als Rechtsgrundlage für die Sicherstellung durch den Sicherheitsverantwortlichen kommt hier ausschließlich die freiwillige Herausgabe durch den Täter in Betracht. Weigert sich der Täter, derartige Waren herauszugeben, muss die Polizei informiert werden. Eine gesetzliche Verpflichtung, Fremdware entgegenzunehmen, besteht nicht. Die Entgegennahme ist jedoch im Regelfall als »Geschäftsführung ohne Auftrag« nach dem Bürgerlichen Gesetzbuch (BGB) gedeckt.

1.6.2.2 – Weitergabe von Fremdware an die Polizei

Strafanzeige sollte auch für Fremdwaren gestellt werden

In allen Fällen, in denen bei einem Täter Fremdwaren festgestellt werden, sollte Strafanzeige erstattet werden. Wenn die Fremdware nicht vom Sicherheitsverantwortlichen zur Aushändigung an das geschädigte Fremdunternehmen übernommen wird, ist unverzüglich die Polizei hinzuzuziehen. Dies gilt besonders für Fälle, in denen z. B. die Herkunft der Ware nicht bekannt oder in denen die Fremdware beschädigt ist, in denen die Fremdware als Beweismittel oder Spurenträger benötigt werden könnte oder in denen der Täter den Diebstahl – den der Fremdware – bestreitet. Die Polizei ist in jedem Falle dazu verpflichtet, Fremdwaren sicherzustellen (zumindest zur Eigentumssicherung). Die Übergabe von Fremdware an die Polizei muss in der Strafanzeige vermerkt und von einem Beamten unterschriftlich bestätigt werden.

1.7 – Organisation des Bürobetriebes

Für eine reibungslose Abwicklung der Anzeigensachbearbeitung ist es – allein schon aus Gründen der Eigensicherung – unverzichtbar, den gesamten Ablauf der Sachbearbeitung schon im Vorhinein gründlich zu planen und festzulegen. Dabei müssen alle denkbaren Situationen bedacht werden. Selbstverständlich ist, dass alle Formblätter, die benötigt werden könnten, in ausreichender Stückzahl im Büro vorhanden und zugänglich sind. Alle Kommunikationsmöglichkeiten müssen abgesprochen und auf ihre Funktion und Zuverlässigkeit hin überprüft worden sein. Das bedeutet zum einen, dass alle technischen Anlagen wie Telefone, Mikrofone für Lautsprecherdurchsagen oder Alarmschalter getestet werden. Das bedeutet aber auch, dass man mit allen Personen im Unternehmen genaue Absprachen darüber trifft, wen man wann und wie im Falle einer dringenden Unterstützungsanforderung erreichen kann. Soweit eine Alarmierung verschlüsselt erfolgen soll (z. B. um einen Täter nicht zu warnen, dass die Polizei verständigt wird), muss vorher durch Absprachen und Tests für einen reibungslosen Ablauf im Ernstfall gesorgte werden. Die Ausstattung des Büros muss den Vorgaben zur Einrichtung eines Vernehmungsbüros entsprechen (siehe das Kapitel hierzu). Mitarbeiter müssen die entsprechenden Berechtigungen haben, um Arbeiten am PC erledigen zu können. Ein Alarmierungsplan für eilige Anforderung von Unterstützungskräften und deren Erreichbarkeit in Notfällen muss ausgearbeitet werden. Die jeweiligen Aufgabenbereiche müssen klar zugewiesen und die Verantwortlichkeiten festgelegt sein, wobei alle zur reibungslosen Abwicklung erforderlichen Kompetenzen durch die Unternehmensleitung auf die Sicherheitsverantwortlichen übertragen werden müssen (z. B. Hausrecht, Strafantragsvollmacht, freier Zugang zu allen Räumen, Einsicht in alle schriftlichen Aufzeichnungen und Unterlagen, soweit dies zur Abwehr einer Gefahr für das Unternehmen erforderlich erscheint u. v. a. m.). Die gewünschten Verhaltensweisen der Mitarbeiter sind in Dienstanweisungen festzulegen, die Teil der Arbeitsverträge sind.

Alle Abläufe müssen schon vorher geplant und getestet worden sein

1.7.1 – Zugänglichkeit des Büros

Das Vernehmungsbüro muss grundsätzlich immer dann versperrt werden, wenn sich kein Mitarbeiter dort aufhält. Die Büroschlüssel werden nur an die Mitarbeiter ausgegeben, die in dem Raum arbeiten müssen. Es muss also gewährleistet sein, dass nur berechtigte Personen ungehinderten Zugang zum Vernehmungsbüro erhalten. Dies ist erforderlich, um absolut sicherstellen zu können, dass keine Gegenstände achtlos durch Mitarbeiter im Büro liegengelassen werden, die einem Täter als Waffe dienen könnten. Weiterhin dient dies dem Schutz von Daten und sichergestellten Gegenständen, die vor dem Zugriff von Unbefugten entsprechend gesichert werden müssen (Datenausspähung, Sabotage, Vernichtung von Beweismitteln u. Ä.). Schließlich ist das Verschließen der Tür auch dann wichtig, wenn im Büro Monitore stehen, auf die die Bilder der Überwachungskameras übertragen werden. So kann kein Unbefugter feststellen, in welchen Bereichen Kameraüberwachung durchgeführt wird und in welchen nicht. Jeder Sicherheitsverantwortliche muss den Schlüssel zum Büro stets griffbereit an einer Kette am Gürtel tragen. Ein Ersatzschlüssel zum Vernehmungsbüro kann man in einem verschlossenen Glaskasten (ähnlich einem Feuermelder) neben der Eingangstür zum Büro verwahren, wobei der Schlüssel nur nach Einschlagen der Scheibe mit gleichzeitiger hausinterner Alarmauslösung erreichbar ist.

Die Tür zum Vernehmungszimmer muss immer abgeschlossen sein

Es ist darauf zu achten, dass die Bürotür nach innen, in das Büro hinein, aufschwingt. Einerseits kann dann die Tür auch mit dem Fuß aufgedrückt werden, wenn man einen Täter im Abführgriff in das Büro bringt; andererseits muss ein Täter, der aus dem Büro flüchten möchte, zuerst die Tür nach innen aufziehen, was wertvolle Zeit erfordert, die der Sicherheitsverantwortliche für die Wiederergreifung des Täters nutzen kann.

Ein Problem besonderer Art zeigt sich immer wieder dann, wenn die Polizei nach Geschäftsschluss zur Abholung eines Straftäters Zugang zum Vernehmungsbüro benötigt. Es ist in derartigen Fällen dafür Sorge zu tragen, dass ein weiterer Mitarbeiter bis zum Eintreffen der Polizei am Eingang des Hauses wartet, der die Beamten dann in das Büro begleitet. Bereits bei der telefonischen Verständigung der Polizei sollte man genau mitteilen, zu welchem Eingang die Beamten kommen sollen, falls man damit rechnen muss, dass bis zum Eintreffen der Polizei die regulären Eingänge bereits geschlossen sind.

1.7.2 – Kommunikationsmittel

Schnelle und sichere Kommunikation ist überlebenswichtig

Eine wesentliche Hilfe, die im Notfall sogar lebenswichtig werden kann, ist ein ausreichendes und zuverlässig funktionierendes Kommunikationssystem im Vernehmungsbüro. Dabei müssen mindestens **zwei voneinander völlig unabhängige** Systeme vorhanden sein. Damit ist gewährleistet, dass im Falle der Störung oder Beschädigung eines der Systeme (wenn z. B. das Telefon vom Täter bei einer Widerstandshandlung zerstört wird) noch mindestens ein weiteres System vorhanden ist, mit dem der Sicherheitsverantwortliche Unterstützung anfordern kann (z. B. zusätzlich ein Handy, soweit ein störungsfreier Zugriff auf das Netz gewährleistet ist). Wichtig ist außerdem, dass im Büro zudem (mindestens) ein versteckt montierter Alarmknopf vorhanden ist, mit dem unauffällig Unterstützungskräfte alarmiert werden können. Selbstverständlich muss das Telefon im Vernehmungsbüro über einen direkten Amtsanschluss (zumindest für Ortsgespräche) verfügen. Damit vermeidet man im Notfall Zeit- und Informationsverluste, die bei der Vermittlung über eine dritte Stelle (z. B. die Telefonzentrale) unvermeidlich sind.

Muss die Verständigung der Polizei aus technischen Gründen dennoch über die Telefonvermittlung erfolgen, kann man durch die Schaltung eines separaten Nebenstellenanschlusses in der Vermittlung mit einer leicht zu merkenden Nummer (z. B. 1111) gewährleisten, dass der Sicherheitsverantwortliche jederzeit und sofort Verbindung mit der Zentrale erhält. Dieser Nebenanschluss darf **ausschließlich** für Notfälle benutzt werden! Die Mitarbeiter der Telefonzentrale sind unterschriftlich zu verpflichten, beim Klingeln dieses Apparates sofort jedes andere Gespräch zu unterbrechen! Zur Überwachung der Einhaltung dieser Anweisung sind auch Testanrufe zu tätigen. Im Regelfall wird die Verständigung der Polizei vom Büro aus erfolgen; dabei kann der Sicherheitsverantwortliche mit dem Beamten der Einsatzzentrale zugleich die erforderlichen Einzelheiten besprechen (Besonderheiten, Anfahrtswege, nach Feierabend besetzter Eingang u. Ä.). Im Einzelfall ist es jedoch unter Umständen von Vorteil, wenn die Polizei auch unbemerkt vom Täter angefordert werden kann, da manche Täter zur Panik neigen, wenn sie erfahren, dass die Polizei kommt. Entweder erfolgt die Alarmierung in diesem Fall über Handy außerhalb der Mithörmöglichkeit des Täters oder – wenn dies nicht möglich ist – verschlüsselt. Hierzu böte sich an, mit der Telefonzentrale einen Code für die Alarmierung der Polizei zu vereinbaren (»Frau Meier, schicken Sie mir bitte eine Tasse Kaffee in mein Büro; zwei Stück Zucker, bitte!«) – dabei kann man die Anzahl der abzuholenden Täter durch die Zahl der Zuckerstücke angeben.

Kommunikation im Notfall

Bei jedem Telefon im Unternehmen muss die Telefonnummer des Sicherheitsverantwortlichen (im Büro bzw. über die Vermittlung) deutlich sichtbar angebracht sein – und im Büro eine Liste aller im Notfall wichtigen Telefonnummern (in großer und deutlicher Schrift). Es muss regelmäßig überprüft werden, ob die darin verzeichneten Nummern noch aktuell sind. Diese Liste ist deshalb wichtig, da auch andere Mitarbeiter in die Situation kommen können, einmal eine Notfallverständigung durchführen zu müssen. Jeder Sicherheitsverantwortliche muss über ein Handy verfügen, mit dem er in jeder Situation erreichbar ist und mit dem er zu jeder Zeit Hilfe anfordern kann. Mobiltelefone im Sicherheitsdienst sind ein unverzichtbares Einsatzmittel und können im Extremfall sogar eine Frage des Überlebens werden!

1.7.3 – Notwendige Formblätter

Zur Erstellung von Strafanzeigen sollten zur Rationalisierung bei der Diebstahlssachbearbeitung vorgegebene Formulare, z. B. für die Anzeigenerstattung, verwendet werden. Wenngleich die Erstattung einer Strafanzeige an keinerlei bestimmte Form gebunden ist, so stellt es doch eine wesentliche Arbeitserleichterung und damit eine entsprechende Zeitersparnis dar, wenn man Vordrucke benutzt. Zudem bietet die Verwendung von Formblättern die Gewähr, dass alle wichtigen Daten und Sachverhalte auch tatsächlich erfasst werden, wodurch sich umständliche und zeitraubende Nachermittlungen der Polizei erübrigen können.

Vorgefertigte Formblätter sparen Zeit und dienen der Beweisführung

In Bayern z. B. waren lange Zeit Vordrucke zur Anzeigenerstattung bei Ladendiebstählen kostenlos bei den Polizeidienststellen erhältlich. Wo dies nicht der Fall ist, kann man selbst geeignete Formblätter herstellen. Weiterhin gibt es noch eine Reihe von Verwaltungsvorgängen, bei denen sich die Verwendung von Vordrucken ebenfalls empfiehlt (z. B. Erteilung des Hausverbotes, Erhebung von Fangprämien u. v. a. m.). Die entsprechenden Vordrucke bzw. Formblätter können ohne weiteres selbst entworfen und kopiert werden. Sinnvoll ist es, sich die entsprechenden Formblätter als Vordrucke im PC einzurichten und sie dann am Computer auszufüllen. Damit hat man garantiert lesbare Anzeigen und kann erforderlichenfalls entsprechende Verbesserungen und Ergänzungen vornehmen.

1.7.4 – Aufbewahrung von Diebesgut

Immer wieder einmal müssen Gegenstände (Diebesgut oder Spurenträger oder andere Beweismittel), die von der Polizei nicht sichergestellt werden, bis zu einer Gerichtsverhandlung aufbewahrt werden. Dies könnten auch Gegenstände sein, die für einen zivilrechtlichen Schadenersatzprozess als Beweismittel benötigt werden. So werden z. B. immer wieder leere Verpackungen bestimmter Artikel im gleichen Bereich des Sicherheitsverantwortlichen aufgefunden, ohne dass der Täter bislang ermittelt werden konnte. Wird er später festgenommen, können diese leeren Verpackungen als Spurenträger zu einem wichtigen Beweismittel werden. Aber auch Fremdware muss in geeigneter Weise so gelagert werden können, dass sie vor Beschädigung oder Verlust sicher ist. Zur Aufbewahrung wird ein stabiler, verschließbarer Stahlblechschrank mit einem Sicherheitsschloss, ein Asservatenschrank, verwendet. Jede Einlagerung in diesem Asservatenschrank wird in einem sogenannten Verwahrbuch dokumentiert, welches im Schrank seinen festen Platz hat. Der Verbleib jedes einzelnen Gegenstandes muss anhand der Eintragungen lückenlos nachvollzogen werden können. Gefährliche Gegenstände dürfen nur eingelagert werden, wenn die gesetzlichen Bestimmungen für das Lagern derartiger Gegenstände eingehalten werden können (z. B. nach der Gefahrgutverordnung, der Verordnung über die Verhütung von Bränden, nach Datenschutzrecht oder nach dem Waffengesetz). Der Asservatenschrank wird zweckmäßigerweise im Vernehmungsraum oder in einem unmittelbar angrenzenden Raum aufgestellt.

Auch Spuren, zu denen noch kein Täter zugeordnet werden kann, müssen gesichert werden

Der Schrank muss stets versperrt sein, der Schlüssel ist abzuziehen. Sind mehrere Mitarbeiter schließberechtigt, so ist in einem Schlüsselausgabeverzeichnis namentlich und gegen Unterschrift festzuhalten, an wen Schlüssel ausgegeben werden. Bei Verlust eines Schlüssels muss unbedingt das Schloss ausgewechselt werden. Ein Reserveschlüssel wird in einem Kuvert (versiegelt) beim Geschäftsführer aufbewahrt.

1.7.5 – Sonstige Regelungen

1.7.5.1 – Erste-Hilfe-Maßnahmen

In jeden Vernehmungsraum gehört eine gut sortierte Erste-Hilfe-Ausstattung. Der Inhalt muss laufend überprüft und ergänzt werden, und dazu muss eine leicht verständliche Anleitung für Erste-Hilfe-Maßnahmen griffbereit sein. Ein Mitarbeiter wird für die Wartung des Erste-Hilfe-Materials verantwortlich bestimmt. Es ist besonders darauf zu achten, dass in jedem Verbandskasten Plastik-Einweghandschuhe in genügender Anzahl vorhanden sind. Alle Mitarbeiter sind eindringlich und unterschriftlich zu belehren, dass bei jeder Wundversorgung mit blutender Verletzung die Handschuhe zu tragen sind (Ansteckungsgefahr mit Aids oder Hepatitis!). Da der Verbandskasten jederzeit einsatzbereit sein muss, darf er selbstverständlich weder weggeschlossen noch verschlossen werden. Deshalb dürfen auf keinen Fall andere als abgerundete Verbandsscheren darin enthalten sein. Denn sonst könnte ein Straftäter die Verbandsschere als Waffe verwenden!

In jedem Unternehmen müssen Mitarbeiter als Ersthelfer ausgebildet sein. Die Telefonnummern, unter denen diese Mitarbeiter erreichbar sind, müssen gut sichtbar an jedem Telefon und am Verbandskasten aushängen. Außerdem müssen zusätzlich die Notrufnummern der Rettungsleitstelle (Notarzt, Rettungsdienst, ärztlicher Notdienst), der Feuerwehr und der Polizei verzeichnet sein.

Wird ein Straftäter bei der Festnahme verletzt, so sind alle erforderlichen Hilfsmaßnahmen einzuleiten und – soweit möglich – selbst durchzuführen. In der Sachverhaltsschilderung muss genau beschrieben werden, wodurch es zu der Verletzung kam, welcher Art die Verletzung war und welche Erste-Hilfe-Maßnahmen (wann und durch wen) veranlasst wurden. Kommt es zu Widerstandshandlungen durch den Täter, bei denen eine Person (Festnehmender, Täter, Unbeteiligter) nicht nur unerheblich verletzt wurde, ist immer die Polizei hinzuziehen.

1.7.5.2 – Absuchen des Büros nach jeder Vernehmung

Man sollte grundsätzlich nach jeder Vernehmung die nähere Umgebung des Sitzplatzes des Täters nach Gegenständen absuchen, die von ihm dort möglicherweise versteckt wurden. Dies kann Diebesgut sein, ebenso gut aber kann der Täter ihn belastendes Beweismaterial im Bereich seines Sitzplatzes verborgen haben. Es ist ferner an die Möglichkeit zu denken, dass der Täter Betäubungsmittelkonsument sein könnte und dementsprechend Betäubungsmittel oder Spritzen vor dem Eintreffen der Polizei loswerden möchte. Betäubungsmittel werden häufig in Stanniolpapier eingewickelt (weißes, bräunliches oder grünliches Pulver oder entsprechende Bröckchen), in Streichholz- oder Zigarettenschachteln oder in kleinen Döschen aufbewahrt.

Es ist besondere Vorsicht geboten, wenn Spalten und Ritzen von Sitzmöbeln abgesucht werden – hier besteht die Gefahr, sich an einer versteckten Spritzennadel zu stechen ››› Ansteckungsgefahr mit Aids!

Auch gefälschte Ausweise, gestohlene Scheck- oder Kreditkarten genauso wie Waffen sind Gegenstände, die Täter gern unauffällig loswerden wollen. Letztlich muss man sich vor Augen halten, dass die Absuche nicht in erster Linie (obwohl natürlich auch) dem Auffinden von Diebesgut und Beweismitteln dient, sondern der Eigensicherung! Wie leicht könnte ein scharfes Tapetenmesser, das ein »harmloser« Ladendieb zum Aufschneiden einer Plastikpackung verwendet und nach seiner Festnahme versteckt hat, in den Händen eines später auf demselben Stuhl sitzenden Gewalttäters zur tödlichen Waffe werden!

1.7.5.3 – Registrierung der Anzeigen

a) Anzeigentagebuch

Die Anzeigen müssen sorgfältig aufgezeichnet werden

Zur ordnungsgemäßen Abwicklung und Verwaltung von Strafanzeigen ist es erforderlich, diese in einem Anzeigentagebuch zu erfassen. Dies kann sowohl manuell mithilfe eines entsprechenden Buches erfolgen als auch per EDV. Das Anzeigentagebuch dient dazu, bei Rückfragen aller Art festzustellen, ob gegen eine bestimmte Person eine Strafanzeige erstattet wurde, wann und durch wen dies erfolgte, was im Einzelnen veranlasst und an wen die Anzeige weitergeleitet wurde. Als Tagebuch im herkömmlichen Verfahren empfiehlt sich ein gebundenes Buch, mindestens im DIN-A4-Format, mit durchgehender Seitennummerierung. Die Eintragungen im Anzeigentagebuch erfolgen durch den jeweiligen Sachbearbeiter, unmittelbar im Anschluss an die Abwicklung einer Strafanzeige. Die Eintragungen werden im Buch fortlaufend nummeriert, wobei jeweils zum Jahresbeginn die Nummer 1 mit der zugehörigen Jahreszahl steht (1/11, 2/11...). Diese Nummer ist im herkömmlichen (manuellen) Verfahren zugleich die Registriernummer. Die Registriernummer wird auf allen Schriftstücken einer Anzeige (z. B. auf ergänzenden Vernehmungen oder auf der Quittung für die Einzahlung der Fangprämie) vermerkt.

Das Tagebuch sollte folgende Spalten aufweisen:

> Registriernummer; Datum und Uhrzeit des Vorfalls; Bezeichnung des Ereignisses; Personalien der Beteiligten (Beschuldigte, Geschädigte, Zeugen); veranlasste Maßnahmen; Name des Sachbearbeiters.

Nachstehend ein Muster, wie ein Anzeigentagebuch gestaltet sein könnte:

Anzeigentagebuch Seite ...... begonnen am ....

Lfd. Nr.	Datum, Uhrzeit	Ereignis, beteiligte Personen	Veranlasste Maßnahmen	Sachbearbeiter
08/11	16.02.11 12.30 h	Diebstahl einer Lederjacke; Beschuldigt: Hans Mustermann, * 01.01.1950 in Musterdorf; Tatort: Herrenoberbekleidungsabteilung; Täter entfernte das Sicherungsetikett mit einer mitgebrachten Nagelschere und zog die Jacke (Wert: 400 €) an. Verließ das Haus.	Anzeige, Fangprämie (50 €), Hausverbot; Täter um 13.10 Uhr an Pol. übergeben.	Huber

Das Tagebuch muss im Vernehmungsraum unter Verschluss verwahrt werden. Eintragungen erfolgen nur mit Tinte oder Kugelschreiber. Vollgeschriebene Tagebücher werden zehn Jahre lang aufbewahrt.

b) Namensregister

Zusätzlich zum Anzeigentagebuch wird ein Namensregister, ein sogenannter »Namensrenner«, geführt. Dies geschieht am besten direkt am PC. Wo kein PC verwendet wird, werden alle Beschuldigten verzeichnet, und zwar nach Anfangsbuchstaben sortiert, wobei für jeden Buchstaben eigene Seiten verwendet werden. Neben dem Familiennamen werden der Vorname, die Registriernummer, das Datum und der Sachbearbeiter vermerkt. So kann man bei Anfragen gezielt die entsprechende Eintragung im Anzeigentagebuch finden.

c) Ablage der Anzeigendurchschriften

Von jeder erstellten Anzeige wird eine Durchschrift (Ausdruck) im Vernehmungsbüro verwahrt. Dies geschieht in Aktenordnern und selbstverständlich so, dass Unbefugte keinen Zugriff auf die Unterlagen bekommen können. Die Aufbewahrung von Durchschriften ist wichtig bei Rückfragen jeder Art (z. B. durch die Geschäftsleitung im Zusammenhang mit der Erhebung von Fangprämien). Aber auch zur Vorbereitung von Gerichtsverhandlungen, zu denen der Sicherheitsverantwortliche als Zeuge geladen wird, benötigt er die Unterlagen, um sich nochmals den einzelnen Fall ins Gedächtnis rufen zu können. Wenn die Anzeigen in der EDV erfasst und gespeichert sind, muss gewährleistet sein, dass Unbefugte keinen Zugriff darauf nehmen können. Die herkömmliche Ablage erfolgt alphabetisch, und zwar nach den Anfangsbuchstaben des Familiennamens des Beschuldigten. Richtet sich eine Anzeige gegen mehrere Beschuldigte, so wird der Vorgang unter dem Namen des Haupttäters abgelegt. Bei sämtlichen Mittätern wird eine Aktenvormerkung unter den jeweiligen Familiennamen abgeheftet, die auf die Fundstelle des Gesamtvorganges hinweist.

Alle Unterlagen müssen sorgfältig abgelegt werden und noch nach Jahren zu finden sein

Unterlagen sollen zehn Jahre lang aufbewahrt werden. Soweit gesetzliche Vorgaben bezüglich der Verjährungsfristen der angezeigten Straftaten längere Aufbewahrungszeiten seitens der Staatsanwaltschaft vorsehen, so kann man bei Bedarf über die Staatsanwaltschaft Vorgänge nochmals einsehen (nach Antragsstellung mithilfe eines Rechtsanwalts), falls dies nach der Vernichtung der Durchschriften im Unternehmen nochmals erforderlich werden sollte. Die Vernichtung der Akten muss sorgfältig und gewissenhaft und im Beisein eines Angehörigen der Sicherheitsabteilung erfolgen, um zu gewährleisten, dass mit den Daten kein Missbrauch getrieben werden kann. Über die Vernichtung geheimhaltungsbedürftiger Akten wird ein Protokoll erstellt. Unterlagen über Ereignisse, die aufgrund der Gesamtumstände erwarten lassen können, dass sie auch über die Frist von zehn Jahren hinaus für das Unternehmen von Bedeutung sein können (z. B. bei Schadenersatzforderungen nach Personenschäden), werden gesondert gekennzeichnet und sind dann entsprechend länger zu asservieren. Dies gilt auch für Unterlagen, die für Aus- und Fortbildungszwecke verwendet werden sollen – in diesem Fall müssen allerdings alle persönlichen Daten zuvor unkenntlich gemacht werden.

d) Einzahlungen

da) Nachträgliche Bezahlung von Diebesgut

Dokumentation nachträglicher Bezahlungen

Die nachträgliche Bezahlung von Diebesgut darf nur dann gestattet werden, wenn der Täter den Diebstahl des entsprechenden Artikels unterschriftlich zugegeben hat. Die Einzahlung des vom Täter erhaltenen Geldbetrages (Zeugen hinzuziehen) erfolgt durch den Sachbearbeiter an der dafür durch die Geschäftsleitung bestimmten Kasse (im Regelfall die Hauptkasse). Der Kassenbon wird mit dem Aktenzeichen, den Kurzpersonalien des Täters und dem Namen des Sachbearbeiters der Sicherheitsabteilung versehen. Die Quittung wird kopiert; das Original verbleibt bei der Anzeigendurchschrift im Vernehmungsbüro, eine Kopie geht mit der Originalanzeige über die Polizei an die Staatsanwaltschaft. Der Täter erhält einen handgeschriebenen Rechnungsbeleg (mit Firmenstempel und Unterschrift der Kassenkraft), den er als Eigentumsnachweis und als Garantiebeleg verwenden kann.

db) Bezahlung der Fangprämie

Die rechtlichen Voraussetzungen für die Erhebung einer Fangprämie werden im Kapitel Recht erläutert. Zur Einzahlung von Fangprämien, die der Täter aufgrund der Maßgabe eines BGH-Urteils nach einem Warendiebstahl entrichten muss, erfolgt mittels eigener Einzahlungsbelege. Die Quittungssätze (dreifach) müssen fortlaufend nummeriert sein. Bei der Ausgabe der Quittungsblöcke durch die Zentralkasse werden die Quittungsnummern (von … bis …) und der Name des Empfängers (des Sicherheitsverantwortlichen) vermerkt.

Jeder Sicherheitsverantwortliche erhält einen eigenen Quittungsblock, den er unter Verschluss halten muss und für den er persönlich verantwortlich ist. Er muss einen lückenlosen Nachweis über die Verwendung bzw. über den Verbleib der Quittungen führen. Quittungen, auf denen man sich verschrieben hat, müssen deutlich sichtbar durchgestrichen und beim Empfang des nächsten Quittungsblockes gegen schriftliche Bestätigung (wichtig zur Entlastung des Sachbearbeiters!) zur Vernichtung an der Hauptkasse abgegeben werden. Das Original des Einzahlungsbeleges erhält der Täter, die erste Durchschrift verbleibt als Einzahlungsbeleg an der Kasse, die zweite Durchschrift wird der Anzeigenkopie beigeheftet.

dc) Erstattung von Schadenersatzansprüchen

Die lange Zeit geübte Praxis, sogenannte »Bearbeitungsgebühren« als pauschale Schadenersatzforderung für die Aufwendungen zur Diebstahlsbekämpfung von ertappten Ladendieben zu fordern, ist durch ein BGH-Urteil für unrechtmäßig erklärt worden (was viele Unternehmen auch heute noch nicht daran hindert, diesbezüglich »Schadenersatz« zu verlangen!). Unberührt von diesem Grundsatzurteil bleiben jedoch auch weiterhin Schadenersatzansprüche möglich, die aus einer konkreten Schädigung herrühren (diese müssen allerdings im Einzelfall nachgewiesen werden). Die Abwicklung derartiger Ansprüche richtet sich nach den Bestimmungen des BGB, auf die hier jedoch nicht weiter eingegangen werden soll.

1.8 – Erstellen der Strafanzeige

Vorab sei nochmals darauf hingewiesen, dass es für Privatpersonen grundsätzlich keine Verpflichtung zur Erstattung einer Strafanzeige gibt (und damit z. B. auch nicht für einen Sicherheitsverantwortlichen eines Handelsunternehmens, der hierbei wie eine Privatperson behandelt wird). Ausgenommen davon sind bestimmte schwere und schwerste Straftaten, die im § 138 StGB genannt sind, und zwar dann, wenn durch die alsbaldige Anzeigenerstattung die Ausführung der Tat noch verhindert werden könnte. Hierzu zählen Delikte wie Geldfälschung, Brandstiftung, Raubdelikte, erpresserischer Menschenraub, Menschenhandel und natürlich Mord und Totschlag.

Grundsätzlich jedoch sollte es im Interesse jedes Unternehmens liegen, Straftäter anzuzeigen. Zum einen wird dadurch eine Abschreckungswirkung erzielt, und zum anderen werden die eigenen Mitarbeiter dazu motiviert, das Eigentum des Unternehmens zu schützen. Würde nämlich im Falle der Entdeckung z. B. eines Diebstahls seitens der Firmenleitung nichts weiter unternommen werden, würden die Mitarbeiter – zu Recht – das Gefühl erhalten, dass dies niemanden interessiert. Dies aber hätte eine verheerende Signalwirkung, die Straftaten Tür und Tor öffnen würde.

Wenn man also Anzeige erstattet, so ist als zweiter wichtiger Punkt zu beachten, dass der weitere Werdegang des Strafverfahrens wesentlich von der Qualität der ersten Ermittlungen abhängt. Dazu muss man wissen, dass die Strafanzeige im Bereich sogenannter Bagatellkriminalität nicht selten das Kernstück aller weiteren polizeilichen Ermittlungen und häufig auch die Grundlage für einen Strafbefehl bzw. eine Verurteilung (oder aber einen Freispruch) darstellt. Je sorgfältiger also bei der Aufnahme der Strafanzeige gearbeitet wird, um so eher und umso schneller kommt es zu einer Bestrafung des Täters und damit zur erwünschten Präventivwirkung. Oftmals erübrigt sich bei gewissenhafter Anzeigenerstattung darüber hinaus auch das persönliche Erscheinen des Zeugen vor Gericht; eine Zeitersparnis, die der Sicherheit des Unternehmens durch zusätzliche Anwesenheitszeiten des Zeugen im Unternehmen direkt zugutekommt!

Gewissenhafte Anzeigenerstattung ist Grundlage für eine schnelle Verurteilung des Täters

Bei der Erstellung der Anzeige (i. d. R. also mit dem Ausfüllen des Anzeigenformulars) muss man sich die erforderliche Zeit nehmen. Jeder Punkt wird sorgfältig und in chronologischer Reihenfolge abgearbeitet. Dazu gehört aber zunächst einmal, dass sich der Anzeigenersteller einen genauen Überblick über das Ereignis verschafft, sich alle benötigten Informationen besorgt und alle erforderlichen Sofortmaßnahmen veranlasst hat. Hierunter fällt z. B. die Feststellung von Zeugen, die Sicherung von Beweismitteln oder auch die Prüfung der Identität des Täters. Wenn die Identität des Beschuldigten zweifelsfrei feststeht, das Diebesgut zurückerlangt wurde und der Täter nachweislich einen festen Wohnsitz in Deutschland besitzt, kann er nach der Anzeigenerstellung entlassen werden. Sollten jedoch Umstände vorliegen, die weitergehende Sofortmaßnahmen erforderlich machen (z. B. bei nicht festgestellter Identität des Täters, Fahndung nach Mittätern oder eine Wohnungsdurchsuchung nach weiterem Diebesgut), muss unverzüglich die Polizei hinzugezogen werden.

Selbstverständlich kann auch dann eine Strafanzeige erstattet werden, wenn der Täter unbekannt ist. Mit Ausnahme der fehlenden Täterpersonalien wird die Anzeige in gleicher Weise gegliedert und erstellt wie eine Anzeige gegen bekannte Täter.

1.8.1 – Die Vernehmung von Zeugen

Personalien von Zeugen überprüfen und dokumentieren

Vor jeder Zeugenvernehmung muss man sich darüber im Klaren sein, dass es keinerlei gesetzliche Vorschrift gibt, die die Vernehmung eines Zeugen durch eine Privatperson regelt (wozu auch der Sicherheitsverantwortliche eines Handelsunternehmens zählt). Umgekehrt gibt es für einen Zeugen auch keine wie auch immer geartete gesetzliche Verpflichtung, gegenüber einer Privatperson seine Personalien anzugeben oder eine Aussage zu machen. Häufig jedoch werden sich Zeugen (zumindest dann, wenn es sich um Mitarbeiter des eigenen Unternehmens handelt) dazu bereit erklären, ihre Personalien und ihre Beobachtungen gegenüber dem Sicherheitsverantwortlichen mitzuteilen. Es sollte nach Möglichkeit versucht werden, die Personalien eines Zeugen anhand von ihm mitgeführter amtlicher Lichtbildausweise festzustellen. Kann sich der Zeuge nicht ausweisen, ist dies zu Beginn der Vernehmung zu vermerken (»Personalien wurden anhand der mündlichen

Angaben des Zeugen niedergeschrieben; ein Ausweis wurde nicht vorgelegt.«) Vorsicht allerdings sollte stets dann geboten sein, wenn man Maßnahmen gegen einen Tatverdächtigen einleiten möchte und sich der Tatverdacht ausschließlich aus dem Hinweis eines Zeugen ergibt, dieser jedoch nicht bereit ist, seine Identität preiszugeben. In derartigen Fällen sollte unbedingt von Zwangsmaßnahmen gegen den Verdächtigen abgesehen werden. Stellt es sich nämlich heraus, dass der vermeintliche Zeuge fahrlässig oder gar vorsätzlich die Unwahrheit gesagt hat und der zu Unrecht angesprochene oder angehaltene Kunde wehrt sich gegen die Anhaltung, so macht sich der Sicherheitsverantwortliche bei Anwendung unmittelbaren Zwangs unter Umständen strafbar und auch schadenersatzpflichtig. Der Beweis indes, dass die Anschuldigung gegen den Kunden von einem Zeugen stammt, lässt sich dann nicht mehr erbringen, wenn der unbekannte `Zeuge´ das Geschäft mittlerweile bereits verlassen hat...

Zeugenvernehmungen durch Privatpersonen (Sicherheitsverantwortliche) sind in ihrer Form und Gestaltung frei. Die Vernehmung kann direkt auf dem Anzeigenformblatt erfolgen oder auf einem separaten Blatt erstellt werden. Ganz besonders wichtig ist die ausführliche Vernehmung von Zeugen dann, wenn auf die Aussage des Zeugen Sofortmaßnahmen gegen eine andere Person ergriffen werden sollen und auch dann, wenn der Zeuge im Anschluss an die Vernehmung verreist oder aus anderen Gründen nicht mehr unmittelbar für weitere Befragungen zur Verfügung steht. Wichtige Passagen der Aussage sollten wörtlich protokolliert werden, im Übrigen reicht die sinngemäße Zusammenfassung einer Aussage in der Regel aus.

1.8.1.1 – Durchführung der Befragung

Die Befragung eines Zeugen kann am Ereignisort (z. B. in der Abteilung, in dem ein Diebstahl erfolgte) oder an jeder beliebigen anderen Örtlichkeit (Wohnung des Zeugen, in einem Restaurant oder im Vernehmungsbüro) durchgeführt werden, wobei der Vernehmende die Angaben des Zeugen entweder mitschreibt (am PC, am Laptop oder auch handschriftlich) oder die wesentlichen Aussageinhalte in anderer Weise fixiert (Diktiergerät etc.). In letzterem Fall wird die Aussage des Zeugen anschließend schriftlich in der Anzeige zu Papier gebracht.

Der Zeuge ist zu bitten, eine mitgeschriebene Vernehmung zu unterschreiben (jedes Blatt einzeln). Eine Verpflichtung dafür gibt es jedoch für den Zeugen nicht.

Günstiger ist es, wenn der Zeuge bereit ist, den Sicherheitsverantwortlichen in dessen Büro zu begleiten, damit die Zeugenbefragung dort durchgeführt werden kann. Anzustreben ist dabei stets, wesentliche Passagen der Aussage des Zeugen wörtlich zu protokollieren und vom Zeugen unterschreiben zu lassen. Lässt sich dies – aus welchen Gründen auch immer – nicht realisieren, so sollte man dennoch bemüht sein, Zeugenaussagen so wortgetreu wie möglich wiederzugeben. Kommt eine schriftliche Zeugenaussage nicht zustande, so werden die »Angaben des Zeugen« in indirekter Rede in die Sachverhaltsschilderung mit aufgenommen (»Der Zeuge Huber gab dazu auf Frage an, dass er genau beobachtet habe, wie der Beschuldigte das Etikett entfernt und anschließend zusammengeknüllt hat.«). Auch eine telefonische Befragung zu weniger bedeutsamen Bereichen ist denkbar, sofern man sicher weiß, wer der Gesprächspartner ist (z. B. telefonische Befragung des Abteilungsleiters, seit wann ein Artikel im Sortiment angeboten wird).

Bei der Zeugenbefragung ist darauf zu achten, dass der Täter die Angaben des Zeugen nicht mithören kann. Andernfalls könnte er sich rechtzeitig eine passende Ausrede zurechtlegen. Die Aussage eines Zeugen kann vom Vernehmenden in dessen eigenen Worten zusammengefasst werden, solange der Sinn der Zusammenfassung der Aussage des Zeugen entspricht. Wesentliche Aussagen sind möglichst wörtlich wiederzugeben, auch wenn die Formulierung des Zeugen fehlerhaft oder umgangssprachlich ist. Die Angaben des Zeugen, die keinen Bezug zur Sache haben, müssen Sie nicht wiedergeben. Durch gezielte Fragestellung können die für die Anzeige bedeutsamen Sachverhalte ermittelt werden. Man sollte sich dabei stets um Objektivität bemühen, wenngleich es – im Gegensatz zur Vorgabe der staatlichen Strafverfolgungsbehörden – keine Verpflichtung für den Sicherheitsverantwortlichen gibt, be- und entlastende Momente gleichermaßen zu erforschen. Dass dies bei einem seriösen Sicherheitsverantwortlichen dennoch eine moralische Verpflichtung darstellt, entspricht keiner gesetzlichen Vorgabe, sondern ist eine Frage der Professionalität und der Berufsehre! Die eigentliche Befragung sollte in gelockerter, entkrampfter und vor allem ungestörter Atmosphäre erfolgen. Der Zeuge wird vorab über den Inhalt und den Grund seiner Vernehmung informiert (»Sie sollen als Zeuge zum Diebstahl eines Autoradios durch drei Jugendliche befragt werden, den Sie beobachtet und den Sie einem Verkäufer gemeldet haben.«). Zeugen sind vor allem darüber zu belehren, dass sie in keiner Weise verpflichtet sind, überhaupt Angaben zu machen. Diese Belehrung wird in die Zeugenvernehmung schriftlich aufgenommen, und sie ist – wenn möglich – vom Zeugen separat zu unterschreiben. Kommt einer Aussage eine wesentliche Bedeutung für das weitere Verfahren zu, so ist die Glaubwürdigkeit eines Zeugen besonders sorgfältig zu prüfen. Im Zweifelsfall ist durch wiederholtes Nachfragen und durch zusätzliche Überprüfungen festzustellen, ob der Zeuge sicher in seinen Behauptungen bleibt oder aber, ob er sich in Widersprüche verwickelt.

Zeugen können durchaus auch darauf aufmerksam gemacht werden, dass wissentliche Falschangaben – auch dem Sicherheitsverantwortlichen gegenüber – strafrechtliche Konsequenzen für sie selber auslösen können. Dies könnte der Fall sein, wenn der Zeuge vorsätzlich falsche Angaben macht, um dem von ihm Beschuldigten zu schaden (z. B. Beleidigung, Verleumdung, falsche Verdächtigung, üble Nachrede bis hin zur mittelbaren Freiheitsberaubung, wenn der Täter aufgrund einer wissentlichen Falschaussage des Zeugen festgenommen wird). Ein Zeuge kann sich aber auch dann strafbar machen, wenn er Ereignisse falsch schildert oder Beobachtungen verschweigt, um dem Täter zu helfen (z. B. Begünstigung, Strafvereitelung). Zu unterscheiden von einer Zeugenbefragung ist die Befragung eines Informanten. Dieser ist im Regelfall nicht bereit, seine Identität für ein Strafverfahren preiszugeben oder gar seine Aussage gegenüber den Ermittlungsbehörden oder bei Gericht zu wiederholen. Daher dürfen direkte Eingriffsmaßnahmen gegen Dritte niemals ausschließlich auf die Angaben eines Informanten gestützt werden. Dennoch können dessen Informationen als Ansatz für weitere Ermittlungen verwendet werden.

Zu beachten ist dabei, dass der Sicherheitsverantwortliche gegenüber den Ermittlungsbehörden in aller Regel kein Zeugnisverweigerungsrecht besitzt und er deshalb unter Umständen die Personalien seines Informanten preisgeben muss, falls ihm diese bekannt sind. Dies kann zu Problemen führen, wenn man dem Informanten zuvor Vertraulichkeit zugesichert hat und er sich nun plötzlich als Zeuge vor Gericht wiederfindet.

1.8.1.2 – Niederschrift der Zeugenaussage

Für die Zeugenaussage sollte ein Formblatt vorbereitet werden

Die Zeugenvernehmung kann man entweder auf ein leeres Blatt Papier oder aber auf ein (z. B. selbst entwickeltes) Formblatt niederschreiben. Auf dem Formblatt sind Felder vorzusehen für den Ort und das Datum der Vernehmung, die vollständigen Personalien des Zeugen und einen Hinweis darauf, ob der Zeuge mit dem Tatverdächtigen verwandt oder verschwägert ist. Ferner soll der Hinweis enthalten sein, dass der Zeuge in keiner Weise zu irgendwelchen Angaben gegenüber dem Vernehmenden verpflichtet ist und dass die Zeugenvernehmung im Unternehmen die Vernehmung des Zeugen durch die Polizei nicht ersetzt. Weiterhin sollte ein allgemein gehaltener Absatz enthalten sein, der Hinweise darüber gibt, welche Folgen eine vorsätzliche oder fahrlässige Falschaussage dann haben kann, wenn aufgrund dieser Aussage weitergehende Maßnahmen getroffen werden.

Die Zeugenvernehmung soll nach Möglichkeit auf einem PC erstellt werden. Wird der Zeuge handschriftlich vernommen (z. B. an dessen Arbeitsplatz), so ist diese Vernehmungsniederschrift (das »Konzept«) mit der eigenhändigen Unterschrift des Zeugen dem Originalvorgang beizugeben, nachdem die Aussage nochmals auf dem PC geschrieben wurde. Anstelle der Unterschrift des Zeugen wird auf der maschinengeschriebenen Abschrift der Hinweis »Im Konzept gezeichnet« angebracht.

Zeugen sollten getrennt voneinander vernommen werden, damit Absprachen erschwert werden. Ist für die Zeugenvernehmung ein Dolmetscher erforderlich, so wird auf der Zeugenvernehmung der Name und die Anschrift des Dolmetschers vermerkt sowie die Sprache, in der die Vernehmung erfolgt. Der Dolmetscher unterschreibt die Vernehmung am Ende zusammen mit dem Zeugen und dem Vernehmenden.

1.8.2 – Personalienfeststellung beim Täter

1.8.2.1 – Bei deutschen Staatsangehörigen

Deutsche Staatsangehörige, die einer Straftat verdächtigt werden, können im Normalfall anhand der Vorlage eines **gültigen amtlichen Lichtbildausweises** identifiziert werden. Soweit sich daraus die Personalien zweifelsfrei feststellen lassen und eine Anschrift ersichtlich ist, genügt es, die Personalien und die Ausweisdaten festzuhalten und in der Anzeige zu vermerken. Die Polizei muss nämlich grundsätzlich zur Identitätsfeststellung nicht hinzugezogen werden; die Anzeige wird nach der Entlassung des Täters auf dem Postweg an die zuständige Polizeidienststelle gesandt.

Bestehen dagegen Zweifel an der Identität eines Ausweisinhabers, an der Echtheit oder Gültigkeit des Ausweises oder sind sonstige Gründe vorhanden, die ein sofortiges Einschreiten der Polizei erforderlich machen, so muss diese verständigt werden.

a) Ausreichende Personaldokumente

Als ausreichend ist der Bundespersonalausweis, der Bundesreisepass oder ein deutscher Fremdenpass zu werten. In Ausnahmefällen kann auch die Vorlage eines Führerscheines in Verbindung mit einem Fahrzeugschein als ausreichend anerkannt werden. Wird bei der Prüfung eines Ausweises eine Abweichung hinsichtlich der nachfolgend genannten Merkmale festgestellt, sollte wiederum die Polizei verständigt werden.

b) Prüfung der Dokumente

Eine sorgfältige Prüfung der Ausweispapiere ist wichtig zum Erkennen von Fälschungen

- Weicht das Lichtbild vom Aussehen des Tatverdächtigen ab?
- Gehen die Stempelabdrucke nahtlos vom Lichtbild auf das Papier des Ausweises über?
- Befinden sich auf der dem Lichtbild gegenüberliegenden Seite des Ausweises doppelte Abdrücke der Lichtbildösen (wurde das Licht-

bild nachträglich ausgetauscht, wobei die neuen Ösen nicht mehr genau an die Stelle der alten Ösen kamen)?

- Verlaufen Rändeleindrücke nicht durchgängig sauber auf Foto und Ausweispapier?
- Sind bei Reisepässen die Seiten (durchgehend nummeriert!) vollzählig vorhanden?
- Stimmt die Unterschrift des Beschuldigten mit der Unterschrift im Ausweis überein?

Besondere Sorgfalt ist bei der Prüfung darauf zu verwenden, ob bei den Eintragungen im Ausweis irgendwelche Radierungen oder Ausbesserungen zu erkennen sind. Offizielle Änderungen werden an der entsprechenden Stelle durch den Aufdruck eines amtlichen Siegels gekennzeichnet. Zur Überprüfung, ob Radierungen oder Ausbesserungen vorgenommen wurden, empfiehlt sich die Verwendung einer UV-Lampe.

Der Beschuldigte ist nach seinen Personalien und nach dem Zeitpunkt und der Behörde der Ausweisausstellung zu befragen, ohne dass er Gelegenheit bekommen darf, diese Angaben vom Ausweis abzulesen. Wenn der Beschuldigte angibt, ein Telefon zu haben, kann mithilfe des Telefonbuches (Internet) oder der Telefonauskunft überprüft werden, ob die Telefonnummer zur angeblichen Adresse passt.

c) Maßnahmen bei Verdacht des Ausweismissbrauchs

In jedem Fall, in dem der Verdacht des Ausweismissbrauchs besteht, ist die Polizei zu verständigen. Das verdächtige Ausweispapier muss vor dem Zugriff des Täters gesichert und der Polizei übergeben werden.

Vorsicht bei Personen, die sich mit einem gefälschten Pass ausweisen – sie haben oft mehr von der Polizei zu befürchten als nur die Folgen eines Ladendiebstahls.

In solchen Situationen ist immer mit einem Angriff oder mit einem Fluchtversuch zu rechnen!

d) Verfahren bei Personen ohne Ausweis

Zur Identitätsfeststellung ist grundsätzlich die Polizei hinzuzuziehen!

1.8.2.2 – Bei ausländischen Staatsangehörigen

a) Erforderliche Dokumente

Grundsätzlich müssen ausländische Staatsangehörige im Besitz eines gültigen Passes ihres Heimatstaates sein. In bestimmten Fällen genügen auch Passersatzpapiere. Dabei besteht keine generelle Mitführpflicht. Allerdings muss der Pass in angemessener Zeit beigebracht werden können. Hat der ausländische Täter keinen Pass dabei und kann nicht auf andere Weise sicher identifiziert werden oder weist er keinen festen Wohnsitz in Deutschland nach, so muss die Polizei hinzugezogen werden.

b) Aufenthaltserlaubnis

Wer sich in Deutschland aufhält, muss eine gültige Aufenthaltserlaubnis besitzen. Über die verschiedenen Möglichkeiten und Erlaubnisse gibt das Aufenthaltsgesetz (früher: Ausländergesetz) Auskunft. Der Aufenthalt ohne gültige Aufenthaltserlaubnis (Duldung, Erlaubnis, Berechtigung) stellt in der Regel eine Straftat dar.

c) Merkmale zum Erkennen gefälschter Ausweise

Für die Erkennungsmerkmale gefälschter Ausweise siehe den Themenbereich »Personalienfeststellung bei deutschen Staatsangehörigen«, hier gilt dasselbe Verfahren.

d) Diplomatische Immunität

Weist sich jemand mit einem roten Diplomatenpass oder sonst mit einem Sonderausweis aus (z. B. nach dem Nato-Truppenstatut oder als Angehöriger einer konsularischen Vertretung) und beruft sich dabei auf seine Immunität, so ist der Betreffende aufzufordern, bis zum Eintreffen der **unverzüglich zu verständigenden** Polizei zu warten. **Bei der Verständigung der Polizei ist ausdrücklich auf die angebliche Immunität des Täters hinzuweisen!** Nötigenfalls ist der Täter mit dem Hinweis, dass an der Wahrheit seiner Angaben oder an der Echtheit seines Passes Zweifel bestehen (»Es ist nur schwer vorstellbar, dass ein Diplomat stiehlt!«), auch gegen seinen Willen bis zum Eintreffen der Polizei festzuhalten. Weitere Maßnahmen werden bis zur Ankunft der Polizei zurückgestellt. Im Umgang mit Diplomaten sollte besonderer Wert auf Diskretion gelegt werden.

1.8.3 – Maßnahmen gegenüber Kindern und Jugendlichen

Achtung – diesen Abschnitt bitte im eigenen Interesse besonders sorgfältig lesen!

Besondere Behandlung von Kindern und Jugendlichen

Werden Kinder (bis einschließlich der Vollendung des 13. Lebensjahres) als »Täter« ermittelt und angehalten, so dürfen sie anschließend unter keinen Umständen ohne Genehmigung eines Erziehungsberechtigten allein nach Hause geschickt werden! Ist kein Erziehungsberechtigter erreichbar (oder bestehen Zweifel an seiner Erziehungsberechtigung), so ist

immer und ausnahmslos

die Polizei anzufordern, der das Kind übergeben wird, damit es durch die Polizei den Eltern zugeführt wird! Beherzigt man dies nicht, so könnte man für eventuelle Kurzschlusshandlungen des Kindes (die es vielleicht aus Angst vor einer Bestrafung durch die Eltern begeht) verantwortlich gemacht werden, da man aufgrund der Anhaltung eines Kindes ihm gegenüber automatisch **kraft Gesetzes** eine Garantenstellung einnimmt (beachte hierzu das Kapitel: 'Täter leistet Widerstand'). Dies gilt grundsätzlich auch für das Verfahren nach der Festnahme eines Jugendlichen. In jedem Fall sollten auch Jugendliche (ab 14 Jahre bis zur Vollendung des 17. Lebensjahres) bis zum Alter von 16 Jahren immer und ohne Ausnahme entweder den Eltern oder der Polizei überstellt werden.

Abweichendes Verfahren mit Kindern und Jugendlichen

16- und 17-Jährige kann man mit ausdrücklichem (telefonischem) Einverständnis der Erziehungsberechtigten auch ohne Begleitung nach Hause entlassen, wenn man keine Zweifel daran hat, dass der Gesprächsteilnehmer am Telefon auch tatsächlich ein Erziehungsberechtigter ist, und wenn man ferner keine Bedenken hat, ob der Jugendliche auch wirklich auf dem direkten Weg nach Hause geht. Erreicht man dagegen keinen Erziehungsberechtigten oder ist man der Meinung, dass der Jugendliche nicht nach Hause gehen werde, ist er in jedem Fall der Polizei zu übergeben, die ihn zu den Erziehungsberechtigten zurückbringt. Allerdings gibt es dazu in einigen Bundesländern abweichende Regelungen, sodass es sich empfiehlt, diese Frage vorab und allgemein verbindlich mit den örtlichen Jugendämtern, den Polizeidienststellen und der Staatsanwaltschaft zu klären. Über diese Gespräche wird jeweils ein Protokoll erstellt, aus dem die Namen der Gesprächsteilnehmer ersichtlich sind.

Abweichende Dokumentation der Taten von Kindern

Hat der ertappte »Täter« nachweislich das 13. Lebensjahr noch nicht vollendet, so liegt wegen der generellen Strafunmündigkeit von Kindern keine Straftat vor. Daher kann auch keine Strafanzeige geschrieben werden. In diesem Fall wird eine »Sachverhaltsschilderung« oder eine »Ereignismeldung« erstellt, die der Polizei bei der Abholung des Kindes mitgegeben bzw. zur Polizei übersandt wird, falls das Kind von einem Erziehungsberechtigten abgeholt wurde. Diese Schilderung des Vorfalles dient zum einen für die Polizei dazu, den Eltern des Kindes Auskunft über den Vorfall erteilen zu können, aber auch zur Prüfung, ob an dem Vorfall möglicherweise strafmündige Täter (etwa als Anstifter) beteiligt waren. Überdies wird durch die Polizei diese Schilderung dem Jugendamt zugeleitet, das in eigener Zuständigkeit weitere Maßnahmen zum Schutz des betroffenen Kindes prüfen wird.

Von Kindern und Jugendlichen dürfen keine Fangprämien erhoben werden. Bei Kindern ist daran zu denken, dass keine nachträgliche Bezahlung der entwendeten Ware erfolgen kann; die Ware ist vielmehr einzubehalten. Eine Ausnahme ist dann möglich, wenn ein Erziehungsberechtigter beim Abholen des Kindes die Bezahlung der Ware vornimmt. Kinder müssen nach einer Anhaltung keinerlei Unterschriften leisten (auch nicht auf dem Hausverbot). Das Hausverbot wird den Erziehungsberechtigten mitgeteilt.

1.8.4 – Ausfüllen des Anzeigenformblattes

Anzeigen werden grundsätzlich auf einem PC erstellt. Wo dies ausnahmsweise einmal nicht möglich ist, ist die Anzeige in gut lesbarer Handschrift zu fertigen. Beim Erstellen der Strafanzeige geht man in chronologischer Reihenfolge vor. Dabei ist die Verwendung eines Vordruckes nicht vorgeschrieben. Man kann Anzeigen auch auf ein normales Papier schreiben. Allerdings empfiehlt sich die Verwendung von Vordrucken, da dadurch sichergestellt ist, dass keine wichtigen Punkte übersehen werden.

Die folgenden Erläuterungen dienen als Orientierung bei der Erstellung einer Strafanzeige, wobei die einzelnen Punkte aus allgemein gehaltenen Anzeigenvordrucken von Handelsunternehmen stammen, die jeweils in Abstimmung mit der Polizei erstellt wurden. Soweit Angaben zu einem der Punkte nicht möglich sind, ist dies durch einen entsprechenden Hinweis an dieser Stelle zu vermerken (z. B. »unbekannt« oder »Angaben verweigert«). Wenn der vorgesehene Platz für die Angaben in einem Feld nicht ausreicht (z. B. für eine Zeugenvernehmung oder die Schilderung eines Sachverhaltes), wird ein Zusatzblatt verwendet, auf das an der zugehörigen Stelle im Anzeigenvordruck hingewiesen wird (»siehe Zusatzblatt«). Das Zusatzblatt wird in der gleichen Anzahl wie die Anzeige benötigt. Es ist bei der Erstellung der Anzeige zu beachten, dass der Tatverdächtige in keiner Weise zur Mitwirkung verpflichtet ist. Er braucht also dem Vernehmenden gegenüber keinerlei Angaben zu machen (auch seine Personalien muss er nicht nennen) und er ist auch nicht verpflichtet, etwas zu unterschreiben (z. B. das Hausverbot oder eine Einzahlungsquittung für die Fangprämie). Bei Verweigerung der Nennung seiner Personalien wird die Polizei hinzugezogen. Ihr gegenüber muss der Beschuldigte seine Personalien angeben. Die Polizei teilt dann die Personalien des Beschuldigten dem geschädigten Unternehmen mit.

Ist der Täter nicht bekannt, wird eine »Anzeige gegen unbekannt«, eine sogenannte »UT-Anzeige« (= Anzeige gegen einen **u**nbekannten **T**äter) erstellt. Im Abschnitt »Personalien« einer Strafanzeige und ggf. auch im Strafantrag wird in diesem Fall »Täter unbekannt« eingetragen.

1.8.4.1 – Erforderliche Anzahl der Durchschriften

Die Polizei benötigt bei jeder Strafanzeige das Original des Vorganges mit allen erforderlichen Unterschriften, die ebenfalls im Original vorliegen müssen. Dieser Originalvorgang ist für die Staatsanwaltschaft bestimmt.

Fertigen Sie genügend Kopien der Anzeige an und reichen Sie sie an die richtigen Stellen weiter

Zusätzlich wird benötigt:

- eine Kopie für die polizeiliche Aktensammlung, wenn der Täter volljährig (18 Jahre und älter) und deutscher Staatsangehöriger ist;
- eine zusätzliche Kopie, wenn der Täter Ausländer ist (zur Weiterleitung durch die Polizei an die Ausländerbehörde);
- eine weitere Kopie, wenn der Täter Jugendlicher ist (14 bis 17 Jahre), zur Weiterleitung durch die Polizei an das Jugendamt.

Wird also ein jugendlicher Ausländer wegen einer Straftat angezeigt, benötigt die Polizei neben dem Original der Strafanzeige noch drei zusätzliche Durchschriften bzw. Kopien! Bei strafunmündigen Kindern reichen neben dem Original eine Durchschrift bei deutschen und zwei Durchschriften bei ausländischen Kindern aus. Zusätzlich wird in jedem Falle mindestens eine weitere Kopie für die Dokumentation im eigenen Unternehmen benötigt.

Allerdings gibt es wiederum keinerlei gesetzliche Verpflichtung, dass bei einer Anzeigenerstattung überhaupt Durchschriften vom Erstatter der Anzeige erstellt werden müssen. Dies ist eine freiwillige Maßnahme, sollte aber im Interesse einer professionellen Zusammenarbeit mit der Polizei eine Selbstverständlichkeit für jedes Unternehmen sein.

1.8.4.2 – Mindestanforderung an eine Strafanzeige

Eine Strafanzeige ist an keine vorgeschriebene Form gebunden. Sie könnte notfalls auch bei einer Geschäftsstelle der Justiz zu Protokoll gegeben werden. Dennoch sollte eine Strafanzeige zumindest folgendermaßen gestaltet werden:

Wichtige Inhalte einer Strafanzeige

- Sie soll in schriftlicher Form abgefasst sein;
- die Tatzeit, der Tatort und die vorgeworfene Tathandlung sollen ersichtlich sein;
- der Geschädigte ist mit seiner ladungsfähigen Anschrift zu benennen;
- Tatzeugen und der Ersteller der Anzeige sollen angegeben werden;
- der durch die Tat verursachte Schaden soll beschrieben oder beziffert werden und
- der Tatverdächtige soll genannt werden, soweit er bekannt ist.

Schließlich ist darauf zu achten, dass ein Strafantrag gestellt wird, sofern er erforderlich ist. Die wesentlichen Strafbestimmungen, die im Bereich der Ladendiebstahlskriminalität einen Strafantrag erfordern können, sind:

- §§ 242, 246, 248a StGB – Diebstahl und Unterschlagung geringwertiger Sachen;
- § 123 StGB – Hausfriedensbruch;

- § 185 StGB – Beleidigung;
- §§ 223, 230 StGB – Körperverletzung und fahrlässige Körperverletzung und
- § 303 StGB – Sachbeschädigung.

1.8.4.3 – Erläuterungen zu wichtigen Punkten einer Strafanzeige

Hinweis: Die fettgedruckten Ausführungen bezeichnen Angaben, die in jedem Fall in der Strafanzeige enthalten sein sollen!

Stellen Sie sicher, dass Sie beim Erstatten einer Strafanzeige alle relevanten Angaben machen

- Anzeigenerstatter: **Adresse des eigenen Unternehmens mit der Telefonnummer** (Stempelabdruck reicht aus).
- Das **Datum** wird sechsstellig geschrieben (TT.MM.JJ, z. B. 03.01.11).
- Beim **Familiennamen** kommt es auf die genaue Schreibweise an. Der Familienname und alle seine Namenszusätze sollen in Großbuchstaben geschrieben werden (EL HADSCHI, Mahmut oder Franz HERRMANN), sodass eine Verwechslung mit einem Vornamen auszuschließen ist.
- Als Vornamen werden **alle** bekanntgewordenen **Vornamen** eingetragen, wobei der Rufname unterstrichen wird.
- Ist aufgrund des Namens keine eindeutige Bestimmung des Geschlechtes möglich, so soll auch das Geschlecht mit angegeben werden (wie beispielsweise beim Namen Andrea – dieser kann sowohl ein deutscher Mädchenname als auch ein griechischer oder italienischer Männervorname sein).
- Von besonderer Bedeutung ist das **Geburtsdatum**! Für alle unbekannten Ziffern werden Nullen eingesetzt (00.10.56). Als Geburtsort soll die Gemeinde oder die Stadt angegeben werden. Bei Ausländern soll zusätzlich der **Geburtsstaat** angegeben werden,

wobei die gängigen Kfz-Nationalitätskennzeichen (z. B. »TR« für die Türkei oder »A« für Österreich) für die Angabe ausreichen.

- Die Staatsangehörigkeit wird mit angegeben.
- Der Familienstand wird vermerkt.
- Soweit bekannt, wird sowohl der erlernte als auch der tatsächlich zur Tatzeit ausgeübte Beruf notiert (z. B. gelernter Bäcker, zurzeit Kraftfahrer). Bei Arbeitslosigkeit oder Beschäftigungslosigkeit wird entsprechend »arbeitslos« oder »ohne Beschäftigung« vermerkt.
- Falls ein **Ausweis** vorgelegt wird, ist die Art des Ausweises, die Ausweisnummer, das Ausstellungsdatum und die ausstellende Behörde einzutragen.
- Als **Anschrift** des Tatverdächtigen wird immer in erster Linie diejenige Adresse angegeben, die in dem vom Täter vorgelegten amtlichen Lichtbildausweis eingetragen ist. Gibt der Beschuldigte an, zwischenzeitlich umgezogen zu sein, so wird die von ihm angegebene andere Adresse zusätzlich notiert. Liegt kein Ausweis vor, wird die angegebene Adresse mit dem Zusatz »angebliche Anschrift« vermerkt.
- Bei der **Tatzeit** wird neben dem Wochentag und dem Datum auch die genaue Uhrzeit erfasst.
- Bei der Bezeichnung der Person, die den Beschuldigten angehalten hat, soll auch ihre Funktion ersichtlich sein (z. B. Franz SPECHT, Verkäufer; Roland REIMANN, Kunde; Agathe MÜLLER, Kassiererin).
- Die **Ware**, die entwendet wurde, ist genau zu bezeichnen, unter Angabe des Herstellers und der Markenbezeichnung (nicht: »Putzmittel«, sondern: »1-Liter-Flasche Putzblitz-Fliesenreiniger«); wurden vom Täter mehrere Artikel entwendet, so kann man eine Aufstellung des Diebesgutes auf einem Zusatzblatt zur Anzeige auflisten. Das Blatt wird entsprechend beschriftet: »Zusatzblatt 1 zur

Strafanzeige vom 03.01.11; Beschuldigt: Peter MEIER; Aktenzeichen 076/11 – Auflistung der entwendeten Waren«.

- Wird eine **Fangprämie** erhoben, wird dies in der Anzeige vermerkt, und der entsprechende **Betrag** wird eingesetzt.

- Wird Anzeige gegen mehrere Täter wegen eines gemeinschaftlich begangenen Diebstahls erstattet, muss in Stichpunkten die **Art der Beteiligung** vermerkt werden (z. B. »HUBER leistete Aufpasserdienste« oder »SCHULZ löste Etikett ab« u. Ä.).

- Soweit eigene Angestellte **Zeugen** einer Straftat geworden sind, soll in der Anzeige als ihre Anschrift die Firmenanschrift mit dem Zusatz »ladungsfähige Anschrift« verwendet werden. Sollte die Polizei jedoch darauf bestehen, ist die Privatanschrift anzugeben. Ganz wichtig für die spätere Sachbearbeitung durch die Polizei ist es, die **Telefonnummer** des Zeugen anzugeben, unter der er **tagsüber** zu erreichen ist! Firmentelefonanschlüsse werden durch ein nachgestelltes (A) gekennzeichnet, eine private Festnetznummer durch ein (P) und eine Handynummern mit einem (H).

- Bei Diebstählen mit einem Warenwert von weniger als 50 €, bei Sachbeschädigung, einfacher Körperverletzung, Hausfriedensbruch oder Beleidigung muss grundsätzlich selbst ein **Strafantrag** gestellt werden.

- Wird ein Strafantrag von einem Mitarbeiter des Unternehmens als »Strafantragsberechtigtem« gestellt, muss der Strafantragsberechtigte tatsächlich und ausdrücklich durch die Firmenleitung dazu ermächtigt worden sein! Unabhängig davon, ob ein Strafantrag gestellt wird, muss ein Zeuge (auch wenn es die gleiche Person wie der Strafantragssteller ist) unter dem Sachverhalt gesondert unterschreiben!

- Verweigert der Beschuldigte die Unterschrift, so wird lediglich vermerkt: »Unterschrift verweigert«. Andernfalls soll die Unterschrift zur Sicherheit mit der Unterschrift des Beschuldigten in seinem Ausweis verglichen werden.

- In jedem Fall ist in der Strafanzeige die **genaue Uhrzeit** zu vermerken, zu der ein Beschuldigter entweder entlassen oder aber der Polizei übergeben wurde. Damit sichert man sich gegen eventuelle Vorwürfe ab, man habe den Beschuldigten unverhältnismäßig lange festgehalten.

1.8.5 – Die Sachverhaltsschilderung bei einer Strafanzeige

Das Ausfüllen des **Sachverhaltes** ist das Kernstück jeder Strafanzeige. Gerade hier muss man immer wieder feststellen, dass Wesentliches fehlt. Dies führt dann in der Regel dazu, dass der Anzeigenerstatter als Zeuge zunächst zur Polizei und dann vor Gericht geladen wird. Das aber kostet Zeit, die besser investiert werden könnte.

Als Grundsatz gilt daher: so knapp wie möglich, aber so ausführlich wie nötig!

Reicht in einem Anzeigenvordruck der vorgegebene Platz für die Sachverhaltsschilderung nicht aus, wird wiederum ein weißes Zusatzblatt dafür verwendet. Im Vordruck wird darauf hingewiesen. Als Faustregel für die Sachverhaltsschilderung gelten hier die sogenannten »Sieben goldenen W des Kriminalisten«, die Grundlage jeder kriminalpolizeilichen Ausbildung sind:

WER hat WANN WO WAS gemacht, WIE, WOMIT, WARUM?

Mithilfe der Beantwortung dieser Fragen wird der Sachverhalt beschrieben. Verlangen spezielle Strafbestimmungen, dass spezifische Tatbestandsmerkmale erfüllt sein müssen (z. B. beim Betrug: Täuschungshandlung, Irrtumserregung, Vermögensverfügung u. a.), so soll aus der Schilderung des Sachverhalts klar ersichtlich sein, durch welche Handlungen des Täters die einzelnen Tatbestandsmerkmale verwirklicht wurden. Zeugenaussagen dritter Personen werden in indirekter Rede in den Sachverhalt mit aufgenommen (»... sprach mich der Abteilungsleiter an und teilte mit, er habe den Beschuldigten dabei beobachtet …«). Die Personalien des Zeugen sind dabei entweder in der Sachverhaltsschilderung selbst oder an einem in einem Formblatt dafür vorgesehenen Bereich zu vermerken. Eine längere Zeugenvernehmung kann wiederum auf einem gesonderten Blatt niedergeschrieben werden.

Die Schilderung des Sachverhalts kann man anhand bestimmter Fragestellungen abarbeiten

Neben der Wiedergabe der eigenen Beobachtungen und Feststellungen soll in der Sachverhaltsschilderung auch ein Absatz »Veranlasste Maßnahmen« aufgenommen werden. Hier wird genau beschrieben, was man in der vorliegenden Sache unternommen bzw. veranlasst hat (z. B. Festnahme, Durchsuchung mit Einverständnis des Beschuldigten, Verständigung der Polizei, Sicherstellung von Diebesgut, Aushändigung von Fremdware, Vernehmung von Zeugen, Erteilung von Hausverbot, Erhebung der Fangprämie u. v. a. m.).

Kommt es im Zusammenhang mit der Anhaltung eines Straftäters zu Widerstandshandlungen, muss detailliert beschrieben werden, in welcher Form die körperliche Auseinandersetzung verlaufen ist (»Erst nachdem ich ihm zwei Faustschläge gegen das Kinn gegeben hatte, stellte er seinen Angriff gegen mich ein! Durch meine Abwehrschläge zog sich der Beschuldigte eine stark blutende Platzwunde an der Lippe zu.«)

Eine berechtigte Notwehrhandlung wird niemand infrage stellen. Wird jedoch dem Beschuldigten im Zuge der rechtmäßigen Festnahme, bei der Überwindung seiner Gegenwehr, der Kiefer gebrochen und steht davon nichts in der Anzeige, so setzt sich der Sicherheitsverantwortliche rasch dem Vorwurf der Körperverletzung aus!

1.8.5.1 – Schilderung eigener Beobachtungen

Die Niederschrift eigener Wahrnehmungen ist einer Zeugenvernehmung durch die Polizei fast gleichzusetzen. Diese Schilderung wird vom Anzeigenerstatter unterzeichnet und gelangt in die Gerichtsakten, wo sie wie eine Zeugenvernehmung behandelt wird. Daher sollen alle wesentlichen eigenen Wahrnehmungen und Beobachtungen (alles, was man sieht, hört, fühlt, riecht, schmeckt) in chronologischer Reihenfolge niedergeschrieben werden, soweit sie – und das ist oftmals das Problem – von Bedeutung für das Verfahren sind oder werden könnten. In erster Linie müssen die Beobachtungen geschildert werden, die belegen, dass der Täter alle Tatbestände der ihm vorgeworfenen Straftat verwirklicht hat. Verlangt z. B. der § 263 StGB (Betrug) als Tatbestandsmerkmal u. a. eine Täuschungshandlung und eine Irrtumserregung, so sollte auf jedes Tatbestandsmerkmal eingegangen werden.

Schilderungen dessen, was man beobachtet hat, werden wie eine Zeugenaussage behandelt

Es sollen grundsätzlich nur Tatsachen beschrieben werden, nicht jedoch Vermutungen oder Schlussfolgerungen. Bei der Schilderung der eigenen Beobachtungen soll man umständliche Ausschmückungen vermeiden, dennoch aber alle wesentlichen Beobachtungen mit der erforderlichen Genauigkeit beschreiben. Es kommt auch vor, dass der Anzeigenerstatter Beobachtungen im Zusammenhang mit dem Täter gemacht hat, die sich – zumindest momentan – keiner anderen konkreten Straftat zuordnen lassen, von denen der Sicherheitsverantwortliche aber annimmt, dass sie für die Polizei von Interesse sein könnten. In solchen Fällen kann er diese Erkenntnisse formlos auf einem separaten Vermerk als »Hinweis für den polizeilichen Sachbearbeiter« zusammenfassen. Diesen Hinweis gibt man in ein verschlossenes Kuvert und leitet ihn – zusammen mit der Anzeige – an die Polizei weiter. Der Schreibstil ist am besten sachlich und emotionslos.

Nachfolgend ein Beispiel, wie eine solche Sachverhaltsschilderung aussehen könnte:

Ein Beispiel für eine Sachverhaltsschilderung

> »Am Dienstag, den 11.01.11, gegen 13.20 Uhr befand ich mich in meiner Eigenschaft als Verkäufer in der Autozubehörabteilung der Firma XY, Filiale Marktplatz. Dabei fiel mir der Beschuldigte auf, der dort vor einem Regal stand, in dem verpackte Autoradios der Marke Blaupunkt angeboten werden. Der Beschuldigte blickte sich mehrfach verstohlen nach beiden Seiten um, während er mit beiden Händen an einer im zweiten Regalfach – von oben gesehen – liegenden Kartonverpackung eines Autoradios herumhantierte. Schließlich konnte ich sehen, wie er die Packung öffnete und das darin verpackte und in einer Klarsichtfolie eingeschweißte Radio herausnahm. Das Autoradio schob er nach hinten in das Regal, sodass es beim Vorbeigehen nicht sofort zu sehen war.

Nachdem sich der Beschuldigte erneut verstohlen umgeblickt hatte – insgesamt dauerte meine Beobachtung mittlerweile wohl schon drei Minuten – und keine anderen Kunden in der Nähe standen, griff der Beschuldigte erneut nach hinten in das Regalfach und zog nun ein anderes Radiogerät nach vorne. Dieses Gerät war ebenfalls aus der Umverpackung herausgenommen worden; wann und durch wen dies erfolgt war, kann ich nicht sagen. Offensichtlich ziemlich nervös steckte der Beschuldigte das Gerät nun in den Karton, aus dem er kurz zuvor das andere Radio herausgenommen hatte.

Der Beschuldigte verschloss den Karton, zog aus der linken Tasche seines Anoraks eine Rolle Tesafilm und verklebte den Karton mit einem Tesafilmstreifen. Die Rolle steckte er gleich darauf wieder in seine Anoraktasche. Er legte den Karton zurück, ging ein paar Schritte zur Seite blieb dann einige Minuten vor einem anderen Regal mit Autozubehör stehen. Als nun ein Verkäufer die Abteilung betrat, ging der Beschuldigte auf ihn zu und erklärte, dass er sich für ein bestimmtes Autoradio interessiere. Er erkundigte sich dann bei meinem Kollegen, ob er sich einfach ein entsprechendes Gerät aus dem Regal nehmen und an der Kasse bezahlen könne, was dieser bejahte. Der Beschuldigte trat an das Regal mit den Autoradios heran, nahm den von ihm zuvor manipulierten Karton heraus und legte ihn in einen ein Stück weiter hinten im Gang stehenden Einkaufswagen, den der Beschuldigte offensichtlich zuvor dort abgestellt hatte.

Jetzt schob er den Einkaufswagen auf dem direkten Weg zur Kassenzone »A« und legte das verpackte Radio an Kasse 12 auf das Kassenförderband. Der Kassierer zog den Karton über den Scanner, und der Beschuldigte bezahlte unbeanstandet den ausgewiesenen Betrag in Höhe von 199 € in bar. Nachdem der Kunde das Geschäft verlassen wollte, hielt ich ihn an und bat ihn zu einer Kontrolle seines Einkaufs in mein Büro. Durch meinen Firmenkittel war ich eindeutig als Angehöriger des Unternehmens zu erkennen. Auf dem Weg zum Büro wirkte der Beschuldigte äußerst nervös und sagte ungefragt und unvermittelt, dass es nicht seine Schuld sei, wenn in der Schachtel ein anderes Radio wäre. Davon war von meiner Seite aus mit keinem Wort die Rede gewesen.

Im Büro stellte ich fest, dass in dem Karton anstelle des Radios für 199 € ein hochwertiges Radio im Wert von 499 € enthalten war. Da der Kunde bestritt, das Radio ausgetauscht zu haben oder überhaupt den Karton geöffnet zu haben, wird das Radio samt Karton sowie das im Regal zurückgebliebene, ausgepackte Billigradio nebst der anderen Leerverpackung als Spurenträger und damit als Beweismittel zur weiteren Veranlassung der Polizei übergeben, die um 13.45 Uhr telefonisch informiert wurde. Der falsche Kaufbetrag in Höhe von 199 € wurde storniert, das Geld wurde dem Beschuldigten ausgehändigt, der mit der Einbehaltung des Radios einverstanden war. Um 14.15 Uhr wurden der Beschuldigte und die sichergestellten Gegenstände der Polizei übergeben. Der Beschuldigte erhielt unbefristetes Hausverbot.«

1.8.5.2 – Mitwirkung des Täters bei der Erstattung der Anzeige

Dieser Unterpunkt lässt sich schnell abhandeln: hier gilt nämlich, dass der Tatverdächtige zu keinerlei aktivem Tun verpflichtet ist. Er muss gegenüber dem Sicherheitsverantwortlichen keinerlei Erklärungen abgeben oder Angaben machen, wenn er dies nicht will, auch nicht zu seiner Person! Der Tatverdächtige ist lediglich zum passiven Erdulden der für die Identitätsfeststellung erforderlichen Maßnahmen (Abwarten bis zum Eintreffen der Polizei) verpflichtet.

1.8.6 – Vernehmung von Tatverdächtigen

An dieser Stelle wird ganz bewusst die Bezeichnung »Tatverdächtiger« verwendet, wenngleich sich auch im Bereich des privaten Sicherheitswesens der Begriff des »Beschuldigten« immer mehr einbürgert. Beschuldigter ist nach herrschender Rechtsauffassung nur derjenige, gegen den sich nach Vorliegen hinreichender Verdachtsmomente die Ermittlungen in einem *hoheitlichen Strafverfahren* richten.

Zur Verdeutlichung wird kurz die offizielle Terminologie dargestellt:

Verdächtiger ist im Strafverfahren derjenige, gegen den nach Vorliegen eines Anfangsverdachtes ein Vorermittlungsverfahren eingeleitet bzw. betrieben wird. Der Verdächtige wird zum **Beschuldigten**, soweit sich der Anfangsverdacht zu einem konkreten Tatverdacht verdichtet hat und gegen den Verdächtigen strafprozessuale Maßnahmen getroffen werden (Vorladung zur Vernehmung, Durchsuchung, Sicherstellung, Festnahme, Durchführung erkennungsdienstlicher Maßnahmen u.a.m.).

Kommt schließlich der Anklagevertreter (Staatsanwalt) zu der Überzeugung, dass der Beschuldigte die ihm vorgeworfene Tat begangen hat, so erhebt der Staatsanwalt Anklage beim zuständigen Strafgericht. Ab dem Zeitpunkt der Anklageerhebung spricht man nicht mehr vom Beschuldigten, sondern vom **Angeklagten**.

Im Bereich des Verwaltungsrechtes und der Zivilgerichtsbarkeit spricht man im Vorfeld vom **Betroffenen** und dann vom **Beklagten**.

Der Begriff des Zeugen oder des Geschädigten trifft für alle Bereiche gleichermaßen zu; vom Tatverdächtigen (=Beschuldigten) spricht man dagegen ausschließlich im Bereich des Strafrechtes.

Um hier Verwechslungen und Unklarheiten zu vermeiden und um den Bereich der privaten Vernehmungen klar abzugrenzen von hoheitlichen Ermittlungsverfahren, ist es zweckdienlich, den Begriff des **Tatverdächtigen** in allen offiziellen Schreiben zu verwenden. Rechtliche Konsequenzen oder gar Nachteile entstehen dadurch für den Sicherheitsverantwortlichen nicht!

Die Verwendung der korrekten Terminologie vereinfacht die Kommunikation mit den Behörden

In Hinsicht auf die Vernehmung eines Tatverdächtigen muss man sich stets bewusst sein, dass es für den Beschuldigten in einem Strafverfahren keinerlei Verpflichtung für eine Aussage gibt. Ebenso wenig kann er gezwungen werden, sonst in irgendeiner Weise an den Ermittlungen mitzuwirken (beispielsweise auch nicht, bei einer Sicherstellung von Diebesgut beim Transport der Ware mitzuhelfen).

Wenn aber schon im staatlichen Ermittlungsverfahren keinerlei Verpflichtung zur Aussage besteht, umso weniger ist dann der Tatverdächtige verpflichtet, einem Sicherheitsverantwortlichen, also einem Privatmann gegenüber, auszusagen.

Es empfiehlt sich, dass man vor jeder Tatverdächtigenvernehmung eine entsprechende Erklärung voranstellt und gesondert unterschreiben lässt. Ein entsprechendes Muster ist diesem Text nachgestellt.

So führen Sie eine Vernehmung korrekt durch

Die Vernehmung beginnt wieder mit einem Hinweis darauf, unter welchen Umständen sie zustande gekommen ist. Ein häufiger Anwendungsfall ist die Vernehmung im Zusammenhang mit Ladendiebstählen, und hierbei besonders die Vernehmung eigener Mitarbeiter, wenn diese bei einem Diebstahl betroffen wurden.

Bei der Vernehmung soll zunächst dem Tatverdächtigen Gelegenheit gegeben werden, aus freien Stücken seine Aussage zu machen. Erst wenn der Tatverdächtige offensichtlich nicht gewillt ist, zur Sache selbst zu kommen oder die Wahrheit zu sagen, wird er durch gezielte Fragen oder durch konkrete Vorhalte dazu gebracht, zu den wesentlichen Details Angaben zu machen.

Aussagen von Zeugen oder von Mittätern sollten nach Möglichkeit nur in allgemeiner Form vorgehalten werden (»Soweit hier bekannt wurde, sollen sie bereits vor vier Wochen einmal eine Zinnvase mitgenommen haben; was sagen Sie dazu?«).

Der Beginn und das Ende der Vernehmung (Uhrzeit) werden in dem Vernehmungsprotokoll vermerkt. Soweit die Vernehmung länger dauert, werden alle Unterbrechungen dokumentiert (z.B. »12.15 Uhr: die Vernehmung wird für 30 Minuten unterbrochen; der Tatverdächtige erhält eine Tasse Kaffee und eine Wurstsemmel. Oder: 15.10 Uhr: die Tatverdächtige wird zur Toilette begleitet«).

Auch Fragen nach dem Befinden des Tatverdächtigen werden vermerkt, wenn die Vernehmung über einen längeren Zeitraum andauert (z.B. »18.00 Uhr: Herr Mustermann, fühlen Sie sich noch in der Lage, in der Vernehmung fortzufahren?« Antwort: »Ich bin zwar etwas müde, fühle mich aber durchaus in der Lage, die Vernehmung fortzusetzen«).

Gegebenenfalls ist es auch günstig, wenn man vermerkt, ob der Tatverdächtige während seiner Vernehmung rauchen durfte.

Eine gesetzliche Regelung, ob der Tatverdächtige vor oder während seiner Vernehmung durch den Sicherheitsverantwortlichen telefonieren darf (um z.B. seinen Anwalt anzurufen), existiert nicht; analog zu der Bestimmung der StPO über die Beschuldigtenvernehmung durch die Polizei oder die Staatsanwaltschaft ist es jedoch sinnvoll, ihm auf sein Verlangen hin einen entsprechenden Anruf zu gestatten.

Andernfalls könnte er ja einfach aufstehen und gehen (sofern er nicht nach § 127/I StPO vorläufig festgenommen wurde). Wenn zu befürchten steht, dass Mittäter durch den Anruf gewarnt werden sollen, wird jeder Anruf unterbunden, bis der Festgenommene der Polizei übergeben wurde. Wird ihm ein Telefongespräch gestattet, so wird dies natürlich ebenfalls in der Vernehmung vermerkt, wobei das Anwählen durch den Sicherheitsverantwortlichen erfolgt, der die angerufene Nummer notiert.

Nachfolgend ein Beispiel, wie eine Tatverdächtigenvernehmung aussehen könnte:

> Heute, am 22.01.07, um 13.20 Uhr, wird Herr X, Angehöriger der Haushaltsabteilung, an seinem Arbeitsplatz im Kaufhaus Muster aufgesucht und gebeten, den Sicherheitsverantwortlichen Herrn Meier in das Büro der Haussicherheit zu begleiten.
>
> Nachdem Herr X freiwillig mitgekommen ist, wird ihm im Büro eröffnet, dass er im Verdacht steht, seit längerer Zeit mit anderen Angestellten des Kaufhauses Diebstähle zu verüben. Herr X wird über seine Rechte belehrt und sodann zu seiner Person vernommen. Im Anschluss daran erklärt er:
>
> »Ich bin heute freiwillig zur Vernehmung mitgekommen. Ich wurde über meine Rechte belehrt und erkläre, dass ich bereit bin, zu den Vorwürfen auszusagen.
>
> Es stimmt, dass ich – und andere Mitarbeiter – seit längerer Zeit immer wieder Sachen mitgenommen habe. Das waren immer nur Kleinigkeiten, von denen ich annahm, dass es sich dabei um Ausschuss oder beschädigte Artikel gehandelt hat. Ich dachte mir nichts dabei, wenn ich die Sachen mitnahm, da sie ohnehin sonst

weggeworfen worden wären. Ich habe zu keinem Zeitpunkt gewusst, dass diese Sachen von den anderen gestohlen worden sind. Ich hätte sonst niemals etwas mitgenommen. Ich habe jetzt alles gesagt, was ich weiß.«

Frage: »Herr X, wann genau haben Sie das erste Mal etwas mitgenommen, und was war das?«

Antwort: »Das erste Mal war im November 2010. Ich erhielt damals ein unverpacktes Autoradio, bei dem die Anleitung und das Antennenkabel fehlte. Das Gerät konnte so nicht mehr verkauft werden!«

F.: »Was für ein Modell war das, was kostete es regulär und wer gab es Ihnen?«

A.: »Es handelte sich um ein Radiokassettengerät mit Fernbedienung für 199 €; ich erhielt es vom Substituten der Autozubehörabteilung. Den Familiennamen kenne ich nicht; mit Vornamen heißt er Kurt.«

F.: »Aus welchem Grund gab er ausgerechnet Ihnen dieses Radio?«

A.: »Ich hatte ihm einmal gesagt, dass ich ein Autoradio suche. Eines Tages sprach er mich an und erklärte, dass er ein Gerät für mich hätte.«

F.: »Was erhielt Kurt als Gegenleistung?«

A.: »Nichts!«

Vorhalt: »Das glaube ich Ihnen nicht. Jeder Mitarbeiter hat sich unterschriftlich verpflichtet, keinerlei Waren ohne ausdrückliche Erlaubnis des Geschäftsführers verbilligt oder gar kostenlos abzugeben. Im Zuwiderhandlungsfalle wird mit Entlassung gedroht. Warum hätte Kurt seine Entlassung riskieren sollen, als er Ihnen das Radiogerät angeblich kostenlos gab?«

In dieser Art wird die Vernehmung solange fortgesetzt, bis der Tatverdächtige bereit ist, wahrheitsgemäß auszusagen. Dann kann wieder der Erzählstil gewählt werden, ohne dass ständig durch Fragen oder Vorhalte der Aussagefluss und die Aussagerichtung beeinflusst werden muss.

Vor der Durchführung von Vernehmungen, die geplant werden können, also nicht ad hoc aus einem Einsatzgeschehen heraus erfolgen, ist es sinnvoll, einen Vernehmungsspiegel (gewissermaßen als `Spickzettel´) zu erstellen, damit man keine wichtigen Einzelheiten vergisst.

Es kann Sinn machen, sich vor der Vernehmung einen Spickzettel zu erstellen

Soweit möglich, sollten Angaben wörtlich und zeitgleich protokolliert werden. Falls erforderlich, lässt man die Aussage durch einen Kollegen bzw. eine Schreibkraft niederschreiben, um sich selbst auf die Vernehmung konzentrieren zu können.

Muster eines Vordruckes »Tatverdächtigenvernehmung«

....

{Firmenstempel, Anschrift} {Ort, Datum}

Tatverdächtigenvernehmung

Herr/Frau/Fräulein*)

....

{Name), Vorname(n), Geburtsdatum, Geburtsort, Anschrift}

wird heute am Arbeitsplatz*) zu Hause*) an folgendem Ort*) .... aufgesucht*) und vorläufig festgenommen*); erscheint heute nach Terminvereinbarung bei der Firma (siehe Stempelabdruck links oben).

Der/die Verdächtige wird darüber informiert, was ihm/ihr vorgeworfen wird. Anschließend wird der/die Verdächtige belehrt, dass jede Aussage gegenüber den Mitarbeitern der Firma .... auf freiwilliger Basis erfolgt und dass es keinerlei Verpflichtung gibt, überhaupt Angaben zu machen. Daraufhin erklärt der/die Verdächtige folgendes:

»Ich, ..., geboren am ...., erkläre, dass ich heute freiwillig und ohne jeglichen Zwang nachstehende Aussage mache. Mir wurde erklärt, dass ich weder verpflichtet bin oder verpflichtet werden kann, gegenüber der mich vernehmenden Angehörigen der Firma ...., noch sonst jemanden gegenüber, Angaben zu machen. Ich wurde mit dem Gegenstand der Vernehmung vertraut gemacht und auch auf die möglichen Folgen hingewiesen, die sich ergeben könnten, wenn ich wissentlich oder fahrlässig eine Falschaussage mache.

Mir wurde ferner erklärt, dass die Erstattung der Strafanzeige gegen mich unabhängig von meinem jetzigen Aussageverhalten erfolgen wird.

Ich bin bereit, zu meiner Person Angaben zu machen und mich wahrheitsgemäß zur Sache zu äußern.«

aufgenommen: selbst gelesen, genehmigt und unterzeichnet:

....

Die Angaben zur Person und zur Sache erfolgen auf dem Beiblatt

*) Zutreffendes ankreuzen/ausfüllen

1.8.7 – Weiterleitung der Strafanzeige

a) Auf dem Postweg

Für diese Form der Weiterleitung an die Polizei oder an die Staatsanwaltschaft kommen Anzeigen in Betracht, bei denen die Beschuldigten nach sicherer Identitätsfeststellung vom Sachbearbeiter entlassen wurden, ohne dass die Polizei hinzugezogen werden musste. Auf dem Postweg können auch Strafanzeigen gegen unbekannte Täter verschickt werden, sofern nicht aufgrund besonderer Tatumstände die Polizei zur Einleitung von Sofortmaßnahmen (Fahndung, Spurensicherung) unmittelbar verständigt wird. Beim Versand von Strafanzeigen auf dem Postweg sollten wichtige Vorgänge nur per Einschreiben versandt werden (ggf. auch nur per Boten überbracht werden).

Im Regelfall hat der Anzeigenerstatter die freie Wahlmöglichkeit, ob er eine Anzeige an die Polizei oder direkt an die Staatsanwaltschaft schickt. Bedenken sollte man dabei allerdings, dass eine Strafanzeige, die direkt an die Staatsanwaltschaft gerichtet wird, mit entsprechender Zeitverzögerung von dort aus unbearbeitet lediglich an die zuständige Polizeidienststelle weitergeleitet wird, bei der dann die Ermittlungen geführt werden.

Anzeigen am besten direkt an die zuständige Polizeidienststelle und per Einschreiben verschicken

b) Übergabe an die Polizei

Die Anzeige wird immer dann direkt der Polizei mitgegeben, wenn diese im Zusammenhang mit einer Straftat vor Ort tätig wird. In jedem Falle ist die Übergabe der Anzeige dann erforderlich, wenn der Polizei ein Tatverdächtiger übergeben wird. Dabei sollte die Anforderung der Polizei erst zu einem Zeitpunkt erfolgen, wenn die Anzeige soweit bereits erstellt ist, damit die eingesetzten Beamten nicht unnötig lange Zeit warten müssen. Dies gilt natürlich nicht, wenn der Täter randaliert oder aus anderen Gründen die Aufmerksamkeit des Sicherheitsverantwortlichen erfordert, sodass mit der Erstellung der Anzeige solange gewartet werden muss, bis die Polizei eingetroffen ist.

2 – Taktik

Taktik im Zusammenhang mit der Straftatenbekämpfung – und um nichts anderes geht es hier – ist die hohe Kunst, den immer raffinierteren Methoden von Straftätern standzuhalten und – mehr noch – diese wirksam zu überwinden. Es liegt daher in der Natur der Sache, dass taktischem Verhalten kein starres Schema zugrunde liegen kann. Gerade vorhersehbares und berechenbares Verhalten von Sicherheitsverantwortlichen könnten Straftäter in ihre Planung einbeziehen und damit unwirksam machen. Also muss das Hauptaugenmerk bei allen taktischen Maßnahmen auf lageangepasstem Verhalten und der richtigen Reaktion auf die Verhaltensweisen von Straftätern liegen. Dazu gehören auch und in erster Linie konkrete Maßnahmen, die zur Feststellung von Straftaten und Verdächtigen führen, aber auch Wege und Methoden zur Überführung erkannter Straftäter.

Da vom Erkennen einer Straftat bzw. vom Entdecken eines Straftäters bis zur erforderlichen Reaktion des Sicherheitsverantwortlichen naturgemäß oft nur eine kurze Zeitspanne bleibt, müssen die Grundsätze des richtigen taktischen Verhaltens besonders sorgfältig erlernt werden. Jeder Mitarbeiter eines Handelsunternehmens sollte die wesentlichen Inhalte frei beherrschen; ein Nachlesen der entsprechenden Ausführungen wird wegen der Schnelligkeit, mit der Entscheidungen getroffen werden müssen, oftmals nicht mehr möglich sein. Vor allem aber Mitarbeiter, die für die Bearbeitung von Ladendiebstählen zuständig sind, müssen die wesentlichen Elemente dieser Ausbildung beherrschen. Ein Grundsatz für die Ausbildung lautet daher: Taktische Verhaltensweisen müssen ständig geübt und mit den Mitarbeitern besprochen werden. Vor allem gilt:

Die Grundsätze der Eigensicherung müssen von allen Mitarbeitern in allen Situationen wie im Schlaf beherrscht werden!

Breiten Raum im vorliegenden Kapitel nimmt die Erläuterung von Begehungsweisen bei Diebstählen ein. Selbstverständlich kann sie keine abschließende Darstellung aller denkbarer Tricks und Arbeitsweisen sein, da diese ja einer stetigen Wandlung und Anpassung an die Fortschritte der Sicherheitstechnik und an die Maßnahmen zu ihrer Bekämpfung unterliegen (jede Sicherungsmethode findet schon bald eine neue Strategie zu ihrer Überwindung). Ziel der Darstellung der Tricks und Arbeitsweisen dagegen ist es, dem Sicherheitsverantwortlichen das breite Spektrum der Findigkeit von Straftätern vorzustellen. Dabei wird gezeigt werden, dass es Dinge, die »ausgeschlossen!« oder »unmöglich!« sind, nicht gibt. Um also im Berufsalltag erfolgreich zu sein, muss man sich einen wesentlichen Grundsatz einprägen:

Jedes Verhalten, das von der Norm in irgendeiner Weise abweicht, muss Anlass für kritische Beobachtung und ggf. für eine weitere Überprüfung sein!

Die nachfolgenden Kapitel legen die taktischen Grundlagen für die Bekämpfung des Ladendiebstahls fest. Die Ausführungen wollen aber auch dazu anregen, darauf aufbauend Eigeninitiative zu entwickeln und von sich aus stets nach neuen Wegen zu suchen, der Diebstahlskriminalität wirksam zu begegnen!

2.1 – Vortatverhalten von Ladendieben

Zu den diversen technischen, organisatorischen und auch taktischen Maßnahmen der Diebstahlsprävention müssen immer auch Maßnahmen der Repression treten, also der Straftatenverfolgung mit dem Ziel, Straftäter festzustellen und sie für ihr Tun zur Verantwortung zu ziehen. Je konsequenter und qualifizierter die dafür erforderlichen Maßnahmen durchgeführt werden, umso effektiver können Verluste für ein Unternehmen verhindert werden. Bevor jedoch ein Straftäter zur Verantwortung gezogen werden kann, muss er logischerweise zunächst einmal als Tatverdächtiger erkannt worden sein. Der nächste Schritt ist dann die Anhaltung des erkannten Tatverdächtigen, und schließlich gilt es, einen vor Gericht verwertbaren Beweis für die durch ihn begangene Straftat zu erbringen.

Es gibt effektive Mittel und Wege, Ladendiebstahl zu erkennen

Die Anhaltung eines Tatverdächtigen wird Gegenstand späterer Ausführungen sein. Das folgende Kapitel befasst sich zunächst mit dem Erkennen von Straftätern. Vorweg sei gesagt, dass es dabei zwei grundsätzliche Methoden gibt, wobei erst eine Kombination beider Möglichkeiten optimale Voraussetzungen für die erfolgreiche Bekämpfung von Inventurverlusten bietet:

Die erste Möglichkeit ist eine mehr dem Zufall überlassene Kontrolle mithilfe technischer bzw. elektronischer Überwachungshilfen an bestimmten Orten, die erfahrungsgemäß (unübersichtliche Bereiche) oder zwangsläufig (Ausgänge) von Straftätern aufgesucht werden. Diese Methode ermöglicht das Erkennen von Straftätern auch durch Mitarbeiter, die nicht speziell dafür ausgebildet wurden. Als Beispiele seien hierzu die Videoüberwachung oder die Verwendung elektronischer Warensicherungsanlagen genannt.

Die zweite Methode, Straftäter zu erkennen, besteht darin, durch gezielte Beobachtung verdächtige Kunden zu erkennen und unauffällig zu observieren. Diese Methode erfordert naturgemäß ein umfassendes Wissen in Bezug auf das Verhalten von Straftätern und detaillierte Kenntnisse der verschiedensten Vorbereitungs- und Begehungshandlungen von Straftätern. Diese letztgenannte Methode, die selbstverständlich auch der Entlarvung unehrlicher Mitarbeiter dient, stellt ungleich höhere Anforderungen an die Qualifikation der auf diesem

Sektor eingesetzten Mitarbeiter. Überhaupt erst möglich wird diese Methode durch die kriminologisch untermauerte Tatsache, dass eine Straftat im Normalfall in drei einzelnen Etappen abläuft:

Stufe 1 ist das sogenannte Vortatverhalten. Hierunter fallen die Bereiche der Entschlussfassung, der Planung und der Vorbereitungshandlungen. Vorbereitungshandlungen, die strafrechtlich noch nicht erfasst und damit straflos sind.

Der Phase des Vortatverhaltens folgt als Stufe 2 die eigentliche Tatausführung. Diese beginnt unter Umständen bei der strafbaren Anstiftung, reicht über den strafbaren Versuch und endet schließlich mit der Vollendung der Tat.

An die Stufe 2 schließt sich dann die Stufe 3 an, die das Nachtatverhalten des Täters umfasst (Beseitigung von Spuren, Verschaffen eines falschen Alibis, Sichern der Beute). In die Nachtatphase fällt unter Umständen auch der strafrechtliche Begriff der Beendigung der Tat, soweit Beendigung und Vollendung nicht zeitgleich erfolgen; Beendigung bedeutet, der Täter bringt sich mit seiner Beute letztendlich in Sicherheit.

Der nachfolgende Abschnitt behandelt das Verhalten des Täters vor der Tat, und zwar den Bereich der Vorbereitungshandlungen (sowohl der straflosen als auch der strafbaren), soweit sie im Unternehmen zum Tragen kommen. In selteneren Fällen können sich auch aus dem Bereich des Nachtatverhaltens Anlässe für repressive Maßnahmen ergeben (Beispiel: Täter will gestohlene Ware ohne Kassenbon am folgenden Tag gegen Bargeld eintauschen u. Ä.).

2.1.1 – Verdächtiges Verhalten von Kunden

Wer längere Zeit im Verkauf tätig ist, wird bestätigen können, dass man die Kunden – je nach ihrem Einkaufsverhalten – in verschiedene Gruppen einteilen könnte: Da gibt es Kunden, die mit einer Einkaufsliste in der Hand zielstrebig von einem Regal zum anderen gehen, die benötigten Waren entnehmen und auf dem kürzesten Weg zur Kasse eilen. Andere Kunden wählen bedächtig aus dem Angebot aus, vergleichen die Preise und vergewissern sich sorgfältig, dass das Verfallsdatum bei Lebensmitteln noch nicht überschritten und dass die Verpackung des ausgewählten Artikels unbeschädigt ist. Insgesamt wirken diese Kunden ruhig und unauffällig. Wieder andere Kunden wirken hektisch und unkonzentriert. Sie laufen scheinbar ziellos hin und her, nehmen Artikel aus den Regalen, um sie kurz darauf wieder – vielleicht sogar an anderer Stelle – zurückzulegen. Sie können sich offenbar nicht recht entscheiden, ob sie eine Packung Kaffee mitnehmen sollen oder gleich zwei; sie zögern, welche Marke sie wählen sollen, und greifen bei Wühltischangeboten unüberlegt zu. Dann gibt es schließlich noch den Typ Kunden, der sich stundenlang im Verkaufsraum aufhält, der alles Mögliche betrachtet, in die Hand nimmt, wieder weglegt. Der sich scheinbar völlig planlos im Strom der übrigen Kunden mittreiben lässt, um letztlich dann doch irgendwelche Waren zu kaufen, die er mehr oder weniger zufällig entdeckt hat. Dieser Kundentyp scheint unendlich viel Zeit zu haben und von niemandem erwartet zu werden.

Bereits diese stark vereinfachte Unterscheidung macht deutlich, dass es beim Einkaufsverhalten von Kunden deutliche Unterschiede gibt, die einem mehr oder weniger ins Auge fallen. Ein Sicherheitsverantwortlicher wird sein besonderes Augenmerk in erster Linie wahrscheinlich dem zuletzt beschriebenen Kundentyp zuwenden, der – wie oben dargestellt – scheinbar planlos durch die Verkaufsabteilungen schlendert. Vielleicht aber wird er auch dem Kunden nachgehen, der hektisch Waren entnimmt und sie dann an anderer Stelle wieder ablegt.

Es gibt Anzeichen dafür, dass ein Kunde ein möglicher Ladendieb ist. Lernen Sie, diese zu erkennen!

Wenn man den Sicherheitsverantwortlichen nach den Gründen fragt, die ihn dazu bewogen haben, gerade diesen Kunden nachzugehen, so wird man zur Antwort erhalten, dass diese Kunden ein Verhalten gezeigt haben, das vom überwiegend zu beobachtenden »normalen« Einkaufsverhalten der Mehrheit der anderen Kunden abweicht. Dabei bestimmt jeder für sich selbst, was für ihn »normales« Verhalten ist. Wenn der Sicherheitsbeauftragte selbst ein Hektiker ist, wird der ruhige Kunde seinen Argwohn erregen, und umgekehrt. Dennoch führt uns diese Betrachtung zum eigentlichen Kern der Problematik. Da das Verhalten eines Straftäters, z. B. eines Ladendiebes, zwangsläufig in bestimmten Punkten vom Verhalten eines ehrlichen Kunden abweicht (da er andernfalls wie der ehrliche Kunde mit der Ware an der Kasse landen und dafür bezahlen würde), gibt dies dem geschulten Beobachter die Möglichkeit, aufgrund der abweichenden (Vorbereitungs-) Handlungen einen »Tatverdächtigen« zu erkennen. Tatverdächtig deshalb, da längst nicht jedes abweichende Verhalten letztlich zu einer Straftat führen muss.

Vorbereitungen zu einer Straftat sind für den geschulten Beobachter meist leicht zu erkennen

Die Besonderheit bei der Vorbereitung einer Straftat liegt darin, dass der Täter viele Handlungen, die dieser Vorbereitung dienen, ganz offen und ohne besondere Vorkehrungen durchführt, solange sie im Bereich der sogenannten »straflosen Vorbereitungshandlungen« liegen. Würde jemand den Täter wegen seines Handelns in dieser Phase ansprechen, könnte er sich problemlos damit herausreden, dass er ja nichts Verbotenes getan habe. Und genau diesem Umstand ist es zu verdanken, dass man Straftäter oft im Vorfeld einer Straftat mühelos erkennen kann, selbst dann, wenn die eigentliche Tatausführung dann anschließend mit äußerster Raffinesse erfolgt.

Dieser Umstand wiederum verlangt, dass der Sicherheitsverantwortliche die verräterischen Vorbereitungshandlungen kennen muss, die Vorboten einer möglichen Straftat sein können. Das vorliegende Kapitel stellt typische Verhaltensweisen vor, die – werden sie bei einem Kunden beobachtet – Anlass für die weitere Beobachtung desselben sein sollten. Von Bedeutung ist dabei auch, dass der Sicherheitsverantwortliche genau wissen muss, welche Handlungen noch im straflosen Bereich liegen und wann genau diese straflose Vorbereitung in einen strafbaren Versuch einmündet.

2.1.1.1 – Auffällige Bekleidung

Auch auffällige Bekleidung kann ein Hinweis auf einen Täter sein

Für viele Ladendiebe stellt die Bekleidung einen wesentlichen Faktor in ihren Überlegungen bei der Planung eines Diebstahls dar. So bietet die Kleidung zuerst einmal die Möglichkeit, Gegenstände darin bzw. darunter zu verbergen. Darüber hinaus können in der Bekleidung Gegenstände mit in den Verkaufsraum gebracht werden, die für die Tatausführung benötigt werden. Aber auch Waffen können darunter verborgen werden, die der Täter mitführt, um sich im Falle seiner Festnahme zur Wehr zu setzen. Unauffällige Kleidung dient ferner der Tarnung. Handschuhe verhindern das unbeabsichtigte Hinterlassen von Fingerabdrücken. Hochgezogene Schals, aufgestellte Mantelkrägen oder in die Stirn gezogenen Hüte erschweren es, einen Täter später wiederzuerkennen. Durch das Ablegen einer Jacke oder das Wechseln der Kleidung nach der Tat kann man sein Erscheinungsbild in Sekundenschnelle völlig verändern.

Und schließlich spielt die Kleidung auch dann eine Rolle, wenn der Täter beabsichtigt, anstelle der eigenen, getragenen Kleidung neue Kleidung aus dem Geschäft anzuziehen, ohne diese zu bezahlen. In jedem Falle ist die Bekleidung ein wichtiger Aspekt bei der Erkennung von potenziellen Straftätern, die dem Verkaufspersonal als ein Indiz für eine möglicherweise beabsichtigte Straftat dienen kann.

a) Jahreszeitlich nicht angepasste Kleidung

Wenn an einem Kunden eine der nachfolgend beschriebenen Beobachtungen gemacht wird, sollte dieser Kunde genauer observiert werden:

Ein Kunde betritt den Verkaufsraum und trägt, trotz der draußen herrschenden eisigen Wintertemperaturen, am Oberkörper nur ein Hemd oder einen dünnen Pullover. Dieser Kunde könnte beabsichtigen, sich unauffällig eine warme Jacke oder einen Mantel anzuziehen, ohne Probleme wegen der »Entsorgung« seiner alten Jacke zu bekommen.

Ein Kunde kommt im Hochsommer in das Geschäft und hat einen langen Mantel an. Dieser Kunde könnte beabsichtigen, etwas zu entwendet, das er unter dem Mantel verbergen möchte.

b) Witterungsunpassende Bekleidung

- Wieder ein anderer Kunde kommt bei strömendem Regen ins Kaufhaus; obwohl es schon den ganzen Tag regnet, hat er keinen Regenschirm dabei. Möglicherweise beabsichtigt er, einen Schirm ohne Bezahlung mitzunehmen. Hätte er einen alten Schirm dabei, müsste er diesen erst unauffällig loswerden, da er mit zwei Schirmen auffallen würde.

- Obwohl es seit Tagen schneit und der Schnee einen halben Meter hoch liegt, bemerken Sie einen Kunden, der die Schuhabteilung mit dünnen, offensichtlich stark abgenutzten Halbschuhen betritt. Hier besteht der Verdacht, dass der Kunde die alten Schuhe gegen ein Paar neue, wintertaugliche Schuhe austauschen möchte (und da er dazu die alten Schuhe zurücklassen möchte, hat er solche angezogen, deren Verlust ihn nicht schmerzt).

- Während einer langen Schönwetterperiode erscheint eine Kundin in der Kosmetikabteilung, die einen Regenschirm über dem Arm hängen hat. Vielleicht möchte sie in einem günstigen Augenblick Kosmetikartikel im zusammengefalteten Schirm verschwinden lassen?

c) Unpassende Kleiderzusammenstellung

- Sie beobachten einen Kunden, der mit einem ordentlichen Anzug bekleidet ist; dazu aber trägt er alte Sandalen. Auch hier besteht der Verdacht, dass er die alten Schuhe in der Schuhabteilung gegen ein Paar neue Schuhe tauschen möchte, die zum Anzug passen.

- Ein Kunde ist mit alten Turnschuhen, einer zerrissenen Jeans und mit einem verdreckten Baumwollhemd bekleidet. Darüber aber trägt er ein ordentliches Sportsakko. Hier könnte es sein, dass es sich bei dem Sakko um ein speziell präpariertes, sogenanntes »Diebessakko« handelt, das mit großen Spezialtaschen zur Aufnahme sperrigen Diebesgutes ausgestattet ist.

- Eine der Gesamterscheinung nach dem Stadtstreichermilieu zuzurechnende Frau trägt über ihrer Kleidung eine Schürze. Hier besteht Anlass zu der Vermutung, dass es sich um eine Diebesschürze mit verdeckt eingenähten Taschen handeln könnte.

Wann immer man an einem Kunden entsprechende Auffälligkeiten feststellt, empfiehlt es sich, diesen Kunden genauer zu beobachten.

2.1.1.2 – Mitführen verdächtiger Gegenstände

Ein weiterer Anhaltspunkt dafür, dass ein Kunde in Diebstahlsabsicht ein Geschäft aufgesucht haben könnte, kann sich aus bestimmten Gegenständen ergeben, die der Kunde mit sich führt. Im vorigen Kapitel wurde bereits das Beispiel mit dem Regenschirm erwähnt. Daneben verdienen die im Folgenden genannten Gegenstände eine besondere Beachtung, vor allem dann, wenn der Kunde, der sie mitführt, zusätzlich unter anderen Kriterien als verdächtig einzustufen ist. Selbstverständlich aber soll damit nicht gesagt sein, dass jeder Kunde, der einen derartigen Gegenstand mitführt, in Diebstahlsabsicht handelt.

Kunden, die bestimmte Gegenstände bei sich haben, sollten beobachtet werden

- Taschen aller Art, vor allem dann, wenn sie geöffnet mitgeführt werden;
- Kinderwagen, wenn die Artikel auf oder unter dem Wagen abgelegt werden können;
- Zeitungen, die zusammengefaltet unter dem Arm getragen werden;
- Motorradhelme, die am Arm getragen werden;
- Kinderfahrzeuge (Traktoren u. Ä.), wenn sie über einen nicht einsehbaren Stauraum verfügen;
- leere Schachteln, die im Verkaufsraum vom Kunden aufgesammelt werden, scheinbar um nach dem Bezahlen die Waren darin zu transportieren;
- über dem Arm getragene Kleidungsstücke;
- mitgeführte Blumensträuße;
- Gipsverbände, Armtrageschlaufen;
- größere Kopfbedeckungen (Turban, große Hüte, aufgesteckte Haarteile);
- sonstige Behältnisse aller Art (Koffer, Geigenkästen, Sammelbüchsen, Bereitschaftstaschen für Fotoapparate u. v. a. m.).

Daneben können auch andere Gegenstände, die nicht zur Aufnahme von Diebesgut geeignet sind, dennoch Verdacht erwecken. Damit sind

Gegenstände gemeint, die dem Täter bei der Durchführung seiner Tat dienlich sein können. Dazu gehören unter anderem:

- Tapeziermesser, Rasierklingen, Taschenmesser (zum Aufschneiden von Plastikverpackungen);
- Nagelscheren (zum Abschneiden von Textiletiketten);
- Seitenschneider (zum Abzwicken von Sicherungsdrähten);
- starke Magneten (zum Lösen von Sicherungsetiketten);
- Paketklebeband (zum Verschließen von Kartonagen, nachdem Gegenstände ausgetauscht oder dazugepackt wurden);
- Schraubenzieher (zum Aufbrechen von Vitrinen und anderem).

Werden bei einem Straftäter derartige Hilfsmittel festgestellt, ist zu vermuten, dass es sich um einen gewerbsmäßigen Täter handelt. Hier sollte stets die Polizei hinzugezogen und auf eine Wohnungsdurchsuchung gedrängt werden.

2.1.1.3 – Verleugnen von Begleitpersonen

Wenn Menschen im Geschäft plötzlich so tun, als seien sie nicht miteinander bekannt, so sind dies mögliche Mittäter

Werden Personen beobachtet, die offensichtlich zusammengehören (was vielleicht über eine Überwachungskamera oder bei einer zufälligen Begegnung kurz zuvor an einem anderen Ort festgestellt wurde), nun aber im Verkaufsraum so tun, als gehörten sie nicht zusammen oder als würden sie sich nicht kennen, so sollten diese Personen besonders sorgfältig beobachtet werden. Hier besteht nämlich der Verdacht, dass eine der Personen eine Straftat verüben will, während die zweite Person Aufpasser- oder Hilfsdienste verrichten soll. Ziel dieses Verhaltens ist es, einen etwaigen Beobachter, der die verdächtige Person beschattet, durch die zweite, scheinbar unbeteiligte Person leichter erkennen zu können. Ein Beobachter wird nämlich seine ganze Aufmerksamkeit auf den Verdächtigen richten und dabei seine Tarnung gegenüber dritten, unverdächtigen Personen nötigenfalls ganz aufgeben (vom Verdächtigen unbemerktes Telefonieren nach Unterstützungskräften, Einsammeln von weggeworfenen Beweismitteln (wie Etiketten), um die Ecke spähen u. v. a. m.). Dadurch ist es dem Mittäter leichter möglich, einen Beobachter zu enttarnen und dann den Täter zu warnen.

Denkbar ist auch, dass nach einer erfolgten Festnahme der bis dahin nicht in Erscheinung getretene Mittäter plötzlich den Festnehmenden angreift und so dem Täter die Flucht ermöglicht. Der Angreifer, wenn er denn gefasst wird, erklärt dann seelenruhig gegenüber der Polizei, dass er dachte, der Festnehmende sei ein Räuber, der den anderen Mann überfallen wollte. Aus vermeintlicher Notwehr sei er diesem deshalb zu Hilfe geeilt.

2.1.1.4 – Mögliche Vorbereitungshandlungen für Diebstähle

Auch in ihren Vorbereitungen kann man mögliche Ladendiebe erkennen

Nachfolgend wird ein Überblick über auffällige Verhaltensweisen von Kunden gegeben, die als verdächtiges Verhalten zu einer genaueren Beobachtung führen sollten. Dabei muss eine einzelne Beobachtung noch keineswegs immer bedeuten, dass der Kunde nunmehr im Begriff steht, einen Diebstahl zu verüben; allerdings spricht umso mehr für eine derartige Annahme, je mehr der folgenden Verhaltensweisen ein Kunde zeigt:

- Kunde öffnet im Verkaufsraum eine mitgeführte Tasche ohne ersichtlichen Grund; er bereitet vielleicht das schnelle Einstecken von Diebesgut vor.

- Eine an einem Haken des Einkaufswagens hängende Tasche wird vom Haken genommen und in den Einkaufswagen gestellt bzw. plötzlich am Arm hängend getragen; so könnte ausgewähltes Diebesgut ohne Zeitverlust eingesteckt werden.

- Eine vorne im Einkaufswagen stehende Tasche wird zur Griffseite geholt und in Reichweite des Kunden wieder in den Wagen gestellt; auch hier wird die Tasche so positioniert, dass das Einstecken des Diebesgutes ohne Zeitverlust möglich wäre.

- Im Einkaufswagen steht eine größere Tasche an der Griffseite, also in Reichweite des Kunden, die geöffnet ist oder die sich leicht öffnen lässt;

- Textilien werden so über den Griff des Einkaufswagens gehängt, dass keine Etiketten mehr zu sehen sind; damit sollen etwaige Beobachter den Eindruck gewinnen, dass es sich die eigene Kleidung des Kunden handelt, und von einer gezielten Observation Abstand nehmen. Die Kleidung wird so in eine ruhige und uneinsehbare Ecke des Geschäftes geschafft, wo die Etiketten dann entfernt werden können und die Kleidung angezogen werden kann.

- Der Kunde trägt einzelne Artikel in der Hand, obwohl er einen Einkaufswagen mitführt; so könnte er die Ware einstecken, ohne sich in auffälliger Weise in den Wagen bücken zu müssen.

- Innerhalb der Verkaufsabteilung wird Ware von einem Einkaufswagen in einen anderen geräumt, wobei in einem Wagen Ware zurückbleibt. Besondere Aufmerksamkeit ist dann erforderlich, wenn die zurückgelassene Ware bzw. die Verpackung verkehrt herum liegt, sodass man nicht ohne Weiteres den Inhalt der Packung oder aber die Vollzähligkeit der darin enthaltenden Gegenstände feststellen kann; vielleicht hat der Täter einen Artikel aus der Verpackung genommen und eingesteckt. Indem er die leere Packung einfach zurücklässt, muss er sich nicht dem Risiko aussetzen, die Leerverpackung zu verstecken.

- Ein Kunde deckt wertvollere Ware mit Billigware zu (auf ein Autoradio wird eine Packung Polierwatte gelegt); er will damit vermeiden, dass ein Beobachter sieht, dass er wertvolle Ware in seinem Wagen hat.

- Wertvollere Ware wird unter anderen Artikeln im Wagen herausgekramt und obenauf – in Griffnähe – wieder abgelegt; die bis dahin vor den Augen eines zufälligen Beobachters verborgene Ware wird für den unmittelbar bevorstehenden Diebstahl bereitgelegt.

- Artikel in Klarsichtpackungen werden mit der undurchsichtigen Kartonrückseite nach oben im Einkaufswagen abgelegt; damit will der Täter vermeiden, dass jemand auf den teuren Artikel aufmerksam wird und den Täter womöglich observiert.

- Wertvollere Artikel werden von weiter vorne im Einkaufswagen genommen und in Griffnähe wieder abgelegt; auch hier wird der schnelle Griff auf die Ware vorbereitet.

- Jedes Aufreißen einer Packung muss Anlass zu einer genauen Beobachtung des Kunden sein.

- Jegliches Manipulieren an Etiketten (Abzupfen oder ständiges Andrücken) ist ein Alarmzeichen für die Absicht, eine Straftat zu begehen (oder für den bereits erfolgten Austausch von Etiketten).

- »Probeweises« Zusammenfügen einzelner Artikel (Kunde zieht Gürtel in eine Hose ein und lässt ihn darin; Einfügen von Taschenlampenbatterien in eine Taschenlampe; Einlegen eines Bohrers in das Bohrfutter einer Bohrmaschine u. v. a. m.).

- Ein Kunde hält einen Arm auffällig an den Körper gepresst; er könnte unter der Jacke einen größeren Gegenstand verborgen haben.

- Auffälliges Verweilen vor Waren, die »kundenunüblich« sind: Älterer Mann steht bei Damenwäsche, Kinder sind in der Teppichabteilung, jüngerer Bursche treibt sich bei Pelzmänteln herum, junge Mädchen sind in der Heimwerker- oder der Baustoffabteilung; vermutlich soll in diesem ruhigen Gang ein Diebstahl verübt werden und der oder die Täter warten auf einen günstigen Moment.

- Ungewöhnlich langes Verweilen vor Artikeln des täglichen Gebrauchs: Frau steht fünf Minuten lang vor einem Regal mit Zwieback; ein Mann verweilt endlos lange vor dem Zahncremeregal; zwei junge Mädchen stehen lange Zeit vor dem Regal mit dem Toilettenpapier; hier kann man davon ausgehen, dass potentielle Ladendiebe darauf warten, »bis die Luft rein ist«.

- Ein Kunde nimmt vor anderen Kunden demonstrativ seinen Geldbeutel heraus und zählt sein Geld; besondere Aufmerksamkeit ist dann geboten, wenn sich dieser Vorgang verschiedenen Kunden gegenüber wiederholt. Der Kunde möchte damit vermuteten Beobachtern gegenüber signalisieren: »Schaut her, ich habe genügend Geld, ich brauche nicht zu stehlen, ihr müsst mich nicht weiter beobachten.« Interessanterweise wird dieses Verhalten in zahlreichen Fällen vor der Ausführung eines Diebstahls beobachtet.

- Verdächtig ist auch, wenn ein Kunde überraschend auftauchende Personen – auch Personal – anspricht und dabei unsinnige Fragen stellt: »Wie lange ist heute das Geschäft geöffnet?« oder »Ist das Waschpulver vom Umtausch ausgeschlossen?« Damit will er erreichen, dass sein möglicherweise gezeigtes Erschrecken beim Gegenüber nicht als Zusammenzucken, sondern als der Ansatz für die gestellte Frage gewertet werden soll.

- Ein Kunde erschrickt sichtlich, wenn plötzlich ein anderer Kunde oder Personal den Gang betritt, in dem er sich aufhält; die Tat stand wohl kurz vor der Ausführung, Sekunden später wäre der Täter wohl direkt bei der Tat ertappt worden.

- Ein Kunde nimmt Ware aus dem Regal und legt sie an einer anderen, nicht so leicht einsehbaren Stelle im Regal wieder ab; er kommt kurz darauf zurück und kann ohne Argwohn zu erregen den auserkorenen Gegenstand von einer anderen Stelle aus dem Regal nehmen und in diesem sichtgeschützteren Bereich direkt einstecken.

- Ein Kunde legt einen wertvolleren Artikel in einer anderen Abteilung mit billigeren Artikeln ab; dort will er ihn später einstecken, weil er davon ausgeht, dass dieser Bereich nicht überwacht wird, weil dort keine wertvollen Gegenstände angeboten werden.

- In jedem Fall ist eine weitere Observation erforderlich, wenn ein Kunde Ware im Verkaufsraum versteckt (z. B. unter einem Regal) – es muss davon ausgegangen werden, dass diese Ware später (evtl. auch von einem Mittäter) abgeholt wird.

- Misstrauen ist auch angezeigt, wenn ein Kunde sofort nach dem Betreten der Lebensmittelabteilung Zigaretten aus dem Kassenständer holt und diese dann mit in die Verkaufsabteilung nimmt; in fast 30 % der Fälle werden dabei die Zigaretten entwendet (wobei es auch vorkommt, dass die Schachteln aufgerissen und einzelne Zigaretten daraus zur Tarnung weggeworfen werden).

- Kunden, die halb über den Griff des Einkaufswagens gebeugt diesen mit dem Körper vor sich her schieben, sollten in jedem Fall genau observiert werden; dieses Verhalten ist besonders typisch für unmittelbar bevorstehende Tatausführung. Nach rückwärts versperrt der Täter einem etwaigen Beobachter mit seinem Rücken die Sicht; zugleich hat er beide Hände frei, um mit der einen Hand blitzschnell eine Tasche zu öffnen und mit der zweiten gleichzeitig Ware darin zu verstecken.

- Kunden, die im Verkaufsbereich ohne ersichtlichen Grund plötzlich mit einem Bekannten heimlich und daher in verdächtiger Weise ihren Einkaufswagen oder aber mitgeführte Taschen tauschen, verdienen ebenfalls besondere Beachtung; möglicherweise hat der Kunde davor etwas eingesteckt, ohne sich besonders zu tarnen. Wird er deswegen von einem Sicherheitsverantwortlichen verfolgt und angehalten, so wird man das Diebesgut nicht mehr bei dem Verdächtigen finden. Unterdessen verlässt der Mittäter, der sich mit Ausnahme des Wagen- oder Taschentausches in keiner Weise verdächtig gemacht hat, mit dem Diebesgut das Geschäft.

- Kunden, die unvermittelt einen mitgeführten, gefüllten Einkaufswagen irgendwo im Verkaufsbereich abstellen und stehen lassen, während sie (evtl. auf Umwegen) zur Kassenzone gehen und sich anschicken, das Geschäft zu verlassen, sollten einer Kontrolle unterzogen werden. Zumindest ist der Kunde solange aufzuhalten, bis ein Mitarbeiter den zurückgelassenen Einkaufswagen auf etwa darin befindliche leere Verpackungen überprüft hat.

Natürlich ist diese Aufzählung nur beispielhaft. Sie soll aber den Blick für Verhaltensweisen schärfen, die bei einem unverfänglichen Kaufvorgang unüblich sind.

2.1.1.5 – Der »Alarmblick«

Der »Alarmblick« ist ein sicheres Kennzeichen für die Absicht, einen Diebstahl zu begehen

Es gibt ein nahezu untrügliches Zeichen dafür, wenn in einem SB-Verkaufsbereich eine Diebstahlshandlung unmittelbar bevorsteht: der Sicherungsblick des Täters direkt vor der Tat, der hier als »Alarmblick« bezeichnet wird! Dazu muss man sich Folgendes vergegenwärtigen: Ausgangslage ist, dass der Täter sich den Artikel, den er entwenden will, in seinem Einkaufswagen so in Griffweite zurechtgelegt hat, dass er ihn sofort erreichen kann. Eventuell ist er dabei bereits mit einer der vorstehend beschriebenen Handlungsweisen aufgefallen. Außerdem hat er möglicherweise bereits eine geöffnete Tasche an der Griffseite seines Einkaufswagens bereitgestellt. Er ist somit vorbereitet, bei einer ihm günstig erscheinenden Gelegenheit die eigentliche Diebstahlshandlung, nämlich das Einstecken der Ware in die Tasche oder seine Bekleidung, durchzuführen. Nun sucht sich der Täter eine für sein Vorhaben günstige Stelle. Er schiebt deshalb seinen Einkaufswagen an einem Regalgang entlang, von dem ein Quergang abzweigt (keine Kreuzung). Während der Täter sich der Einmündung des Querganges nähert, blickt er zunächst nach vorne und dann kurz zurück, um festzustellen, ob sich weitere Kunden in der Nähe der Einmündung befinden.

Ist dies nicht der Fall, folgt der nächste Schritt: Der Täter weiß nun, dass ihm niemand in dem Regalgang, in dem er sich im Moment noch befindet, gefährlich werden kann. Nun kommt es nur noch darauf an, dass in dem Quergang, in den der Täter einbiegen wird, niemand ist, der ihn beobachten könnte, wenn er gleich nach dem Betreten des Querganges das Diebesgut einstecken wird. Dabei besteht für den Täter ein gewisses Risiko: Es könnte ja genau in dem Moment, in dem er die Ware in die Tasche steckt, vor dem Täter ein Kunde denselben Quergang von der gegenüberliegenden Seite her betreten und dabei die Tat beobachten. Um nun das Risiko einer Entdeckung so gering wie möglich zu halten, muss der Täter während der Tatausführung unentwegt den vor ihm liegenden Gang beobachten, um beim geringsten Anzeichen einer Gefahr von der Tatausführung zu unterlassen. Den Bereich hinter sich – nach dem Einbiegen in den Quergang – weiß der Täter ja zumindest für die nächsten Sekunden sicher, da er sich ja extra davon überzeugt hat. Damit nun aber der Täter zu seiner Sicherheit das andere Gangende nach dem Einbiegen in den Quergang ununterbrochen beobachten kann, muss er sich vor dem Einbiegen in diesen Quergang die Lage des Gegenstandes, den er anschließend einstecken will, genau einprägen, damit er ihn anschließend sofort und ohne nochmals hinsehen zu müssen, ergreifen kann.

Und genau dieser äußerst typische Blick erfolgt etwa eine Sekunde vor dem Augenblick, in dem der Täter in den Quergang einbiegt! Dabei hält der Täter den Kopf geradeaus nach vorne gerichtet und senkt nur seinen Blick für einen kurzen Moment in den Einkaufswagen. Dieser – im Laufe meines Berufslebens Dutzende Male beobachtete – Blick ist so einzigartig, dass er bislang noch bei keinem ehrlichen Kunden festgestellt wurde. Und keine der Personen, die diesen Blick erkennen ließen, hat nicht zumindest im unmittelbaren Anschluss daran versucht, einen Gegenstand einzustecken! Allerdings bedarf es einiger Übung (anfangs am Erfolg versprechendsten aus einer getarnten Beobachtungsposition heraus oder mithilfe einer verdeckten Videokamera), bis man diesen absolut typischen und unverwechselbaren Blick erkennt. Denn im Regelfall erfolgt dieser Blick schnell und für nicht Eingeweihte unauffällig. Alles in allem ist dieser Blick jedoch so typisch und dann auch so sicher zu erkennen, dass jeder geübte Sicherheitsverantwortliche diesen Blick als absolutes Alarmsignal eingestuft. Unter diesem Gesichtspunkt wurde dieses verdächtige Verhalten im unmittelbaren Vorfeld einer Straftat vom Verfasser als der »Alarmblick« bezeichnet.

2.1.2 – Verdächtiges Verhalten von Personal

Diebstähle, Betrügereien oder Unterschlagungen, die von eigenen Firmenangehörigen begangen werden, unterscheiden sich im Hinblick auf die Tatausführung in vielen Bereichen deutlich von denen durch Kunden. Als wesentlicher Faktor ist dabei der Umstand anzusehen, dass der unehrliche Mitarbeiter zur Vorbereitung seiner Tat wesentlich mehr Zeit und bessere organisatorische Voraussetzungen hat. Darüber hinaus kann der Mitarbeiter aufgrund seiner internen Betriebskenntnisse den Ort und den Zeitpunkt der Tatausführung so planen, dass das Entdeckungsrisiko auf ein Minimum reduziert werden kann. Zur Aufdeckung von Straftaten, die vom Personal begangen werden, müssen daher verfeinerte Überwachungsmaßnahmen angewandt werden,

Auch unter den Mitarbeitern können Diebe zu finden sein

die sich von den Methoden der Überwachung von Kunden insofern unterscheiden, dass die Vorbereitung vollkommen geheim gehalten werden muss.

Zum Erkennen von Straftaten durch das eigene Personal gibt es – vergleichbar mit den Anhaltspunkten zum Erkennen tatverdächtiger Kunden – ebenfalls eine Reihe von Anzeichen, über die der Sicherheitsverantwortliche Bescheid wissen muss, damit er verdächtiges Verhalten erkennen kann. Im Folgenden sind typische Vorbereitungshandlungen erläutert, die vom unehrlichen Mitarbeiter im Regelfall ohne besondere Vorsichtsmaßnahmen durchgeführt werden, da diese für sich allein noch keine Straftat darstellen. Dies bietet dem Sicherheitsverantwortlichen die Möglichkeit, derartige Vorbereitungen zu erkennen, um dann mit gezielten Observationsmaßnahmen ansetzen zu können.

2.1.2.1 – Bereitlegen von Diebesgut

a) Beabsichtigte Abholung durch den Täter selbst

Es ist verdächtig, wenn Mitarbeiter ohne plausiblen Grund Artikel an Orten ablegen, an die sie nicht gehören

Artikel aus dem Verkaufssortiment werden im Laufe des Tages in günstig erscheinenden Momenten aus dem jeweiligen Regal im Verkaufsbereich oder im Lager entnommen und an einen anderen, für die Zwecke des unehrlichen Mitarbeiters besser geeigneten Ort verbracht. Dies könnte etwa ein entlegener Gang sein, eine personell schwächer besetzte Abteilung oder eine Örtlichkeit, die schwer einsehbar ist. Hierbei kommt auch das Lager in Betracht. Der Mitarbeiter transportiert den Gegenstand, den er später entwenden will, ganz offen zu der ausgewählten Örtlichkeit. Würde er nach dem Zweck des Transportes gefragt werden, so könnte er z. B. sagen, dass er mit dem Artikel auf dem Weg zum Abteilungsleiter sei, weil er eine Frage wegen der Funktion oder bezüglich der Qualität habe oder weil er sich vergewissern möchte, ob der Gegenstand richtig ausgezeichnet sei. Hier bieten sich auch eine ganze Reihe anderer, von den örtlichen Gegebenheiten abhängige Ausreden an. Hat der Mitarbeiter den Artikel bereits an einer anderen Stelle abgelegt, so kann er behaupten, er habe den Gegenstand nur kurz abgelegt, weil er dringend zur Toilette musste. Dann habe er ihn vergessen. Handelt es sich um fremde Ware, die nicht aus seiner

Abteilung stammt, so könnte er behaupten, diese Ware seinerseits in einem Regal seiner Abteilung gefunden zu haben. Da er nicht genau wüsste, wohin dieser Artikel gehöre, habe er ihn kurzerhand einfach woanders abgelegt, um später einen Kollegen danach zu fragen. Das Risiko ist also in dieser Phase für den Mitarbeiter gering; wird das Bereitlegen der Ware nicht bemerkt, so kommt der Mitarbeiter zu einem späteren Zeitpunkt (vielleicht auch erst am folgenden Tag) zurück, um nun den Gegenstand endgültig in seinen Besitz zu bringen.

Daher sollten Mitarbeiter, die wiederholt beim Transport einzelner Gegenstände – ohne Auftrag ihrer Vorgesetzten und außerhalb ihres Zuständigkeitsbereiches – angetroffen werden, gezielt beobachtet werden. Das Zwischenlager wird dabei übrigens zumeist so gewählt, dass der Mitarbeiter – ohne aufzufallen – diesen Ort mit einem vermeintlich plausiblen Grund jederzeit wieder betreten kann.

b) Bereitlegen von Diebesgut für einen Mittäter

Eine Variante zu der oben geschilderten Methode besteht darin, dass das Diebesgut an einem vereinbarten Ort für einen Mittäter zur Abholung bereitgelegt wird. Dieser kann – z. B. als Kunde getarnt – das Geschäft betreten oder aber selbst Mitarbeiter des Unternehmens sein (evtl. aus einer anderen Abteilung). Hierbei wird der Artikel, der dann entwendet werden soll, durch den Mitarbeiter entsprechend präpariert. Dies kann dadurch erfolgen, dass das Etikett ausgewechselt oder ein Sicherungsetikett entfernt wird, oder auch dadurch, dass ein wertvollerer Artikel in die Verpackung eines billigen Artikels gesteckt wird, wobei diese Packung dann wieder verschlossen wird, sodass er originalverpackt aussieht. Diese solcherart präparierten Artikel werden nun unauffällig – gemäß der Absprache mit dem späteren Abholer – markiert: sei es, dass ein Kreuz oder ein Punkt auf die Verpackung gemalt wird, dass zwei Etiketten »versehentlich« nebeneinander kleben oder dass ein zusätzlicher Aufkleber (»Vorsicht! Zerbrechlich!«) mit angebracht wird. Diese Artikel werden dann in dem entsprechenden Regalfach ganz nach hinten geräumt, um damit zu vermeiden, dass die Ware von einem ahnungslosen Kunden mitgenommen wird. Wenn also ein Mitarbeiter Ware entsprechend umräumt oder in einem Fach ein Karton mit Kugelschreibermarkierung liegt, müssen geeignete Überprüfungen und ggf. eine verdeckte Überwachung der Örtlichkeit

Manche Täter legen Waren so bereit, dass ein Mittäter sie unauffällig mitnehmen kann

veranlasst werden. Dazu gehört auch, den Inhalt der »verdächtigen« Kartons unauffällig zu kontrollieren, wobei sorgfältig darauf zu achten ist, keine eigenen Spuren zu hinterlassen oder Spuren des Täters zu vernichten.

c) Anderweitiges Bereitlegen von Diebesgut

Auch das Kassenpersonal sollte beobachtet werden

Immer wieder kann man in Kaufhäusern mit Abteilungskassen eine spezielle Art der Vorbereitung von Personaldiebstählen beobachten: Dazu wird Ware in den Ablagefächern unterhalb der Kassentische deponiert. Dies geschieht entweder, indem ein Mittäter mit der Ware zur Kasse kommt und dann so tut, als habe er nicht genügend Geld dabei (»Legen Sie mir bitte diesen Artikel kurz zur Seite; ich besorge nur schnell Geld aus dem Bankautomaten«), oder aber der Kassierer bringt die Ware selbst an die Kassenbox, wo er sie »für einen Kunden reservieren soll, der im Laufe des Tages die Ware abholen möchte«. Wird das Ablegen der Ware unter dem Kassentisch vermeintlich nicht bemerkt oder nicht beanstandet, so kann der Kassierer in aller Ruhe die Gegenstände später unauffällig dem Mittäter (dem vermeintlichen Kunden) übergeben, sobald dieser an der Kasse etwas anderes bezahlt. Daher ist besondere Aufmerksamkeit geboten, wenn festgestellt wird, dass an Kassen – zumindest außerhalb der für zurückgelassene Waren vorgesehenen Sammelkörbe – Waren deponiert sind! Bereits bei der Einstellung ist das Kassenpersonal in der Dienstanweisung für Kassenkräfte verbindlich anzuweisen, keinerlei Waren in den Kassenboxen zurückzulegen.

Ein Beispiel aus meiner polizeilichen Praxis:

> In einem Modehaus in der Münchner Innenstadt wird ein Kunde beobachtet, der an die Abteilungskasse der Strickwarenabteilung im Erdgeschoss kommt. Er legt einen im Winterschlussverkauf stark reduzierten Pullover zur Bezahlung vor. Einem Mitarbeiter fällt auf, dass sich die Kassiererin zum Verpacken des Pullovers unter die Kassentheke beugt. Dort hantiert sie kurze Zeit herum und reicht dann dem Kunden eine prall gefüllte Einkaufstasche über den Zahltisch. Bei einer außerhalb des Geschäftes durchgeführten Kontrolle des Kunden stellt sich heraus, dass außer dem Pullover noch ein wertvoller Hosenanzug mit in der Tüte ist, für den der

Kunde keinen Kaufnachweis erbringen kann. Die weiteren Ermittlungen ergeben, dass der »Kunde« der Ehemann der Kassiererin ist. Daraufhin wird sofort die Polizei verständigt, die eine Wohnungsdurchsuchung anordnet. Bei dieser kommt ein verblüffendes Ergebnis zutage: In der Drei-Zimmer-Wohnung des Ehepaares lagern Waren im Einkaufswert von rund 175.000 € – alle mit Originaletiketten des Modehauses! Die Räume sind vollgestopft mit Bekleidungsstücken aller Art. Vom Kopftuch angefangen bis hin zum Smoking, Hosen, Hemden, Röcke, Pullover, Sakkos, Mäntel, Dirndl – insgesamt mehr als 1.400 Oberbekleidungsstücke und zahllose Accessoires! Das Ehepaar gesteht, dass die Frau seit mehr als drei Jahren in den Vormittagsstunden, wenn die übrigen Mitarbeiter in der Kaffeepause waren, die ausgewählten Sachen in ihrer und in den benachbarten Abteilungen zusammensammelte und in ihrer Kassenbox deponierte und ihr Mann dann als vermeintlicher Kunde die Waren mitnahm.

Fällt einer Kassenkraft an der Zahltheke die gerade für einen Kunden eingepackte Ware versehentlich in die Kassenbox und kann man von außen nicht beobachten, wie sie diese Ware aufhebt, so ist an die Möglichkeit zu denken, dass beim Aufheben die Ware gegen andere Ware, die bereits vorbereitet wurde, ausgetauscht wird. Derartige Einkäufe sollten daher – am besten außerhalb des Sichtbereiches der Kassenkraft – genau kontrolliert werden.

d) Austausch von Ware zwischen den Abteilungen

Eine häufig zu beobachtende Methode, kostenlos an Ware aus anderen (oft benachbarten) Abteilungen zu gelangen, ist die des »Warentausches«. Bei dieser Methode wirken mindestens zwei Angestellte mit; aber es kommt auch vor, dass die Zahl der Beteiligten zehn oder mehr Personen erreicht. Immer wieder ergeben Ermittlungen, dass regelrecht organisierte Gruppen von Angestellten in einer Art Ringtausch nahezu alles beschaffen, was in einem Geschäft angeboten wird.

Dieser »Warentausch« funktioniert folgendermaßen: Ein Mitarbeiter bringt einen Artikel aus »seiner« Abteilung zu seinem Mittäter in dessen Abteilung. Begründet wird dies – falls jemand nachfragt – damit, dass der Kollege den Artikel gewissermaßen bestellt habe. Er bezahle ihn kurz vor Feierabend an der Personalkasse. Damit zwischenzeitlich der Artikel nicht von einem anderen Kunden gekauft werden könne, verbringe man die reservierte Ware zur Sicherheit gleich zum Kollegen. Hat der Kollege den gewünschten Artikel erst einmal in seinem Gewahrsam, kann er ihn im Laufe des Tages nach Belieben unauffällig in eine Packung eines billigeren Produktes verpacken, billiger auszeichnen, an Mittäter billig oder kostenlos abgeben oder er kann die Sicherungsetiketten entschärfen. Es soll daher in allen Fällen, in denen derartige Warentransporte festgestellt werden, eine verdeckte Überwachung dieser Artikel erfolgen, die ggf. mit einer Ausgangskontrolle verbunden werden muss.

Auch dazu ein Beispiel aus der Praxis:

In einem großen Kaufhaus in München werden auf einen Schlag 21 Auszubildende festgenommen, die ein Jahr lang – noch nachweisbar – Waren im Wert von über 50.000 € auf die beschriebene Art »getauscht« hatten! Die Bestellungen wurden während der gemeinsamen Unterrichte weitergegeben, die Waren durch einen Lagerboten verteilt.

e) Sonstige Verdachtsmomente

Neben den bereits erläuterten Handlungsweisen sollten die nachfolgend beschriebenen Verhaltensweisen Anlass für Überlegungen sein, ob gezielte Überwachungs- oder Kontrollmaßnahmen erforderlich sind:

- ein Mitarbeiter verlässt häufig während der Arbeitszeiten seinen Arbeitsplatz;

- ein Mitarbeiter bemüht sich auffällig darum, Arbeiten erledigen zu können, mit deren Durchführung bereits ein anderer Mitarbeiter beauftragt wurde (Mülltransport, Abholung von Waren aus dem Lager u. Ä.);

- häufiger Besuch von Bekannten, Verwandten, Freunden am Arbeitsplatz oder die Mitnahme von Betriebsfremden ohne plausible Begründung in Bereiche, die für Kunden nicht zugänglich sind;

- eine Kassenkraft soll früher als geplant zur Pause abgelöst werden, weigert sich aber, so kurzfristig und unvorhergesehen in die Pause zu gehen (hier besteht die Möglichkeit, dass an der Kasse manipuliert wurde und dass dies bei der überraschenden Übergabe der Kasse bemerkt werden könnte);

- ein Mitarbeiter hält sich immer wieder in anderen Abteilungen auf, ohne dass es dafür eine dienstliche Notwendigkeit gibt;

- Mitarbeiter bringen immer wieder Taschen unter den verschiedensten Vorwänden mit in den Verkaufs- oder Lagerbereich;

- Mitarbeiter, die die Firma nicht über den vorgeschriebenen Personalausgang verlassen, sind zu kontrollieren;

- Mitarbeiter halten sich wiederholt in anderen Abteilungen auf, ohne die vorgeschriebene Firmenkleidung zu tragen;

- Mitarbeiter halten sich häufig tagsüber ohne ersichtlichen Grund in der Personalgarderobe auf.

Bei festgestellten Manipulationen aller Art sind sofort geeignete Maßnahmen (z. B. Observation, fotografische Dokumentation, Spurensicherungsmaßnahmen, unauffällige Personalienfeststellung von unverdächtigen Zeugen u. v. a. m.) durchzuführen. Wird festgestellt, dass zwei oder mehrere Mitarbeiter gemeinsam eine Straftat begangen haben, so ist zu gewährleisten, dass beim Einschreiten alle beteiligten Mitarbeiter gleichzeitig angesprochen und in das Vernehmungsbüro verbracht werden können.

Getrennte Vernehmungen von gemeinsam als Ladendieb handelnden Mitarbeitern

Gelingt dies nicht oder besteht der Verdacht, dass weitere, nicht angetroffene Mittäter – auch solche, die nicht zum eigenen Unternehmen gehören – durch die Aktion gewarnt worden sind, ist zu prüfen, inwieweit sofortige weitere Maßnahmen durch die Polizei veranlasst werden müssen (z. B. Wohnungsdurchsuchungen bei Mittätern). Werden tatverdächtige Mitarbeiter zur Vernehmung in das Vernehmungsbüro gebeten, ist durch geeignete Maßnahmen (z. B. räumliche Trennung) sicherzustellen, dass keinerlei Absprachen oder gegenseitige Beeinflussung (z. B. Bedrohung aussagebereiter Mittäter) möglich sind. Sollte zur Bestätigung eines Verdachtes zunächst nur ein Mitarbeiter gehört werden, so ist sicherzustellen, dass die übrigen Mitarbeiter dessen Mitnahme zur Befragung nicht mitbekommen können. Der Mitarbeiter ist ggf. unter einem unverfänglichen Vorwand von seiner Arbeitsstelle wegzuholen.

2.1.3 – Verdächtiges Verhalten von Fremdpersonal

Auch Fremdpersonal kann einen Diebstahl begehen

Um eine wirksame Kontrolle von Mitarbeitern fremder Unternehmen, die im Bereich der eigenen Firma tätig sind (sogenanntes Fremdpersonal), zu gewährleisten, ist Grundvoraussetzung, dass dem Fremdpersonal verbindliche Verhaltensregeln in Form von Dienstanweisungen (»Hausordnung«) in Absprache mit der jeweiligen Entsenderfirma vorgegeben werden. Fremdpersonal soll immer dann genau überprüft werden, wenn es diesen verbindlichen Anordnungen zuwiderhandelt. Dies gilt ganz besonders dann, wenn es die vorgeschriebenen Ausgänge nicht benutzt oder nicht als Fremdpersonal erkennbar ist (fehlender Anstecker bzw. fehlende Firmenkleidung). Stets ist auch an die Möglichkeit der Zusammenarbeit mit dem eigenen Personal in Diebstahlsabsicht zu denken. Besondere Aufmerksamkeit ist dann geboten, wenn Angehörige einer Fremdfirma mit eigenen Mitarbeitern intensive Kontakte pflegen, obwohl sie sich angeblich weder privat kennen noch im dienstlichen Bereich miteinander zu tun haben.

2.1.3.1 – Verdächtiges Verhalten von Lieferanten

Misstrauen ist immer dann angezeigt, wenn der Lieferant bei Warenanlieferungen auf Eile drängt, wenn es um Warenabnahme bzw. Kontrolle der Waren geht. Dies vor allem dann, wenn der Lieferant zur gewohnten Zeit erscheint und bei früheren Anlieferungen ruhig und gelassen war. Vorsicht ist auch dann angeraten, wenn der Lieferant mitten in der Warenabnahme durch scheinbar unmotivierte Handlungen (plötzliches Anbieten neuer Produkte, Hinweise auf andere Lieferanten, die sich »verdächtig benommen« haben u. Ä.) die Aufmerksamkeit des Kontrolleurs ablenken will. Ebenfalls ein Grund für eine besonders genaue Kontrolle ist immer dann gegeben, wenn irgendwelche Abweichungen der Lieferung von der Bestellung vorliegen. Dies könnte damit begründet werden, dass nur eine Teillieferung erfolge, mit dem Hinweis, dass der Rest mit der nächsten Lieferung gebracht würde. Werden die Lieferscheine dann berichtigt, ist darauf zu achten, dass die Eintragungen mit Kugelschreiber erfolgen und dass auf der eigenen Ausfertigung der Lieferant deutlich erkennbar unterzeichnet. Besondere Vorsicht ist immer dann angebracht, wenn der Lieferant irgendwelche Berichtigungen an Lieferscheinen vornehmen soll und er »aus Versehen« nur einen Bleistift dabei hat, mit denen er die Änderungen einträgt. Wenn ein Lieferant ausschließlich Waren für das eigene Unternehmen geladen hat und im Anschluss keine weitere Filiale mehr beliefert werden soll, ist darauf zu achten, dass nach der Beendigung des Liefervorganges keine Waren mehr auf der Ladefläche verbleiben. Ist dies dennoch der Fall, sind diese Waren zu überprüfen. Die Lieferfirma ist – unter Angabe der festgestellten Waren – darüber zu informieren. Kontrolliert werden sollen auch Behältnisse, die auf der Ladefläche festgestellt werden, ohne dass sie zum üblichen Liefergut gehören und ohne dass für das Vorhandensein derartiger Behälter ein plausibler Grund besteht (Holzkisten im Kühltransporter, Ballonflaschen im Brotlieferwagen). Kontrollen sind auch angesagt, wenn z. B. in einem Lebensmitteltransportanhänger in einer Ecke ein hoher Stapel Decken schlampig aufgetürmt ist. Über die Berechtigung zur Kontrolle von Fremdlieferfahrzeugen ist mit den Lieferfirmen vorab eine verbindliche Regelung zu treffen, die besagt, dass bei festgestellten Verdachtsmomenten die ausdrückliche Berechtigung erteilt wird, Fahrzeuge und Behältnisse der Lieferfirma durch hauseigenes Sicherheitspersonal überprüfen zu lassen.

Der Trick mit dem Bleistift

Misstrauen ist ebenfalls angebracht, wenn ein Lieferant freiwillig Arbeiten übernimmt, die nicht zu seinen Aufgaben gehören und die ansonsten durch eigenes Personal erledigt werden müssten (Transporte von Waren von der Rampe ins Lager, Einräumen von Regalen u. Ä.).

2.1.3.2 – Sonstige Auffälligkeiten bei Fremdpersonal

Wenn Personal anderer Firmen im eigenen Unternehmen eingesetzt wird (z. B. Kommissionäre oder Arbeiter, die mit Reparaturarbeiten beauftragt sind), ist dafür Sorge zu tragen, dass diese Personen durch entsprechende Arbeitskleidung oder deutlich erkennbare Ansteckschilder als Fremdpersonal kenntlich sind. Wird entsprechendes Personal ohne Arbeitskleidung oder Firmenanstecker angetroffen, sollten diese Personen – zumindest nach erfolgter Belehrung im Wiederholungsfall – genauer überprüft werden. Eine Überprüfung sollte ebenfalls erfolgen, wenn Fremdpersonal in Bereichen festgestellt wird, die mit dem eigentlichen Auftrag in keinem Zusammenhang stehen (Maler ist mit Renovierungsarbeiten in der Kantine beauftragt und taucht plötzlich im Lager auf).

Kommissionäre müssen bei auffallend häufigem Transport von Waren überprüft werden

Kommissionäre, die – täglich mehrfach – immer wieder kleine Mengen an Waren von ihrem Lagerplatz holen, sind anzuweisen, den Tagesbedarf nach Möglichkeit auf einmal oder zumindest in wenigen, größeren Posten in den Verkaufsstand zu schaffen. Wiederholen sich dennoch die »Kleinstmengentransporte«, so soll die transportierte Ware einer genauen Kontrolle unterzogen werden. In Kommissionärsständen darf ausschließlich Kommissionärsware gelagert sein. Sollte Ware aus dem eigenen Unternehmen am Kommissionärsstand festgestellt werden, besteht der Verdacht, dass der Kommissionär diese Ware auf eigene Rechnung an seinem Stand an Kunden verkaufen wird. Dementsprechend sind sofort Observationsmaßnahmen oder Testkäufe einzuleiten. Wenn Reinigungs- oder Reparaturarbeiten durch Fremdfirmen durchgeführt werden, ist zu prüfen, ob das mit in den Verkaufsraum genommene Gerät und Material üblicherweise für die vorgesehenen Arbeitern geeignet und erforderlich ist (Fensterputzer schiebt Bohnermaschine in den Verkaufsraum; Fliesenleger hat Schweißapparat dabei). Grundsätzlich gilt auch hier wieder: Jedes von der üblichen Norm abweichende Verhalten sollte Anlass zu einer genaueren Überprüfung oder einer gezielten Kontrolle geben.

2.2 – Die Tatausführung

Es wäre unseriös und geradezu vermessen, wollte diese Abhandlung über die verschiedenen Arbeitsweisen von Straftätern (Modus Operandi) Anspruch auf Vollständigkeit erheben. Denn ebenso vielgestaltig wie die Straftäter selbst sind auch ihre Methoden, einen Diebstahl oder einen Betrug auszuführen. Dazu kommt natürlich der Umstand, dass die Tricks und Kniffe von Straftätern immer weiter verändert und verfeinert werden, genauso wie immer neue Techniken und Methoden zur Diebstahlsbekämpfung ersonnen und eingesetzt werden. Zu denken ist hier etwa an die Einführung der elektronischen Warensicherungsanlagen, die zunächst zu erstaunlichen Erfolgen führte, solange diese Technik in der Öffentlichkeit noch nicht bekannt war. Nachdem diese Art der Diebstahlssicherung jedoch in Diebeskreisen schnell bekannt wurde, begann man nachzudenken (und auszuprobieren!), wie man derartige Anlagen überlisten konnte. Das hat dazu geführt, dass die verschiedensten Methoden zu ihrer Überwindung entwickelt und natürlich auch angewendet wurden. Das bestätigt einmal mehr, dass auch Straftäter aus Fehlern lernen. Dennoch kann man in der Praxis immer wieder feststellen, dass es eine Reihe von Taten gibt, die sich von der Tatausführung her ähnlich sind. Dabei kann man nach bestimmten Vorgehensweisen unterschieden, die sich wiederum in Gruppen zusammenfassen lassen.

Genauso wie die Aufklärungsmethoden haben sich auch die Tricks und Kniffe der Diebe mit der Zeit verändert

Im vorliegenden Kapitel werden typische Begehungsweisen vorgestellt, wobei unterschieden wird zwischen Straftaten von Kunden und solchen, die vom Personal begangen werden. Dabei wurden in die Gruppe der Personaldiebstähle nur solche Begehungsweisen aufgenommen, die aufgrund bestimmter Voraussetzungen nur vom Personal begangen werden können. Wenn eine Tat sowohl durch Kunden als auch durch Mitarbeiter ausgeführt werden kann, erfolgt ihre Darstellung im Abschnitt »Kundendiebstähle durch Einzeltäter« bzw. im Abschnitt »Kundendiebstähle, begangen in Mittäterschaft«. Als weiteres Unterscheidungskriterium wurde die strafrechtliche Unterteilung in Diebstahls- und Betrugshandlungen übernommen, die hinsichtlich der »Qualität« und zum Teil im Hinblick auf die eingesetzte kriminelle Energie unterschiedlich zu bewerten sind. Dem Trickbetrug wurde als besonderer Form der Eigentums- und Vermögensdelikte (mit teilweise fließenden Übergängen zum Trickdiebstahl) ein eigener Abschnitt gewidmet, wobei gerade beim Trickbetrug nur eine äußerst unvollständige Übersicht über die Methoden der Straftäter möglich ist. Denn der Trickbetrüger bezieht stets die vorgefundenen örtlichen, personellen und technischen Gegebenheiten mit in seine Planung ein, wobei derartig viele Kombinationsmöglichkeiten dieser drei Faktoren denkbar sind, dass sich dies in der vorliegenden Abhandlung nicht darstellen ließe.

2.2.1 – Kundendiebstähle durch Einzeltäter

Im Kapitel Recht wird näher beschrieben werden, dass der Diebstahl die Wegnahme einer fremden beweglichen Sache in rechtswidriger Zueignungsabsicht voraussetzt. Wie ebenfalls im Kapitel Recht erläutert wird, gilt nach höchstrichterlicher Rechtsprechung ein Diebstahl bereits dann vollendet, wenn in einem Geschäft ein kleinerer Gegenstand vom Täter so verborgen wurde (z. B. in der Bekleidung), dass dieser Gegenstand üblicherweise beim normalen Bezahlen an der Kasse nicht mehr entdeckt werden würde. Dies kann in der Praxis gelegentlich zu Missverständnissen führen. Zur eigenen Sicherheit sollte daher bei Zweifelsfällen mit der Anhaltung eines Tatverdächtigen solange gewartet werden, bis dieser die Etage bzw. die SB-Verkaufsfläche verlassen hat. Sollte ein Zuwarten jedoch nicht zweckmäßig (Täter wird in dem Moment überrascht, in dem er Ware einsteckt) oder nicht verhältnismäßig sein (Täter steckt eine Tube Zahncreme ein und hält sich anschließend zwei Stunden lang im SB-Markt auf, ohne Anstalten zu machen, an die Kasse zu gehen), so kann der Täter noch innerhalb der Verkaufsfläche angehalten werden. Die Anzeige ist dann nicht wegen versuchten, sondern wegen vollendeten Diebstahls zu erstatten. Dabei ist auf den besonderen Umstand, der zur Anhaltung an Ort und Stelle Anlass gegeben hat, kurz einzugehen.

In Fällen, in denen vom Sicherheitsverantwortlichen eine strafrechtlich sichere Zuordnung eines Sachverhaltes zu einer Straftat (Betrug, Trickdiebstahl oder Unterschlagung) nicht vorgenommen werden kann, wird Anzeige wegen Verdachts derjenigen Straftat erstattet, die vom momentan bekannten Sachverhalt her am ehesten zutrifft. Bei der Anzeigenerstattung in Fällen des Diebstahls von geringwertigen Sachen ist daran zu denken, das ein Strafantrag erforderlich ist, wobei nach dem derzeitigen Stand der Rechtsprechung (2011) die Grenze der Geringwertigkeit immer noch bei 50 € liegt.

2.2.1.1 – Einstecken von Ware in die Kleidung

Diese Methode ist die unkomplizierteste und sicherlich am meisten verbreitete Art und Weise, in der Ladendiebe ihre Beute verstecken. Zugleich birgt diese Methode für den Täter, wenn er beim Einstecken der Ware nicht beobachtet wurde und wenn diese nicht mithilfe elektronischer Sicherungsetiketten gesichert ist, ein verhältnismäßig geringes Entdeckungsrisiko beim Verlassen des Geschäftes. Denn eine routinemäßige Kontrolle der Bekleidung von Kunden ist nicht zulässig.

Waren einfach einzustecken, ist die häufigste Form des Ladendiebstahls

a) Durchführung

Die auserwählte Diebesbeute wird entweder direkt aus dem Regal genommen und sofort an Ort und Stelle – ggf. mitsamt der Verpackung – unter der Kleidung verborgen; oder der Täter bereitet die Ware im Regal vor, indem er sie zunächst aus der Verpackung nimmt und damit das Volumen seiner Beute verkleinert. Zugleich vermindert er damit unter Umständen das Risiko, durch eine elektronische Warensicherungsanlage entlarvt zu werden. Schließlich bietet das Herausnehmen des Diebesgutes aus der Verpackung auch den Vorteil, dass die Zuordnung der Ware ohne Packung und Etikett zumindest erheblich erschwert wird, falls das Diebesgut beim Täter gefunden wird. Diese Methode, Ware direkt am Regal einzustecken, wird vor allem in den herkömmlichen Warenhäusern und Geschäften praktiziert, da die Mitnahme der Ware in eine andere Abteilung oder in eine andere Etage eventuell auffallen würde. Im SB-Verkauf wird dagegen die Ware bevorzugt zunächst in einem Einkaufswagen – seltener auch in der Hand – in eine andere, für die Ausführung des Diebstahls günstigere Abteilung gebracht. Erst dort wird dann in einem passenden Moment die Ware eingesteckt. Häufig werden auch bei dieser Variante die Waren in den SB-Kaufhäusern vor dem eigentlichen Diebstahl aus der Verpackung genommen. Die leere Verpackung bleibt entweder im Einkaufswagen zurück (so zurechtgelegt, dass man das Fehlen des Inhaltes nicht sofort bemerken kann), oder aber die Verpackung verschwindet zwischen anderen Waren oder unter einem Regal.

b) Besonderheiten

Manche Täter verwenden speziell präparierte Mäntel, Kleiderschürzen (sogenannte Diebesschürzen) oder ähnliche Kleidungsstücke, die mit Durchgreiföffnungen, eingenähten, großen Innentaschen oder Hakenleisten zum Anhängen von Diebesgut ausgestattet sind. Wird bei einem Täter ein derartiges Kleidungsstück festgestellt, kann man davon ausgehen, dass es sich bei ihm um einen professionellen Ladendieb handelt. Eine solche gewerbsmäßige Begehungsweise rechtfertigt es, den Täter wegen des Verdachts des Diebstahls in besonders schwerem Fall anzuzeigen. (gewerbsmäßige Begehungsweise: Verdacht des Diebstahls in besonders schwerem Fall). In solchen Fällen sollte unbedingt die Polizei zur Identitätsüberprüfung angefordert und um die Vornahme einer Wohnungsdurchsuchung ersucht werden. Derartigen Tätern sollte man natürlich in jedem Falle ein unbefristetes Hausverbot erteilen.

Unter Bekleidung im weitesten Sinne sind auch folgende Gegenstände zu verstehen, die gern als Versteck für Diebesgut verwendet werden:

- Kopfbedeckungen aller Art;

- Gipsverbände und Armtrageschlaufen (wobei diese Verbände nicht nur zur Aufnahme von Diebesgut geeignet sind, sondern mitunter ein scheinbar starr eingegipster Arm in Wahrheit unter dem Mantel verborgen darauf wartet, bei passender Gelegenheit nach Beute zu greifen; denn kaum jemand wird einen Kunden des Diebstahls verdächtigen, wenn dieser einen Arm in Gips hat und mit der anderen Hand eine schwere Tasche trägt!);

- Stiefelschäfte;

- weite Schals.

Auch bei scheinbar leichtester Kleidung ist nicht auszuschließen, dass darunter noch Diebesgut verborgen wird.

Dazu wieder ein Fall aus meiner eigenen Praxis als Kaufhausdetektiv:

> Ich beobachtete in einem SB-Kaufhaus einen Kunden, der ein wertvolles Autoradio im Schutz eines schwer einsehbaren Gangs der Teppichabteilung aus der Hartplastikpackung riss und die Verpackung unter ein Regal schob. Gleich darauf verließ der Kunde den Regalgang mit leeren Händen und steuerte die Kassenzone an. Eine eilig mit Kollegen durchgeführte Absuche des fraglichen Ganges führte zwar zur Auffindung der Verpackung, nicht aber zur Auffindung des Radios. Der Kunde verließ den Markt, ohne etwas zu bezahlen. Er trug nichts in den Händen und hatte lediglich eine Jeans, ein kurzes T-Shirt und Turnschuhe an – von dem Autoradio keine Spur! Der Kunde wurde angehalten und in das Büro der Sicherheitsabteilung begleitet. Hier erklärte er ruhig, dass er zwar das Radio ausgepackt und betrachtet, es jedoch dann, da es ihm nicht zusagte, einfach irgendwo unter die Teppiche geschoben habe. Zwei Mitarbeiter der Sicherheitsabteilung und zwei Verkäufer der Teppichabteilung machten sich daraufhin nochmals auf die Suche nach dem Gerät – es blieb jedoch spurlos verschwunden.
>
> Währenddessen war der Kunde die ganze Zeit über in einer Ecke des Vernehmungsbüros gestanden. Jetzt wurde er aufgefordert, sich zu setzen, bis endgültig geklärt sei, was in seiner Sache weiter veranlasst werden sollte. Da weigerte sich der Kunde auffällig, Platz zu nehmen. Nach längerem Hin und Her erklärte er schließlich, dass er – da er ja nichts gestohlen habe, »wie Sie ja deutlich sehen können« – nunmehr gehen werde. Dies wurde ihm verwehrt und es kam schließlich zu Handgreiflichkeiten, die dazu führten, dass der Verdächtige mit sanftem Nachdruck auf einen Stuhl gesetzt wurde. In diesem Moment wölbte sich das T-Shirt nach außen und darunter kam das Autoradio zum Vorschein! Der Täter hatte es schlicht und einfach vorne in den Hosenbund gesteckt, den Bauch eingezogen und das T-Shirt locker darüber fallen lassen – und niemand hatte es bemerkt!

Daran sollte man denken, wenn man einmal partout keine Erklärung für den Verbleib von Diebesgut finden kann, und deshalb im Zweifel stets die Polizei hinzuziehen, um einen Tatverdächtigen durchsuchen zu lassen.

2.2.1.2 – Einstecken von Diebesgut in Taschen

Ähnlich wie im vorigen Kapitel behandelt, wird die Ware entweder sofort oder aber erst nach einer mehr oder weniger aufwändigen Vorbereitung in die mitgeführte Tasche gesteckt. Beim Einpacken von Diebesgut in Taschen wird die Verpackung allerdings seltener entfernt, als dies beim Einstecken der Ware in die Bekleidung der Fall ist.

Besonderheiten

Professionelle Täter erkennt man an den speziell angefertigten Vorrichtungen für die Tatausführung. Dann immer die Polizei hinzuziehen!

Immer öfter arbeiten professionelle Täter im Bereich des Ladendiebstahls. Auf einen Profi darf man schließen, wenn man einen Täter entdeckt, der elektronisch gesicherte Waren in seiner Tasche durch die Ausgangskontrolle bringt, ohne dass Alarm ausgelöst wurde. Überprüft man die Ware ohne die sie umgebende Tasche nochmals und spricht dabei der Alarm an, so kann man davon ausgehen, dass die Tasche speziell präpariert wurde. Dies kann eine Bleifolienummantelung sein, die unter dem Innenfutter der Tasche angebracht wurde, oder ein ähnliches Hilfsmittel. Andere Profis haben für den Bereich des Ladendiebstahls die sogenannten »Komm-mit-Koffer« von ihren »Kollegen«, den Gepäckdieben an Bahnhöfen und Flughäfen, übernommen. Diese Koffer oder Taschen sind in einer ganz speziellen Weise präpariert: Sie besitzen am Boden einen Öffnungsmechanismus, sodass die Tasche bzw. der Koffer in Sekundenschnelle über eine andere Tasche oder einen sonstigen Gegenstand gestülpt werden kann. Durch besondere Festhaltevorrichtungen im Innern dieser Behälter wird die Beute dann so fixiert, dass man sie hochheben und wegtragen kann. Der Einsatz derartiger Taschen oder Koffer kommt naturgemäß nur in herkömmlichen Geschäften in Betracht. Werden Täter festgenommen, die präparierte Taschen zur Ausschaltung der Warensicherungselektronik oder einen der beschriebenen Koffer verwendet haben, so ist **immer** die Polizei zu verständigen. Hier besteht der dringende Verdacht auf gewerbsmäßigen Diebstahl und damit erscheint eine sofortige Wohnungsdurchsuchung durch die Polizei zweckmäßig.

Als weitere Versteckmöglichkeiten für Diebesbeute kommen auch jene Behältnisse in Betracht, die bereits im Kapitel »Mitführen verdächtiger Gegenstände« genannt wurden. Ja, selbst die Pistolentasche eines uniformierten Bankwächters hat schon als Versteck für Diebesgut herhalten müssen.

2.2.1.3 – Umpacken von Waren

a) Austausch von Ware

Eine häufig angewandte Diebstahlsmethode besteht darin, Ware in fremder Verpackung durch die Kasse zu schmuggeln. Dazu wird entweder ein im Verkaufsraum vorgefundener leerer Karton verwendet, oder es wird aus einem Karton der Originalinhalt entnommen. In so einen Karton wird nun das Diebesgut gefüllt. Anschließend wird der Karton wieder verschlossen und mit dem Originalklebeband (oder einem passenden, mitgebrachten!) verklebt. Hierbei unterscheidet man wieder zwei grundsätzliche Begehungsweisen: Im ersten Fall wird der Packungsinhalt gegen einen ähnlichen Gegenstand vertauscht, sodass bei einer oberflächlichen Kontrolle der Unterschied nicht auffällt (billiges Handy wird gegen hochwertiges Smartphone, eine billige Märchen-CD gegen eine hochwertige Softwarediskette oder 19-Euro-Kopfhörer werden gegen solche im Wert von 150 € ausgetauscht). Damit verringert sich das Risiko des Täters vor Entdeckung. Zugleich bietet diese Methode eine plausible Ausrede (»Woher soll ich denn wissen, dass das ein teurer Kopfhörer ist – ich habe die Packung einfach aus dem Regal genommen.«). Im zweiten Fall wird ein völlig packungsfremder Inhalt in der Verpackung untergebracht (Autoradio in Römertopfschachtel; Laptop im Waschpulverkarton, luftdicht verpackte Lebensmittel im Farbkübel – *in der Praxis selbst erlebt!* – u. v. a. m.). Eine gängige Methode, umgepackte Waren abzutransportieren, wird im Abschnitt »Zwischenlagern von Ware« erläutert.

b) Zusätzliche Ware einpacken

Manchmal werden auch andere Waren mit in eine Verpackung gegeben

Eine andere Möglichkeit, Verpackungen für Diebstähle zu nutzen, besteht darin, zusätzliche Waren in die Verpackung zu geben. Dazu werden entweder Zubehörteile mit eingepackt, die extra bezahlt werden müssten, oder es werden artfremde Artikel mit dazu gepackt. Wenn zusätzliche Teile mit eingepackt werden (Batterien in eine Taschenlampe, Werkzeug in Werkzeugkoffer, Speicherkarte in Digitalkamera, zwei CDs in eine Hülle u. v. a. m.), ist das Risiko des Täters vor einer Entdeckung wiederum relativ gering, sofern nicht das Kassen- oder das Kassenkontrollpersonal über die einzelnen Artikel und den im Preis eingeschlossenen Zubehörumfang informiert ist. Darüber hinaus hat der Täter hierbei wieder die Möglichkeit, sich mit scheinbarer Unkenntnis herauszureden (»Ich habe mich noch geärgert, weil im Karton der Bohrmaschine kein Haltegriff war. Ich dachte, den hat jemand aus der Schachtel geklaut und deshalb habe ich mir einen anderen besorgt.«). In solchen Fällen ist es besonders wichtig, das Verhalten des Täters bei der Tatausführung genauestens in der Anzeige zu beschreiben (»Täter blickte sich ständig nervös um«, »Immer, wenn ein anderer Kunde den Gang betrat, legte er die Packung hastig in das Regal zurück, insgesamt viermal«, »Er riss das Zubehörteil aus einer Hartplastikverpackung, die mit einem Etikett versehen war, und versteckte die leere Packung unter einem Hochregal«). In allen Fällen, in denen Zweifel am Originalinhalt einer Verpackung bestehen (schiefe Klebestreifen, unpassend erscheinendes Gewicht, klappernder Inhalt, beschädigte Verschlüsse u. Ä.), hat das Kassenpersonal den Inhalt der Verpackung zu überprüfen; im Zweifelsfalle ist ein Fachverkäufer der entsprechenden Abteilung hinzuzurufen.

2.2.1.4 – Zwischenlagern von Ware

Waren werden für einen späteren Diebstahl markiert und zwischengelagert

Eine von Ladendieben oft praktizierte Methode zur Absicherung besteht darin, Ware zunächst im Verkaufsraum für den späteren Abtransport als Diebesgut vorzubereiten. Dies erfolgt z. B., indem die Ware umgepackt, umetikettiert oder auf andere Weise präpariert wird (Entfernung der Sicherungsetiketten u. Ä.). Danach wird der auserkorene Gegenstand vom Täter erst einmal wieder abgelegt. Dies geschieht entweder im richtigen Regal der entsprechenden Abteilung oder offen bzw. versteckt in einer beliebigen anderen Abteilung (soweit sich dort ein für seine Zwecke geeigneter Platz findet). Im Regelfall wird derartig präparierte Ware vom Täter noch mit einer unauffälligen Markierung versehen (z. B. durch einen Kugelschreiberpunkt, eine abgerissene Ecke der Verpackung o. Ä.). Legt der Täter die präparierte Ware in das Originalregal zurück, so wird die Ware ganz nach hinten geräumt, damit nicht zwischenzeitlich ein argloser Kunde diese aus Versehen mitnehmen kann.

Nun verlässt der Täter das Geschäft, wobei er sorgfältig darauf achtet, ob ihm jemand folgt. Ein Anhalten des Täters zu diesem Zeitpunkt wäre bereits möglich, da die Rechtsprechung diesen Fall grundsätzlich als strafbaren Versuch bewertet hat. Allerdings würde der Täter mit Sicherheit behaupten, dass er zwar die Absicht hatte, die Ware zu entwenden, dann aber aus freien Stücken die Ausführung des Diebstahls abgebrochen habe. Damit läge im Zweifelsfall ein strafloser Rücktritt vom Versuch vor. Diese – von der Staatsanwaltschaft zu beurteilende – Möglichkeit kann man jedoch dann sicher ausschließen, wenn man abwartet, ob die präparierte Ware zu einem späteren Zeitpunkt doch noch vom Täter abgeholt wird.

Problem

Hat ein Täter Ware entsprechend vorbereitet, bedeutet das nicht zwingend, dass er die Ware auch selbst zu einem späteren Zeitpunkt abholt. Vielmehr – weil dies für den Täter weit risikoloser ist – ist davon auszugehen, dass ein Mittäter, als argloser Kunde getarnt, die Ware abholen und zu dem verbilligten Preis auf der Verpackung bezahlen wird. Wird diese Ware später tatsächlich von einer anderen Person als dem Täter aus dem Regal genommen und an der Kasse zur Bezahlung vorgelegt (wobei der reguläre, auf der Packung vermerkte Preis entrichtet wird), so kann man grundsätzlich nicht ausschließen, dass der Käufer tatsächlich in gutem Glauben handelt und nur aus Zufall die Verpackung mit dem präparierten Gegenstand genommen hat.

Deshalb ist der Käufer so lange wie möglich nach dem Verlassen des Geschäftes zu observieren, um festzustellen, ob sich dieser Kunde mit dem Täter trifft oder nicht. Ist ein weiteres Zuwarten nicht mehr möglich und hat sich der Kunde nicht mit dem Täter getroffen, so ist der Kunde anzuhalten. Die Ware wird zurückgenommen, der (unrichtige) Kaufpreis erstattet und die Identität des Kunden festgestellt. Anschließend wird die Ware an ihren ursprünglichen Platz zurückgelegt und weiter observiert. Kommt der Täter nicht mehr zur Ware zurück, so wird wegen des Verdachts des versuchten Diebstahls die sogenannte »Strafanzeige gegen unbekannt« erstattet, wobei die Personalien des Kunden, der die Ware mitgenommen hatte, in der Anzeige mit vermerkt werden. Damit besteht für die Polizei die Möglichkeit, intern zu überprüfen, ob der bekanntgewordene Kunde bereits einschlägig in

Erscheinung getreten ist und ob bei anderer Gelegenheit dieser Kunde eventuell mit einem bekannt gewordenen Mittäter zusammengearbeitet hat, auf den die Beschreibung des vom Zeugen beobachteten Täters zutrifft.

Die zur Abholung vorbereitete Ware muss observiert werden, wobei die Abholung auch durch einen Mittäter erfolgen kann

Kommt dagegen der Täter später selbst zurück und holt die vom ihm präparierte Ware ab, so wird er dies zumeist absichern, indem er beim Betreten des Geschäftes in irgendeiner Weise auf sich aufmerksam macht (z. B., indem er den Mitarbeiter am Informationsstand nach der Uhrzeit oder nach der Lage der Abteilung fragt, in der er die präparierte Verpackung abholen wird). Dann wird er sich auf dem kürzesten Weg zu »seiner« Ware begeben und gleich darauf damit an der Kasse erscheinen. Dies macht er in der Absicht, im Falle seiner Entdeckung behaupten zu können, dass er gar nicht die Zeit gehabt hatte, die Ware umzupacken oder sonst zu präparieren, da er ja eben erst den Markt betreten habe. Als Zeugen dafür wird er dann den Mitarbeiter benennen, den er beim Betreten des Geschäftes nach der Uhrzeit gefragt hatte (oder dem gegenüber er in anderer Weise auffällig wurde). Wenn das Präparieren der Ware nicht auf Video aufgezeichnet wurde, ist in diesem Falle zu beachten, dass der Täter an der ausgetauschten Ware im Inneren der Verpackung Spuren (Fingerabdrücke, DNA) gesetzt haben wird. Diese Ware ist dementsprechend als Spurenträger zu kennzeichnen und zu behandeln

2.2.1.5 – Tarnung des Diebesgutes

Raffinierte Tricks zur Tarnung des Diebesguts

Gelegentlich wenden Ladendiebe spezielle Methoden an, um die Herkunft ihrer Diebesbeute im Falle einer Kontrolle zu verschleiern. Bevor das Diebesgut eingesteckt wird, erhält es z. B. einen fremden Herkunftsnachweis (etwa in Form eines mitgebrachten Etikettes einer anderen Firma, welches auf die Ware geklebt wird). Dabei achten Profis darauf, dass das von ihnen verwendete Etikett tatsächlich einen Preis ausweist, der in der Firma, dessen Etikett der Täter verwendet, für den entsprechenden Artikel zutrifft. Dies geschieht in der Absicht, bei einem entsprechenden Kontrollanruf nicht aufzufallen. Andere Täter präparieren ihr Diebesgut so, dass der Eindruck erweckt wird, als handele es sich um einen bereits gebrauchten Gegenstand, den der Kunde zu einem früheren Zeitpunkt im Geschäft erworben habe. So erhalten Textilien Soßenflecken (in einem Fall wurde ein Täter gestellt, der eine Phiole mit Bratensoße für diesen Zweck von zu Hause mitgebracht hatte!) oder Grasflecken (durch das Verwenden entsprechender »Zutaten« aus der Gemüseabteilung), Schuhsohlen werden an Regalkanten gescheuert (»Die habe ich schon auf der Straße getragen, Sie sehen doch die Kratzer.«), oder es werden Zigarettenschachteln aufgerissen und einige Zigaretten daraus entfernt.

Auch das Einritzen eines Monogramms oder das Einkleben einer Widmung »Für Hans zum Geburtstag, deine Gabi!« wurden schon beobachtet. Derartige Gegenstände und das zur Präparierung verwendete Material sind als Spurenträger zu behandeln und sicherzustellen (bzw. durch die Polizei sicherstellen zu lassen)! Wird ein Täter gestellt, der mit entsprechenden Tricks gearbeitet hat, besteht der Verdacht, dass es sich um einen gewerbsmäßig handelnden Täter handelt, weshalb die Anzeige wegen Verdachts des schweren Diebstahls erstattet werden sollte. Bei schwerwiegenden Fällen sollte **immer** die Polizei informiert werden, noch bevor der Täter wieder entlassen wird!

2.2.1.6 – Diebstähle in Anprobierkabinen

Im Zusammenhang mit Anprobierkabinen gibt es eine Reihe von Tricks, mit denen Täter versuchen, das Verkaufspersonal zu überlisten. Wenn Kabinen für die Kunden unbeaufsichtigt betretbar sind, werden die Teile, die entwendet werden sollen, in der Kabine einfach unter die eigene Kleidung angezogen oder in Taschen eingesteckt. Schließen die Kabinenrück- und Seitenwände mit dem Boden nicht bündig ab, so besteht eine weitere Möglichkeit der Manipulation darin, vor dem Anprobieren Bekleidungsstücke in der Nähe der Rückwände der Kabinen (außerhalb des Anprobierbereichs) so am Boden abzulegen, dass man diese Kleidungsstücke anschließend vom Inneren der Anprobierkabine aus erreichen und in die Kabine ziehen kann. Die so an der Aufsicht vorbeigeschmuggelten Kleidungsstücke können dann in Ruhe unter der eigenen Bekleidung angezogen und unbemerkt aus dem Geschäft geschafft werden.

Ebenfalls nicht selten ist dieser Trick: Es wird bereits im Vorfeld unter ein Kleidungsstück ein zweites auf den Bügel gehängt, und zwar so, dass man dieses zusätzliche Kleidungsstück nicht sehen kann. Dann wird das darüber hängende Teil der Aufsicht an den Anprobekabinen vorgezeigt. Das zweite Bekleidungsstück verschwindet während der »Anprobe« unter der eigenen Kleidung oder in einer Tasche. Beim Verlassen der Kabine wird das Kleidungsstück, mit dem man zur Anprobe gegangen ist, wieder vorgezeigt.

Es gibt verschiedene Tricks und Kniffe bei Diebstählen in Ankleidekabinen, die Sie kennen sollen

Ein anderer Trick ist der, eines der zur Anprobe mitgenommenen Kleidungsstücke vom Bügel zu nehmen und in der Ankleidekabine auf dem Boden liegend zurückzulassen. Nun geht man an der Aufsicht vorbei und versucht (durch die Wahl eines günstigen Zeitpunktes, in dem die Aufsicht von anderen Kunden abgelenkt wird) den Anprobierbereich unangefochten zu verlassen. Gelingt dies, so kehrt man kurz darauf mit den nächsten Kleidungsstücken zur Anprobe zurück und zeigt diese wiederum der Aufsicht vor. Nun sucht man die Kabine auf, in der noch das zuvor zurückgelassene Kleidungsstück liegt, und steckt dieses ein. Der Vorteil dieser Methode besteht darin, dass man – sollte die Aufsicht beim ersten Verlassen der Kabine das Fehlen eines Teiles bemerken – ganz unbedarft und erstaunt reagieren kann. Dazu erklärt man, dass das fehlende Teil wohl beim Verlassen der Kabine unbemerkt zu Boden gefallen sein muss. Dies bestätigt sich gleich darauf prompt, wenn Aufsicht und »Kunde« zusammen das Teil tatsächlich in der Kabine am Boden liegend auffinden. Niemand käme hierbei ernsthaft auf den Gedanken, den Kunden wegen eines versuchten Diebstahls anzuzeigen ...

2.2.1.7 – Sonstige Methoden

Neben den oben beschriebenen Methoden des Diebstahls gibt es noch eine Fülle weiterer Möglichkeiten, Diebstähle zu verüben. Selbstverständlich kann diese Ausarbeitung nicht alle denkbaren Methoden des Ladendiebstahls aufzeigen. Dies nicht zuletzt auch deswegen, weil durch immer rasantere Entwicklungen im Hightech-Bereich immer raffiniertere Tatbegehungsweisen entwickelt und angewendet werden. Dennoch soll dieses Buch Ihren Blick dafür schärfen, dass Täter in allen denkbaren Bereichen und mit allen denkbaren Tricks versuchen, Beute zu machen. Einige der gängigsten Methoden dazu werden im Folgenden kurz umrissen.

a) Verzehr von Speisen vor dem Bezahlen

Im Verkaufsraum werden Lebensmittel oder Getränke verzehrt. Die leeren Packungen werden weggelegt, die verzehrte Ware wird nicht bezahlt. Besonders häufig kann man dabei beobachten, dass Eltern ihren Kleinkindern Speisen und Getränke zum sofortigen Verzehr überlassen und dann die leeren Packungen nicht zurücknehmen (»Wo hast du das schon wieder her? Leg das wieder hin, wer weiß, wer das schon in der Hand hatte!«). Speziell bei Stadtstreichern beliebt ist auch ein kräftiger Schluck aus der Schnapsflasche, die dann wieder ins Regal zurückgestellt wird. Mit dem Weglegen der leeren oder angebrochenen Verpackung in der Verkaufsabteilung ist die Tat vollendet und damit kann der Täter noch im Verkaufsbereich angehalten und wegen vollendeten Diebstahls angezeigt werden.

Handeln schuldunfähige Kinder (Kinder bis zur Vollendung des 13. Lebensjahres) *mit Wissen und Billigung* (und nur dann!) der Eltern, sind die Eltern strafrechtlich für das Tun ihres Kindes verantwortlich und daher als Täter für diesen Diebstahl anzuzeigen.

Eltern haften für ihre schuldunfähigen Kinder

b) Unzulässige Benutzung von Notausgängen

Vor allem in SB-Kaufhäusern warten manche Täter einen günstigen Moment ab, um mitsamt der noch nicht bezahlten Ware den Verkaufsraum durch einen Notausgang zu verlassen. Sobald der Täter mit dem Diebesgut das Gebäude verlassen hat, ist der Diebstahl vollendet. Daher sollten alle Notausgänge alarmgesichert und möglichst durch Video überwacht sein. Das Personal ist unverzüglich mit entsprechenden Durchsagen vom Öffnen eines Notausganges zu informieren.

Notausgänge sichern, damit es keine Fluchtwege für Täter werden

c) Bereitlegen von Ware neben Absperrungen

In SB-Bereichen kommt es vor, dass ein Täter sein ausgewähltes Stehlgut in einem Einkaufswagen deponiert, den er nahe an eine Außenabsperrung einer SB-Abteilung heranschiebt und dort abstellt. Dann verlässt er die Abteilung ohne Ware durch die Kasse und begibt sich anschließend von außen an die Stelle der Verkaufsflächenabgrenzung, an der innen der abgestellte Einkaufswagen steht. Jetzt greift er über die Absperrung in den Wagen und holt den gewünschten Artikel heraus. Deshalb sind SB-Flächen entsprechend so zu begrenzen, dass derartige Möglichkeiten ausgeschlossen werden.

d) Anziehen von Kleidung oder Schuhen

Etiketten von teuren Schuhen, Jacken und Mänteln werden entfernt und diese dann angezogen

Eine sehr häufige – und quer durch alle Täterschichten beliebte – Arbeitsweise ist das Anziehen neuer Kleidungsstücke oder neuer Schuhe in Diebstahlsabsicht. Bevorzugte Beute bei dieser Methode sind hochwertige Outdoor- und Lederjacken, aber auch sonstige Jacken und Mäntel aller Art sowie teure Schuhe. Der Täter entfernt im Regelfall alle Sicherungs- und Firmenetiketten von dem ausgewählten Beutestück. Dies geschieht nicht selten mithilfe einer mitgebrachten Nagelschere oder eines Taschenmessers. Beliebt ist auch die Verwendung kleiner Tapeziermesser oder Saitenschneider. Nach dem Abtrennen der Etiketten zieht der Täter die Jacke oder die Schuhe in einem ihm günstig erscheinenden Moment an und verlässt seelenruhig die Abteilung, wobei die zuvor getragenen Sachen versteckt in der Abteilung zurückbleiben. Zudem ist in SB-Bereichen bei Ladendieben eine gängige Praxis, die auserkorene Jacke – mit allen Etiketten nach innen über den Bügel des Einkaufswagens hängend – zunächst aus der Textilabteilung herauszubringen und den Einkaufswagen einige Zeit durch den Laden zu schieben. Bei unbedarften Beobachtern entsteht dabei der Eindruck, dass es sich um die Jacke des Kunden handelt, die er im Geschäft lediglich ausgezogen hat. Das Entfernen der Etiketten erfolgt dann nach und nach, bis das Bekleidungsstück schließlich seelenruhig, auch mitten im Gewühl, übergezogen wird. Vermeintlich besonders raffinierte Täter stecken auch schon mal etwas Schmutz (z. B. Tabakkrümel) oder persönliche Dinge (eine ältere Tankquittung, Kleingeld, einen Liebesbrief von der Freundin) o. Ä. in die Taschen, um bei einer Kontrolle den Anschein zu erwecken, man habe das Kleidungsstück schon längere Zeit getragen.

Schuhe werden oftmals unmittelbar nach der Anprobe anbehalten, wobei die eigenen, meist alten Schuhe unauffällig in einer Schuhschachtel oder in einem Regal zwischen den neuen Schuhen zurückbleiben. Zurückgelassene Schuhe (aber auch Textilien aller Art) können als Spurenträger (DNA!) von Bedeutung sein. Sie sind daher im Zweifelsfalle als Beweismittel sicherzustellen.

e) Rekrutieren von Mittätern durch Drohungen

Es kommt vor, dass ein Mittäter zur Tat gezwungen wird

Der Täter sucht sich eine Person aus, die aufgrund bestimmter erkennbarer Eigenheiten offensichtlich leicht zu beeinflussen ist (bzw. durch Drohungen einzuschüchtern). Im Regelfall sind dies Kinder oder Jugendliche, die ihrerseits zuvor einen Diebstahl oder eine andere Straftat (z. B. eine Sachbeschädigung) begangen haben. Mit der Drohung, sie der Geschäftsleitung zu melden oder gar der Polizei zu übergeben – ggf. untermauert durch massive Bedrohungen wie »Niederschlagen« oder gar »Abstechen« und Ähnlichem für den Fall, dass der Angesprochene seine Mitwirkung verweigert –, veranlasst der Täter nun sein Opfer, für ihn einen Diebstahl zu begehen. Der Täter übergibt z. B. eine manipulierte Packung mit ausgetauschtem Inhalt oder einen umetikettierten Gegenstand an den Genötigten sowie das für die Bezahlung erforderliche Geld. Dann verlässt er den Verkaufsraum und postiert sich außerhalb des Kassenbereiches, wo er den Kassiervorgang genau beobachtet, um im Falle einer Entdeckung unauffällig zu verschwinden.

Bei der Behauptung des Täters, zur Tat gezwungen worden zu sein, muss die Polizei hinzugezogen werden

Die Beschreibung dieser Vorgehensweise erfolgte vor allem deshalb, da in der Praxis immer wieder ertappte Ladendiebe behaupten, durch Drohungen anderer Personen zum Diebstahl gezwungen worden zu sein. Derartige Behauptungen müssen sorgfältig überprüft werden. Meistens erweisen sie sich als Schutzbehauptung. Besteht jedoch die Wahrscheinlichkeit, dass der »Täter« tatsächlich zum Diebstahl gezwungen wurde, ist immer sofort die Polizei hinzuzuziehen, die geeignete Fahndungsmaßnahmen einleitet. In diesen Fällen ist manipuliertes Diebesgut als möglicher Spurenträger zu sichern und der Polizei mit einem entsprechenden schriftlichen (!) Vermerk zu übergeben.

Auch dazu wieder ein Fall aus meiner kriminalpolizeilichen Praxis:

> In einer polizeilichen Ermittlungssache gegen eine hochkriminelle Jugendbande (rund 100 Mitglieder) in der Münchner Innenstadt stellte sich heraus, dass sich die rund 30 Haupttäter pro Person bis zu drei sogenannte »Sklaven« gleichzeitig »hielten«, die durch massive Drohungen zu Straftaten, vor allem zu Kaufhausdiebstählen, gezwungen wurden. Als »Sklaven« wurden wehrlose Kinder und

Jugendliche rekrutiert, von denen einige aus Angst Hunderte von Straftaten begingen!

2.2.2 – Kundendiebstähle in Mittäterschaft

Ein erheblicher Prozentsatz von Diebstählen im Einzelhandel wird nicht von allein handelnden Tätern, sondern unter Mitwirkung anderer Personen verübt. Dies können sowohl Personen sein, die keinerlei Bezug zum bestohlenen Geschäft haben (andere »Kunden« etwa), als auch Mitarbeiter des Handelsunternehmens. Im Fachgebiet Recht wird erläutert, wann und in welcher Form (durch welche Handlungen) die Unterstützung eines Straftäters bei dessen Tat strafbar ist (z. B. durch Mittäterschaft, Anstiftung oder Beihilfe). Demnach begeht auch der Mittäter, Anstifter oder Gehilfe eine Straftat, weshalb die gegen einen Täter zulässigen Maßnahmen nach den sogenannten Jedermannsrechten auch gegen Mittäter, Anstifter oder Gehilfen zulässig sind. Eine Mitwirkung an einer Straftat kann z. B. durch das Leisten von Aufpasserdiensten (»Schmiere stehen«), durch gezielte Ablenkungsmanöver (Öffnen einer alarmgesicherten Tür, um Sicherheitspersonal abzulenken), durch das Gewähren von Deckung (Sichtschutz) oder durch jede andere Form aktiver Unterstützung erfolgen. Aber auch die Hilfe bei der Sicherung oder dem Verstecken der Beute (Begünstigung), das Vernichten von Spuren und Beweismitteln oder das Verschaffen eines falschen Alibis (Strafvereitelung) sowie das Abnehmen oder die Weitervermittlung der Tatbeute (Hehlerei) an Dritte sind Formen der strafbaren Mitwirkung. Als Faustregel gilt daher:

Sind mehrere Personen an der Tat beteiligt und lässt sich die Tatbeteiligung der einzelnen Personen nicht sofort und eindeutig klären bzw. zuordnen, so werden alle beteiligten Personen zunächst angehalten und nötigenfalls auch vorläufig festgenommen, bis – i.d.R. dann durch die Unterstützung der Polizei – die Art der Beteiligung geklärt ist!

Haben mehrere Täter bei einem Diebstahl zusammengewirkt und trennen sie sich nach der Tat, so ist – wenn nicht genügend Personal zur Verfügung steht, um alle Täter anzuhalten – nach Möglichkeit der Täter festzunehmen, der im Besitz der Tatbeute ist. Dies gilt dann wiederum nur mit Einschränkungen, wenn das Geschehen auf Video festgehalten wurde und die Beteiligung der anderen darauf ersichtlich ist.

2.2.2.1 – Bereitlegen von Waren für Mittäter

Das Bereitlegen von Ware für Mittäter kann auf zweierlei Art geschehen: einmal, indem die Ware aus der Abteilung herausgebracht (oder innerhalb der Abteilung an einem günstig erscheinenden Ort, z. B. in der Kassentheke, deponiert) und so vorbereitet wird, dass sie anschließend von einem Mittäter unauffällig übernommen und eingesteckt werden kann; oder aber dadurch, dass Ware in einen fremden Karton gepackt und dann im Regal zurückgelassen wird, wo sie später von einem Mittäter abgeholt wird. Wird bei Routinekontrollen (oder auch nach dem Hinweis von Mitarbeitern oder Kunden) derartig vorbereitete Ware entdeckt, sollte die Stelle, an der die Ware aufgefunden wurde, zunächst einige Zeit observiert werden, ehe man die Ware »aus dem Verkehr zieht«. Dabei müssen alle Gegenstände, die als Spurenträger in Betracht kommen können, sorgfältig als Spurenträger behandelt werden. Wird nämlich in der Folgezeit ein Täter ermittelt, der auf ähnliche Weise Waren bereitgelegt hat, so lassen sich unter Umständen die zuvor gesicherten Gegenstände anhand von Fingerabdrücken oder von DNA-Spuren (beides dann zu veranlassen über die Polizei) ebenfalls diesem Täter zuordnen.

Auch zu diesem Thema ein Beispiel aus meiner kriminalpolizeilichen Praxis:

> In einem bekannten Münchner Elektronikwarenhaus wurde von einem Detektiv zufällig auf einem Monitor beobachtet, dass ein Angehöriger der Serviceabteilung mit einem Karton durch den Verkaufsraum ging und diesen Karton in der Nähe des Infostandes hinter einer Säule abstellte. Bei der anschließenden verdeckten Kontrolle des Kartons stellte sich heraus, dass es sich um einen Druckerkarton handelte, der – laut Aufschrift – einen gebrauchten Drucker enthalten sollte. Die Serviceabteilung dieses Unternehmens durfte Geräte nach Reparaturen verbilligt auszeichnen

und als sogenannte »Reparaturware« in den Verkauf bringen. Diese Verpackungen wurden mit einem roten Paketband mit Firmenaufdruck verpackt und durch den Abteilungsleiter der Serviceabteilung ausgezeichnet. Bei der Überprüfung dieses Kartons staunte man nicht schlecht: tatsächlich enthielt der Karton, der mit 79 € ausgezeichnet war, EDV-Komponenten im Wert von 6.178 €! Die weiteren Ermittlungen ergaben einen unglaublichen Sachverhalt: Seit Jahren besorgte sich der Abteilungsleiter der Reparatur- und Serviceabteilung völlig offen in den unterschiedlichsten Abteilungen des Unternehmens elektronische Gerätschaften aller Art, jeweils mit dem Hinweis, diese Gerätschaften für Reparaturzwecke oder im Austausch für nicht mehr zu reparierende Kundengeräte zu benötigen. Für die Entnahme derartiger Geräte gab es keinerlei Vorschriften im Unternehmen! Die auf diese Weise besorgten Artikel verpackte der Abteilungsleiter in Schachteln billiger Artikel, verklebte sie mit dem roten Klebeband und ließ sie von Mittätern dann als »billige Gebrauchtware« an den Kassen bezahlen. Dazu hatte der Abteilungsleiter schließlich sogar Studenten, die im Lager nur aushilfsweise jobbten, gegen Bezahlung von jeweils 100 € dazu engagiert, nach vorgefertigten Bestelllisten Kartons zu füllen und im Verkaufsraum an vorbezeichneten Stellen abzulegen, wo sie später von Mittätern aufgenommen und an den Kassen bezahlt wurden. Und so merkwürdig es auch klingen mag: Es gab sogar die Anweisung der Geschäftsleitung, derartig gekennzeichnete Kartons an den Kassen nicht mehr zu öffnen und zu kontrollieren!

Jahre vor der Aufdeckung dieser Straftaten hatte die Ehefrau des Abteilungsleiters bereits ein Gewerbe zum Export von Elektronikartikeln angemeldet, und sie machte damit – trotz fehlender Einkaufsnachweise – einen glänzenden Umsatz! Das Exportunternehmen galt bald als Geheimtipp, da die Verkaufspreise der Artikel dort noch unter den Einkaufspreisen des Elektronikkonzerns lagen, aus dem letztlich die Waren stammten und der für seine konkurrenzlos billigen Preise Werbung machte! Die Schadenshöhe konnte nur mehr geschätzt werden; aufgrund der Inventurverluste, vor allem im Bereich der EDV-Abteilung, dürfte der Schaden jedoch mehr als fünf Millionen Euro betragen haben!

2.2.2.2 – Aufpasserdienste

Nicht einfach auf frischer Tat zu ertappen, sind Täter, die einen Aufpasser dabeihaben

Eine gängige Praxis bei der Zusammenarbeit von mehreren Tätern besteht in der Verteilung der Aufgaben, wobei einem Täter die Aufgabe des Absicherns (des »Schmierestehens«) zukommt. Dabei macht sich der Aufpasser – je nach seiner Absicht und der Intensität seiner Mitwirkung – der Mittäterschaft oder der Beihilfe schuldig. Der Mittäter schirmt den Haupttäter so ab, dass er während der eigentlichen Tatausführung nicht von anderen Kunden oder gar von Angehörigen des Personals überrascht werden kann. Dazu bezieht der Aufpasser eine Position, von der aus er Störenfriede entdecken und den Täter warnen kann, bevor dieser von den Herannahenden gesehen wird. Das Warnen kann durch die verschiedensten Zeichen oder Signale erfolgen (z. B. Husten, Räuspern, Losgehen, Jacke öffnen, Schuhbänder zubinden, mit den Fingern über die Gitterstäbe eines Einkaufswagen streichen, durch direkten Zuruf u. v. a. m.). Täter, die mit einem »Aufpasser« arbeiten, sind naturgemäß bei herkömmlichen Observationshandlungen nur schwer unmittelbar auf frischer Tat zu ertappen. Erfolgreich wird dabei häufig nur der Einsatz verdeckter Observationsmittel sein, wie z. B. eine Videoüberwachungsanlage, venezianische Spiegel, geeignete Durchblicköffnungen zwischen den Regalen oder von angrenzenden Räumlichkeiten her.

Ein passender Fall aus meiner Zeit als Kaufhausdetektiv:

> In einem großen SB-Markt im Münchner Norden hält sich eine sechsköpfige Familie zum Einkaufen auf. Die vier netten Söhne im Alter von sechs, sieben, neun und elf Jahren sind sichtlich der ganze Stolz ihrer Eltern, die der Kleidung nach nicht zu den Ärmsten zu gehören scheinen. Ansonsten wirkt die Familie absolut unauffällig. Man führt einen Einkaufswagen mit, in dem unter anderem mehrere elektrische Spielzeuglokomotiven liegen. In einer abgelegenen Ecke des Einkaufsmarktes wird die Familie kurz darauf von einem Detektiv bemerkt, der dort versteckt in einer »Observationskiste« Posten bezogen hatte. Er beobachtet, wie die Mutter ihre vier Söhne der Reihe nach an verschiedenen Stellen des Regalganges postiert, und zwar jeweils an den Einmündungen von Quergängen. Danach geht die Mutter ein Stück den Gang zurück, aus dem sie gekommen waren. Der Vater hatte die ganze Zeit

über in der Nähe der Ecke gewartet, in dem die Beobachtungskiste stand. Jetzt blickt der Vater fragend zunächst in die Richtung, in der seine Söhne stehen, und streicht sich dabei mit der Hand über das Haar. Fast gleichzeitig erwidern die Söhne das Zeichen des Vaters, der jetzt – an der Kiste vorbei – in Richtung seiner Frau blickt. Von dort erhält er ebenfalls ein Zeichen. Jetzt beginnt der Vater hastig, eine Lokomotive nach der anderen aus den Verpackungen zu reißen und in den Innentaschen seiner weiten Jacke zu verstauen. In kürzester Zeit verschwinden sieben Lokomotiven im Wert von rund 1.500 €. Im später folgenden Verhör bei der Polizei gesteht die Mutter schließlich in Tränen aufgelöst, dass ihr Mann die Kinder von klein an auf seine Diebestouren mitgenommen und als Aufpasser eingesetzt hatte!

2.2.2.3 – Anprobierkabinen

Tricks mit Anprobierkabinen bei gemeinsam begangenen Diebstählen

Im vorangegangenen Unterabschnitt wurden bereits Tricks und Methoden erläutert, wie Einzeltäter im Bereich der Anprobierkabinen Diebstähle verüben. Weitere Varianten ergeben sich dann, wenn die Taten durch zwei oder mehrere Täter gemeinsam begangen werden. So begibt sich beispielsweise ein Täter mit mehreren Bekleidungsstücken in die Anprobierkabine. Dort übergibt er seinem Mittäter, der unabhängig von ihm den Kabinenbereich seinerseits mit Bekleidungsstücken zur »Anprobe« betreten hat, Kleidungsstücke, die der Mittäter einsteckt oder unterzieht. Die Übergabe erfolgt entweder dadurch, dass die Textilien unter Trennwänden durchgereicht werden, oder aber in der Weise, dass der Mittäter einfach in die Kabine des Täters geht, während dieser sich draußen »im Spiegel betrachtet«. Nach der Tat verlässt der Mittäter vor dem Täter die Anprobe, wobei er die von ihm mitgebrachte Bekleidung ordnungsgemäß in die Abteilung zurückbringt bzw. bei der Kabinenaufsicht vorzeigt. Nach einer gewissen Zeit (die als Vorsprung für den Mittäter zum Verlassen des Geschäftes dient) kommt nun der Täter aus der Anprobe. Fällt auf, dass er jetzt weniger Bekleidungsstücke dabei hat, als er in die Kabine mitgenommen hat, wird es zu einer Kontrolle kommen. Hierbei kann aber natürlich nichts Verdächtiges festgestellt werden. Der Täter wird das Fehlen der Kleidungsstücke entweder damit rechtfertigen, dass er behauptet, dass die Aufsicht sich irrt oder er äußert die Vermutung, dass ihm jemand die Teile aus seiner Kabine entwendet hat, während er sich außerhalb der Kabine im Spiegel betrachtet habe. In beiden Fällen kann dem Täter keine Straftat nachgewiesen werden, wenn nicht das Zusammenwirken zwischen Täter und Mittäter beobachtet wurde.

Eine andere Möglichkeit besteht darin, dass der erste Täter bewusst ein Bekleidungsstück in seiner Kabine zurücklässt und mit den übrigen Teilen zur Ausgangskontrolle kommt. Gelingt es ihm, aufgrund verstärkten Kundenandrangs oder wegen der Unaufmerksamkeit der Aufsicht, unbeanstandet und trotz des fehlenden Teils den Kabinenbereich zu verlassen, so begibt sich unmittelbar danach der zweite Täter, der die Szene beobachtet hat, ebenfalls mit einem Kleidungsstück »zum Anprobieren« in die Kabine, in der sein Mittäter das Kleidungsstück zurückgelassen hat, und zieht es unter seine Kleidung an. Anschließend kann er ohne Probleme die Kontrolle passieren, da er das Kleidungsstück, das er zum Anprobieren mitgenommen hat, vorzeigen kann. Gelingt es dem ersten Kunden wegen des fehlenden Teils nicht, die Anprobe zu verlassen, ohne dass er angehalten und nach dem fehlenden Bekleidungsstück gefragt wird, so erklärt er, dieses Teil sei ihm beim Zusammenpacken wohl heruntergefallen, und er begibt sich mit der Aufsichtskraft zu seiner Kabine, wo das Stück tatsächlich zur Erleichterung des »Kunden« gefunden wird (»Was für ein Glück! Am Ende hätten sie mich noch für einen Dieb gehalten.«).

2.2.2.4 – Taschentausch

Eine schon sehr spezialisierte Methode des gemeinsam begangenen Ladendiebstahls funktioniert folgendermaßen: Ein Täter begibt sich mit einer Einkaufstasche in einen SB-Markt oder in die SB-Abteilung eines Kaufhauses. Er nimmt einen Einkaufswagen, stellt die Tasche hinein und betritt die Verkaufsfläche. Dort legt er einen markanten Artikel (wie z. B. eine Waschpulverpackung, einen Plastikeimer oder eine Windelpackung), den er zuvor genau mit seinem Mittäter abgesprochen und festgelegt hat, in den Einkaufswagen. Dazu legt er mehrere kleine Gegenstände des täglichen Gebrauchs, die er ebenfalls mit seinem Mittäter vorher abgesprochen und die beide von einer Einkaufsliste ablesen können, in den Wagen. Parallel dazu betritt auch der zweite Täter mit einer identischen Tasche das Geschäft und füllt ebenfalls einen Einkaufswagen in der beschriebenen Weise. Schließlich holt der erste Täter den Artikel, den er entwenden möchte, und legt ihn unter die kleineren Gegenstände in seinem Einkaufswagen. Damit verhindert er, dass einem zufälligen Beobachter der Artikel auffällt. Dazu stellt er die geöffnete Einkaufstasche in den Wagen, in der in einem günstigen Moment die auserkorene Diebesbeute verschwindet. Diese befreit er zusätzlich von allen verräterischen Etiketten, sodass bei einer zufälligen Kontrolle kein Herkunftsnachweis möglich ist. Nachdem er alles in die Tasche gepackt hat, was er entwenden will, vertauscht er an einer vorher vereinbarten, schwer einsehbaren Stelle im Vorbeigehen blitzschnell seinen Einkaufswagen mit dem seines Mittäters, der ebenfalls exakt die gleichen sichtbaren Waren und die gleiche Einkaufstasche in seinem Wagen hat. Während der erste Täter nach dem Treffen auffällig und zögernd seinen Wagen mit sichtbar unverändertem Inhalt durch den Markt schiebt, stellt der zweite Täter, der das Diebesgut übernommen hat, möglichst schnell und unauffällig einige der markanten Teile aus dem Einkaufswagen wieder in die Regale zurück und packt stattdessen noch ein oder zwei andere, markante Gegenstände in seinen Einkaufswagen (z. B. eine Palette mit H-Milch, eine Topfpflanze oder einen Träger Bier). In der Tasche, die er mit dem Diebesgut übernommen hat, befand sich bereits vorher z. B. getragene Arbeitskleidung, unter der das Diebesgut vom ersten Täter bereits versteckt wurde. Dann beobachtet der zweite Täter, der nun das Diebesgut bei sich hat, aus sicherer Entfernung, wie der erste Täter die Kassenzone passiert und in Richtung Ausgang geht. Den Wagen hat der erste Täter stehen gelassen, und er hat nun nur noch die ausgetauschte Tasche bei sich. Wurde er während des Einsteckens der Ware beobachtet und wird er deshalb nun angehalten, kann er sich auf die verblüfften Gesichter der Detektive freuen, die die Tasche vermeintlich unentwegt im Auge hatten und nicht verstehen können, warum sie nun leer ist. Letztlich wird man den Täter ungeschoren seines Weges ziehen lassen müssen, wenn der Austausch der Einkaufwagen nicht beobachtet wurde.

Der Taschentausch ist eine gut vorbereitete Methode des Ladendiebstahls, die Sie erkennen sollten

Der zweite Täter indes, der sich die ganze Zeit über korrekt und unauffällig verhalten hat, braucht keine besondere Kontrolle an der Kasse zu fürchten. Er bezahlt die Artikel in seinem Wagen und wird, wenn er darum gebeten wird, der Kassenkraft gern einen Blick in die Einkaufstasche mit der verschmutzen Arbeitskleidung gewähren.

Ist der Wagentausch hingegen bemerkt worden und der Tatablauf somit nachvollziehbar, so ist zu bedenken, dass sämtliche Waren im Einkaufskorb des angehaltenen Täters (und auch die eventuell vorhandenen Sachen in der zweiten Einkaufstasche) allesamt vom zweiten, jetzt flüchtigen Täter berührt worden sind. Diese Dinge sind daher mögliche Träger von Fingerabdrücken oder von DNA-Spuren und deswegen als Beweismittel zu sichern.

2.2.2.5 – Sonstige Methoden

a) Weitergabe von Diebesgut an Mittäter

Waren werden, aus dem gut überwachten in den weniger gut überwachten Bereich gebracht und dort dem Mittäter überlassen

Ein gelegentlich beobachteter Trick besteht darin, dass ein Täter einen wertvollen Artikel aus der Abteilung holt und an sich nimmt. Er rechnet damit, dass die Abteilung, aus der der wertvolle Artikel stammt, besonders gründlich überwacht wird. An anderer Stelle, die zuvor mit einem Mittäter vereinbart worden ist, legt er den Artikel heimlich und unauffällig ab. Dabei sucht er sich einen Bereich aus, von dem nicht zu erwarten ist, dass er besonders gut überwacht wird (z. B. Regal mit Waschpulver oder Toilettenpapier). Nachdem der Täter den Ablageort des Diebesgutes verlassen hat, kommt sein Mittäter, der sich bis dahin völlig unauffällig verhalten hat, vorbei und steckt die Ware ein. Der erste Täter geht längere Zeit im Verkaufsraum (in der Abteilung) herum, um etwaige Verfolger zu beschäftigen. Dabei können die Täter davon ausgehen, dass eventuelle Beobachter dem ersten Täter folgen werden (von dem sie annehmen, dass er das Diebesgut eingesteckt hat) und deshalb dem zweiten Täter als vermeintlich unauffälligem Kunden keine Beachtung schenken. Bei der Anhaltung des ersten Täters findet sich dann keinerlei Stehlgut, weshalb eine Anzeige wegen Diebstahls in aller Regel unterbleiben wird.

b) Kinder als »Mittäter«

Nicht selten kann man die Beobachtung machen, dass (meist jugendliche) Ladendiebe als »Mittäter« gezielt und bewusst strafunmündige Kinder mitnehmen, die dann die Diebstähle verüben. Diesen Kindern ist durchaus bewusst, dass sie noch nicht strafmündig sind und dass ihnen daher nichts passieren kann. In solchen Fällen ist der Jugendliche als Täter anzuzeigen (nicht als Anstifter), da er durch ein sogenannten »schuldloses bzw. undoloses Werkzeug« (das Kind) handelte! Nach Delikten angehaltene Kinder sind immer der Polizei zu übergeben (wegen der Garantenstellung gegenüber Kindern aufgrund tatsächlicher Obhut)!

c) Der falsche Detektiv

Ein alter, wirkungsvoller Trick ist »der falsche Detektiv«

Ein sehr alter Trick, der aber gern immer wieder angewendet wird, ist »der falsche Detektiv«: Ein Täter steckt Ware ein, der zweite »observiert« ihn. Merkt der Mittäter, dass der Täter beim Diebstahl beobachtet wurde, geht er zu dem aufmerksam gewordenen Kunden oder Angestellten und gibt sich als Polizist oder als Kaufhausdetektiv aus (»Polizei, Sie können beruhigt sein. An dem Burschen sind wird bereits seit zwei Stunden dran. Das ist ein gefährlicher Bankräuber! Sie dürfen jetzt nichts unternehmen, sonst vermasseln sie uns alles. Außerdem ist der Kerl bewaffnet und wir würden unbeteiligte Kunden gefährden.«). Beruhigt überlässt der Zeuge alles Weitere dem vermeintlichen Detektiv bzw. der angeblichen »Polizei« – und unbeanstandet verlassen die Täter das Geschäft!

2.2.3 – Personaldiebstähle durch Einzeltäter

Das Personal hat besonders viele Möglichkeiten, Diebstähle im Unternehmen zu begehen

Das Personal hat grundsätzlich erst einmal alle die Möglichkeiten zum Diebstahl, über die auch Kunden verfügen könnten. Zudem jedoch bietet sich für das Personal eine ganze Fülle weiterer Gelegenheiten und Zugriffsmöglichkeiten, die Gegenstand des vorliegenden Kapitels sind. Unehrliche Mitarbeiter können Straftaten von langer Hand vorbereiten, können die günstigsten Zeitpunkte für die Ausführungen ihrer Straftaten wählen und haben mannigfache Möglichkeiten, die Spuren ihres Tuns zu verbergen und zu verwischen. Weiterhin haben sie den Vorteil, dass sie über die im Unternehmen verwendeten Sicherheitseinrichtungen bestens Bescheid wissen. Warensicherungsanlagen können problemlos ausgeschaltet werden, da die entsprechenden technischen Einrichtungen, die zur »Entschärfung« von durch Kunden ehrlich erworbenen Artikeln ohnehin vorhanden sind, jederzeit für sie griffbereit sind. Werden eigene Mitarbeiter bei einer Straftat ertappt, sind arbeitsrechtliche Konsequenzen die Regel. Man sollte sich daher bereits im Vorfeld über die einschlägigen Bestimmungen des Arbeitsrechtes und die Mitwirkungspflichten des Betriebs- oder Personalrats genau informieren. Beide Bereiche können natürlich im Rahmen dieses Buches nicht näher erläutert werden, da die Materie Arbeitsrecht zu komplex ist und zu wenig im Kompetenzbereich des Sicherheitsverantwortlichen liegt.

Werden eigene Mitarbeiter, die einer Straftat verdächtig sind, angehalten oder zur Abklärung eines Sachverhaltes ins Büro gebeten, so ist möglichst unauffällig vorzugehen, damit das übrige Personal die Anhaltung oder zumindest den Grund der Maßnahme nicht mitbekommt. Günstig ist es, wenn man den verdächtigen Mitarbeiter unter einem unverfänglichen Vorwand durch einen »neutralen« Mitarbeiter ins Büro bittet. Der Grund für dieses Vorgehen liegt einerseits darin, dass man den Ruf des Mitarbeiters nicht gefährden darf, solange die Möglichkeit besteht, dass es für einen beobachteten Sachverhalt eine rechtfertigende Erklärung geben könnte; und andererseits kann man bei einem festgestellten Personaldiebstahl nicht ausschließen, dass weitere Mitarbeiter beteiligt sind, die dann vorzeitig gewarnt würden.

2.2.3.1 – Personaldiebstähle im Kassenbereich

a) Nichteintippen von Geldbeträgen

Im Kassenbereich gibt es viele Möglichkeiten für den Diebstahl von Geld

Geldbeträge, die der Kunde an der Kasse für seine Ware bezahlt, werden von der Kassenkraft nicht eingetippt. Der Kunde erhält demzufolge auch keine Kassenquittung. Dies wird gern bei eiligen Kunden gemacht, die das passend abgezählte Geld hinlegen und auf das Eintippen nicht warten, oder bei Kindern und bei älteren Kunden. Das so erlangte Geld wird vom Täter – bei abseits liegenden Kassen sofort – in die Bekleidung gesteckt, oder aber es wird zunächst in die Kassenschublade gelegt, um zufälligen Beobachtern nicht aufzufallen. Bei passender Gelegenheit wird das »überzählige` Geld dann entwendet. Ein Indiz für die zweite Methode ist gegeben, wenn die Kassenkraft sich auf einem separaten Zettel Notizen oder Aufstellungen über Rechnungsbeträge fertigt. Dies könnte dazu dienen, bei mehreren nicht bonierten Beträgen die Gesamtsumme des Betrages zu ermitteln, der dann aus der Kasse entnommen werden soll. Andernfalls käme es zu

Unstimmigkeiten bei der Kassenabrechnung, die auffallen würden. In Verdachtsfällen empfiehlt sich der Einbau einer verdeckten Videoüberwachungsanlage oder ein Testkauf.

b) Vorsätzliche Falscheingabe von Beträgen

Hierbei wird zunächst absichtlich ein zu niedriger Betrag eingetippt (z. B. 19 € anstelle von 29 €), wobei vom (meist älteren, senilen) Kunden jedoch der richtige Betrag (hier also 29 €) verlangt wird. Reklamiert der Kunde, dass der Beleg abweicht, wird handschriftlich am Kassenbeleg der Betrag »berichtigt«, womit der Kunde dann im Regelfall zufrieden ist (da er ja ohnehin den richtigen Betrag für die Ware bezahlt hat). Den Differenzbetrag zwischen dem eingetippten und dem tatsächlich vereinnahmten Betrag steckt die Kassenkraft in die eigene Tasche. Dieser Methode kann man durch einen an der Kasse deutlich sichtbar angebrachten Hinweis an die Kunden entgegenwirken, nur den am Kassendisplay ausgewiesenen und am Kassenzettel maschinell ausgedruckten Betrag zu bezahlen.

Eine Variante zu der unter a) genannten Diebstahlmöglichkeit ergibt sich, wenn ein eiliger Kunde das Geld passend abgezählt hinlegt und auf das Eintippen nicht warten will. Um gegenüber anderen Kassenkräften oder zufälligen Beobachtern nicht aufzufallen, wird nun ein beliebiger, allerdings natürlich wesentlich niedrigerer Betrag eingetippt (statt einer CD für 12 € wird lediglich der Betrag für eine Plastiktüte im Wert von 20 Cent eingegeben) und dadurch der Anschein erweckt, als sei der eingenommene Betrag ordnungsgemäß verbucht worden.

c) Falsche Wechselgeldherausgabe

Die Kassenkraft gibt bewusst zu wenig Wechselgeld an die Kunden heraus. Reklamiert der Kunde, entschuldigt man sich mit einem »Versehen«; steckt dagegen der Kunde das Wechselgeld ohne nähere Überprüfung ein, so verschwindet der einbehaltene Wechselgeldrest wiederum früher oder später in den Taschen der Bekleidung der Kassenkraft. Opfer sind hier überwiegend Kinder und Jugendliche, Ausländer und ältere Kunden. Am einfachsten ist die Unterschlagung oder der Diebstahl von Bargeld an Kassen dort, wo ein einzelner Mitarbeiter alleinverantwortlich Waren verkauft (etwa in einem Zigarettenkiosk oder einem Schreibwarenladen). Hier erwartet kaum ein Kunde wegen eines Einkaufs einer Schachtel Zigaretten oder einer Zeitschrift einen Kassenbeleg. Das Geld wird vom Kunden an den Verkäufer übergeben, der es in die (ohnehin zumeist durchgängig geöffnete) Geldschublade legt. Ggf. erhält der Kunde daraus auch sein Wechselgeld zurück. Nachdem der Kunde gegangen ist, nimmt der unehrliche Mitarbeiter einfach den vereinnahmten Betrag aus der Kasse und steckt ihn ein. Wenn dann später einmal bei der (Jahres-)Inventur das Fehlen von Artikeln auffällt, lässt sich der Grund dafür nicht mehr nachvollziehen.

Wechselgeld kann falsch herausgegeben und der Rest eingesteckt werden

2.2.3.2 – Diebstahl im Bereich der Warenannahmerampe

Die vom Lieferanten angelieferte Ware bleibt nach der Abnahme im Bereich der Rampe (bzw. in den Räumen der Warenannahme) solange stehen, bis der Lieferant wieder abgefahren ist. Nun verbringt der Mitarbeiter die Ware, die er stehlen möchte, in einem unbeobachteten Moment direkt zu seinem in der Nähe der Rampe geparkten Pkw oder in ein von außen nach Geschäftsschluss jederzeit erreichbares Versteck, von wo aus er die Ware am Abend (oder während der Nacht) problemlos abholen kann. Daher ist es von besonderer Wichtigkeit, den Mitarbeitern strikt zu untersagen, ihre Fahrzeuge in der Nähe der Warenrampe zu parken. Außerdem ist akkurat darauf zu achten, dass es im Bereich der Warenrampe keinerlei Hohlräume, uneinsehbare Ecken oder andere Möglichkeiten gibt, Waren zu verstecken. Hierbei ist auch darauf zu achten, dass Revisionsschächte und Klappen dauerhaft verschlossen und verplombt sind.

Vorsicht ist geboten bei nahe der Warenannahme geparkten Pkws

2.2.3.3 – Der »Abfalltrick«

Diese Methode kommt in den verschiedensten Variationen vor und erfreut sich großer Beliebtheit bei unehrlichem Personal. In Abfallcontainern, Papierkörben oder Mülleimern wird zusammen mit dem Abfall Diebesgut außer Haus geschafft und im Bereich der Müllsammelstelle deponiert, von wo aus es nach Dienstschluss oder bei sonst passender Gelegenheit vom Täter abgeholt wird. Diese Methode kann von Mitarbeitern aus allen Abteilungen angewandt werden. Als Gegenmaßnahme bleibt hier nur eine verbindliche Regelung, dass Müll-

Für die Müllentsorgung muss es verbindliche Regelungen geben, die akribisch eingehalten werden müssen

entsorgung nur zu ganz genau festgelegten Zeiten und nur an einem bestimmten Ausgang stattfinden darf. An diesem Ausgang müssen – zumindest stichprobenartig – Kontrollen von Mülltransporten durchgeführt werden. Außerdem sollen technische Vorrichtungen im Bereich der Müllsammelstelle (der Müllpresse), verhindern, dass Unbefugte außerhalb der vorgegebenen Entsorgungszeiten Zugang zu den Müllcontainern erhalten. Dazu bietet es sich an, den Müllsammelplatz mit einem stabilen, oben geschlossenen Drahtzaun zu umgeben und mit einem fest verschließbaren Zugangstor zu versehen. Das erschwert nach Geschäftsschluss die Abholung von Diebesgut, welches dort eventuell tagsüber deponiert wurde. Der Bereich der Müllpresse muss nachts von Kontrolldienst mit in die Überprüfung einbezogen werden. Sinnvoll wäre es auch, den Bereich der Abfallcontainer mit Video zu überwachen. Und auch hier gilt: Mitarbeitern muss es strikt untersagt werden, Privatfahrzeuge in der Nähe der Müllsammelstelle abzustellen (auch kurzfristig!).

2.2.3.4 – Leergutannahme

Auch im Bereich der Leergutannahme kann es zu Diebstahl kommen

Hier gibt es im Wesentlichen drei gängige Methoden des Diebstahls bzw. der Unterschlagung: Die erste Methode besteht darin, dem Kunden zu wenig Pfand zu berechnen, d. h., anstelle von z. B. 28 zurückgebrachten Flaschen erhält der Kunde nur für 24 Flaschen das Pfand ausbezahlt. Falls der Kunde reklamiert, wird die Differenz nachträglich ausgehändigt; andernfalls verschwindet der Differenzbetrag in der Tasche des Mitarbeiters. Das fehlende Geld fällt bei der Abrechnung nicht auf, da die entsprechende Menge an Flaschen ja vorhanden ist. Die zweite Möglichkeit ist die, gelegentlich ein paar Flaschen im Flaschenlager »versehentlich« zu zerbrechen und dann mehr Flaschen als Bruch abzuschreiben, als tatsächlich zerbrochen sind. Auch hier wird die Differenz zur Beute des Mitarbeiters. Als Kontrollmaßnahme bietet sich im ersten Fall die Testrückgabe von unauffällig markierten und genau gezählten Flaschen an und im zweiten Fall das stichprobenartige Überprüfen des Gewichtes der Scherben im Bruchglascontainer mit der Anzahl der im Bruchverzeichnis eingetragenen – angeblich zerbrochenen – Flaschen. Außerdem bietet es sich an, stichprobenartige Vergleiche der abends ins Leergutlager transportierten Leergutkisten mit den Ausgabebelegen der Leergutkasse am selben Tag vorzunehmen.

Bei Abweichung ist die Annahmestelle auf darin verstecktes Leergut abzusuchen.

Besonders anfällig für Manipulationen ist die Rücknahme von Leergut mithilfe von Leergutautomaten, da unehrliches Personal selbst Leergut in den Automaten einlegen und die Leergutbons einem Mittäter zur Einlösung übergeben kann. Daher sollte immer wieder einmal stichprobenartig für einen bestimmten Zeitraum das abgegebene Leergut mit der Menge des im Automaten erfassten Leergutes verglichen werden.

2.2.3.5 – Sonstige Möglichkeiten

Neben den bereits erörterten Methoden des Diebstahls gibt es naturgemäß noch eine Vielzahl weiterer Begehungsweisen, da einerseits Straftäter stets neue Methoden für ihre Taten ersinnen, sobald die bisherigen Methoden aufgedeckt wurden, und da es andererseits ständig Veränderungen in Technik und Verkaufskonzeptionen gibt, die auch neue Möglichkeiten für Straftaten eröffnen. Ferner ist die Ausführung von Straftaten auch von den individuellen Mängeln und Lücken im Kontrollsystem der einzelnen Unternehmen abhängig. Schwachstellen ergeben sich vor allem immer dort, wo Geräte oder Behälter aus dem Verkaufsraum heraus in andere Abteilungen, Verwaltungs- oder Organisationsbereiche transportiert werden. Hier wäre an den Transport von Reinigungsmaschinen und Putzmitteln zu denken, an den Transport von Kommissionsware, Werkzeugtransporte bei Renovierungsarbeiten, Entnahme von Lebensmitteln für die betriebseigene Kantine u. v. a. m. Beim Transport von Waren aus dem Lager zu den einzelnen Verkaufsabteilungen (in nicht verschlossenen Rollcontainern) haben die mit dem Transport beauftragten Mitarbeiter optimale Möglichkeiten, Waren aus den Containern zu entnehmen und während des Transportes in der Bekleidung oder an versteckten Örtlichkeiten entlang des Transportweges zu verbergen. Dies trifft vor allem dann zu, wenn der Transportweg durch unbelebte Gänge erfolgt oder wenn zum Transport ein Aufzug benutzt werden muss. Als Gegenmaßnahme sind die Transportcontainer zu versperren (und ggf. sogar zu versiegeln). Schlüssel zu den Containerschlössern besitzen nur der Lagerleiter und der jeweilige Abteilungsleiter. Die Schlüssel sind sorgfältig zu verwah-

Transporte, vor allem in Aufzügen, bieten Gelegenheit zum Diebstahl

ren und stets »am Mann« zu tragen. In allen Aufzügen, die Lager- und Verkaufsflächen oder SB-Verkaufsflächen untereinander verbinden, sollten verdeckte Überwachungskameras installiert werden.

Ein Diebstahl kann vorgetäuscht werden, um einen anderen Diebstahl zu verschleiern

Eine andere Methode des Personaldiebstahls ist das Vortäuschen eines Diebstahls durch einen »unbekannten Kunden«. Dies wird gelegentlich im Bereich von Schmuckabteilungen praktiziert. Der unehrliche Mitarbeiter versteckt in einem passenden Moment z. B. einen wertvollen Ring (den er mit Kaugummi irgendwo in eine nicht einsehbare Ecke klebt). Dann verständigt er aufgeregt den Sicherheitsverantwortlichen und erklärt, dass er gerade von einem Trickdieb bestohlen worden sei. Er erfindet eine Geschichte und gibt eine willkürliche Beschreibung des Täters ab. Nachdem nun die Fahndung nach dem vermeintlichen Dieb läuft, bringt der Täter seine Beute in Sicherheit. Gegen derartige vorgetäuschte Diebstähle hilft es, besonders gefährdete Abteilungen oder Verkaufsstände mit Videoüberwachungsanlagen auszurüsten, die im Dauerbetrieb aufzeichnen.

Feste Personalausgänge und Kontrollen der Garderoben erschweren Personaldiebstähle

Personaldiebstähle weisen eine Besonderheit auf, die darin besteht, dass der Mitarbeiter in aller Regel entwendete Ware nicht sofort nach der Tat außer Hauses schaffen kann, ohne aufzufallen. Deshalb vollziehen sich Personaldiebstähle durch Einzeltäter meist in zumindest drei Schritten, nämlich einmal der Wegnahmehandlung, dann dem Zwischenlagern der Tatbeute und schließlich – meist bei Arbeitsende – das Verbringen der Tatbeute außer Haus. Erschwert werden diese Tatabschnitte bei konsequenter Beachtung der Regelung, einen festen Personalausgang zu verwenden, und durch die Umsetzung der Vorgaben hinsichtlich Gestaltung und Benutzung der Personalgarderoben sowie durch entsprechende Kontrollen der Garderoben.

2.2.4 – Personaldiebstähle in Mittäterschaft

Dieser Straftatenkomplex umfasst naturgemäß die größte Spannweite an denkbaren Tatausführungen, da hierbei die Möglichkeiten umso zahlreicher und risikoloser werden, je mehr Mitarbeiter einer Filiale beteiligt sind und umso höher die Funktionen der Beteiligten innerhalb des Unternehmens sind. Zur Verhinderung derartiger Taten ist eine allgemeinverbindliche Lösung natürlich nicht mehr möglich; vielmehr müssen bei Straftaten in dieser Größenordnung individuelle Maßnahmen zu ihrer Aufklärung getroffen werden, die sich an dem einzelnen Fall orientieren. Hier wird am besten die Polizei eingeschaltet, die die Ermittlungen führen wird. Im Rahmen dieser Ausführungen werden daher nur die Methoden der Zusammenarbeit von unehrlichem Personal erörtert, mit denen man üblicherweise konfrontiert wird. Zugleich aber soll das Bewusstsein dafür geschärft werden, dass es praktisch keinen Bereich gibt, in dem nicht versucht wird, auf unlautere Weise rechtswidrige Profite zu erzielen. Als Faustregel muss daher gelten: »Es gibt nichts, was es nicht gibt!«

2.2.4.1 – Warenumlagerungen

Vorsicht ist auch beim Umlagern von Waren geboten. Abläufe und Kontrollen müssen gut organisiert sein

Warenumlagerungen dienen dazu, innerhalb eines Unternehmens Waren zwischen den einzelnen Filialen umzuverteilen, wenn Filialen, bei denen momentan eine große Nachfrage nach bestimmten Artikeln herrscht, nicht genügend der nachgefragten Waren vorrätig haben, während in anderen Filialen mehr dieser Artikel bevorratet sind, als dort kurzfristig benötigt werden. Im Zuge derartiger Umlagerungen müssen die Abläufe penibel genau vorgegeben und zeitlich sehr eng überwacht werden. Das organisatorische System, das den Warenumlagerungen zugrunde liegen sollte, ist unkompliziert: Der Markt, der Ware benötigt, fordert diese bei der Zentrale an. Dort wird ermittelt, bei welcher Filiale oder bei welchen Filialen entsprechende Warenbestände vorhanden sind, um daraus den kurzfristigen Bedarf des anfordernden Marktes decken zu können. Dann werden die Filialen, die Ware abgeben müssen, schriftlich angewiesen, an welche Filiale sie welche Artikel in welchem Umfang abzugeben haben. Dabei wird auch vorgegeben, auf welche Weise der Transport zu erfolgen hat und wer ihn durchführt. Unmittelbar nach der Abholung der Ware – die Warenausgabe erfolgt ganz normal über den Warenausgang – schickt der abgebende Markt eine Auflistung der abgegebenen Waren an die Zentrale des Unternehmens, wo auch die Empfangsbestätigung des belieferten Marktes eintrifft. Die Warenbestände werden von der Zentrale aus für beide Märkte entsprechend korrigiert, und damit ist die Umlagerung der Waren buchhalterisch abgeschlossen. Hierbei ist es jedoch enorm wichtig, wie das nachstehende Beispiel zeigt, dass verbindlich vorgeschrieben wird, dass der Empfängermarkt noch am gleichen

Tag den Wareneingang an die Zentrale zu melden hat. Soweit irgend möglich, sollten die Transporte des Umlagerungsgutes mit unternehmenseigenen Fahrzeugen erfolgen. Nur dann, wenn dies aus konkret nachvollziehbaren Gründen unmöglich ist, wird eine externe Spedition mit dem Transport beauftragt. Dazu wird vorab dem Lagerleiter des abgebenden Marktes der Fahrer und der verwendete Lkw mitgeteilt. Es ist für derartige Fälle per Dienstanweisung festzuschreiben, dass vor Aushändigung von Umlagerungswaren die Zentrale zu verständigen ist, wenn ein anderer Spediteur oder ein anderer als der gemeldete Lkw zur Abholung der Waren vorfährt.

Dazu ein weiteres Beispiel aus meiner kriminalpolizeilichen Praxis:

> Der Verkaufsleiter eines großen Einzelhandelskonzerns in Süddeutschland hat im Zuge der deutschen Wiedervereinigung durch Warenumlagerungen innerhalb der einzelnen Unternehmungen des Konzerns dafür zu sorgen, dass die gigantisch angestiegene Nachfrage nach Unterhaltungselektronik aller Art (Fernsehgeräte, Videorecorder, Autoradios, Stereoanlagen, PCs, Satellitenempfangsanlagen und Ähnliches mehr) im Bereich der neuen Bundesländer abgedeckt werden kann. Er beauftragt daher mehrere Niederlassungen des Konzerns in Süddeutschland, die genannten Artikel tonnenweise zusammenzustellen, die kurz darauf durch Lastzüge einer Spedition abgeholt werden. Insgesamt drei Lastzüge mit Anhänger werden bei der Aktion beladen. Wie sich später herausstellt, gelangt jedoch nicht ein einziger Artikel zu seinem Bestimmungsziel. Die Waren werden nämlich vom Verkaufsleiter veruntreut und illegal in Zusammenarbeit mit seinem Spediteur nach Südosteuropa weiterverkauft. Durch Nachlässigkeit bei den Meldeterminen, von denen der Verkaufsleiter wusste, und durch gezielte Hinhaltetaktik gelang es dabei, einen Zeitvorsprung von mehr als einer Woche zu erlangen, ehe das Fehlen der Ware bemerkt wurde. Welche Pläne der Verkaufsleiter wirklich verfolgte und was er mit dem Erlös des Diebesgutes machte, wird für immer sein Geheimnis bleiben: Er starb kurz vor seiner Festnahme auf dubiose Art …

2.2.4.2 – Vorbereitungshandlungen

a) Vorbereiten von Diebesgut für Mittäter

- Ware wird bewusst zu billig ausgezeichnet, sodass der eingeweihte Mittäter an der Kasse weniger bezahlt;
- Ware wird zum Schein beschädigt (Schmutz, Schrauben entfernen, Teil entnehmen u. Ä.) und unter diesem Vorwand dem »Kunden« billiger überlassen;
- Im Lager oder im Verkaufsraum wird durch einen unehrlichen Mitarbeiter Ware umgepackt und die Verpackung danach wieder so verschlossen, dass sie anschließend wieder wie originalverpackt aussieht. Diese Packung wird gekennzeichnet und an der mit dem Mittäter vereinbarten Stelle im Verkaufsraum deponiert, wo sie dann vom Mittäter abgeholt und bezahlt wird.

Mitarbeiter können den Diebstahl im Unternehmen für den Mittäter vorbereiten

b) Beseitigen technischer Hindernisse für Mittäter

- Vitrinen oder andere verschlossene Behältnisse oder Schränke werden absichtlich nicht versperrt, um dem Mittäter den Zugriff auf die besonders gesicherten Waren zu ermöglichen.
- Elektronische Sicherungsetiketten werden von bestimmten Artikeln entsprechend der vorherigen Absprache mit dem Mittäter entfernt, sodass dieser die Artikel risikolos durch die elektronischen Sicherungsschleusen schmuggeln kann.
- Personalausgänge oder andere, nicht kontrollierte Ausgänge werden für den Mittäter zugänglich gemacht, der durch einen derartigen Ausgang (gilt vor allem für SB-Bereiche) mitsamt seiner Beute den Verkaufsraum ungehindert und ohne Bezahlung verlassen kann.
- Sicherungsverschlüsse wie Stahlkabel, Ketten u. a. werden geöffnet, die zugehörigen Alarmanlagen vorübergehend außer Betrieb gesetzt.

2.2.4.3 – Kassenmanipulation

Kassen können auf viele verschiedene Weisen manipuliert werden

Dreh- und Angelpunkte bei vielen Überlegungen von unehrlichem Personal sind die Kassen. Naturgemäß bieten vor allem die Kassen besonders günstige Möglichkeiten für Betrügereien und Diebstähle, speziell auch dann, wenn Kassenkräfte mit Kunden gemeinsame Sache machen. Die folgende Ausarbeitung gibt einen Überblick über häufige Manipulationsarten, wobei eine abschließende Abhandlung zu dieser Thematik aufgrund der ständigen technischen Neuerungen im Kassenwesen niemals möglich sein wird.

a) Zusammenarbeit mit der Kassenaufsicht

- Die Kassenaufsicht füllt einen unrichtigen Stornobeleg aus; der entsprechende Betrag wird aus der Kasse entnommen und zwischen Kassenkraft und Kassenaufsicht geteilt.

- Der Kassenjournalstreifen wird bei herkömmlichen Kassen (nicht möglich bei vernetzten EDV-Kassen) entfernt und gegen einen neuen ausgetauscht; die bis dahin kassierten Beträge werden komplett unterschlagen!

- Die Kassenaufsicht lässt zu, dass ein weiterer Mittäter seine Waren unbezahlt und an der Kassenkraft vorbei durch die Kasse bringt; die Kassenaufsicht deckt den Vorgang ab und vermittelt den Eindruck, als würde alles mit rechten Dingen zugehen.

b) Zusammenarbeit mit Kassenkontrolleuren und Kunden

- Waren werden ohne Bezahlung oder mit falscher Bonierung (eine Plastiktüte für zehn Cent wird anstelle eines Autoradios eingetippt) durch die Kasse gebracht; der Kassenkontrolleur deckt den Vorgang ab und führt zum Schein eine Kontrolle beim Täter durch.

- Waren auf der unteren Ablage des Einkaufswagens werden absichtlich übersehen.

c) Zusammenarbeit mit Kunden

- Der Mittäter hat eine Tasche voller Diebesgut dabei, die gemäß der vorher getroffenen Vereinbarung von der Kassenkraft nicht kontrolliert wird.
- Geöffnete und mit Diebesgut gefüllte Verpackungen werden nicht überprüft.
- Artikel werden nicht über den Scanner gezogen oder mit einem zu geringen Preis eingetippt.
- Von mehreren gleichen Artikeln werden nicht alle eingetippt.
- In einer Abteilungskasse im herkömmlichen Kaufhaus richtet die Kassenkraft Ware aus der Abteilung zum Abtransport durch einen Mittäter her. Wenn dieser kommt, kauft er eine Kleinigkeit. Beim Verpacken der Ware holt die Kassenkraft das bereitgelegte Diebesgut unter der Kassentheke hervor und gibt es dem Mittäter mit.

Dazu ein Beispiel aus der Praxis:

> Ein Kassierer bediente Mitglieder seiner Jugendbande an der Kasse mit echten Sonderangeboten: ein Fernseher kostete zwei Euro, eine Stereoanlage gab es für 50 Cent. Der besondere Clou an der Sache stellte sich erst bei den polizeilichen Ermittlungen gegen die Bande heraus: Der Täter war von seiner Bande dazu bestimmt worden, sich bei der Firma als Kassierer einstellen zu lassen, damit er dann seinen Mittätern die entsprechenden Preisnachlässe gewähren konnte! Und nur aus diesem Grund trat er die Stelle überhaupt an!

2.2.4.4 – Warenannahme und Warenausgang

a) Wareneingang

Wareneingang und Warenausgang erfordern genaueste Kontrollen. Unkontrolliert dürfen Waren werden angenommen, noch ausgegeben werden

- Nicht gelieferte Ware wird dem Lieferanten (Mittäter) als ordnungsgemäß erhalten quittiert; die so unterschlagene Ware wird geteilt.
- Zu geringe Liefermengen oder Waren minderer Qualität werden als ordnungsgemäß erhalten bestätigt.
- Ware wird nach der Abnahme dem Lieferanten (Mittäter) wieder mitgegeben.
- Ware anderer Lieferanten, die auf der Rampe bereits abgenommen, aber noch nicht in das Lager gebracht wurde, wird dem Mittäter mitgegeben.
- Der Lieferant erhält in nicht zustehender Höhe Tauschbehälter.

b) Warenausgang

- Retourware wird durch Diebesgut ergänzt.
- Diebesgut wird als Reklamationsware bezeichnet und dem Auslieferer (Mittäter) mitgegeben.
- Die vom Mittäter bestellte und bezahlte billige Ware wird bei der Auslieferung durch wertvollere Artikel ersetzt.
- Zwischen dem regulären Liefergut wird Diebesgut versteckt und so aus der Firma geschmuggelt.
- Es werden gefälschte Lieferscheine erstellt und dem Auslieferer die entsprechenden Waren mitgegeben.
- Mittäter können sich nach Belieben Waren mitnehmen, wobei der Lagerangestellte Zeiten vorgibt, in denen er allein an der Warenausgabe tätig ist (z. B. in der Mittagspause).

Dazu ein besonders spektakuläres Beispiel aus meiner polizeilichen Erfahrung:

> Im Lager eines Elektronikkonzerns arbeitet 1995 seit vielen Jahren ein Lagerarbeiter, der das volle Vertrauen seiner Geschäftsführer genießt. Er ist nie krank und hat seit Jahren keine Gehaltserhöhung verlangt. Er ist für das sogenannte »braune Lager«, also für Fernseher, Stereoanlagen, EDV-Geräte, Videorekorder, Lautsprecher und Ähnliches verantwortlich. Trotz eines Bandscheibenleidens hat er Angebote, innerhalb des Unternehmens eine körperlich leichtere Tätigkeit auszuführen, stets bescheiden abgelehnt. Der Mitarbeiter ist immer fröhlich und gut gelaunt und eigentlich der Vorzeigemitarbeiter schlechthin. Was niemand ahnt, ergeben polizeiliche Observationsmaßnahmen, nachdem aufgefallen war, dass die jährlichen Inventurverluste im Bereich dieses Lagers seit Jahren immer höher ausfallen und nun im Jahr 1995 weit mehr als eine Million DM betragen.
>
> Mehr als 100 (!) Mittäter des Lagerarbeiters fahren mit ihren eigens gekauften Jeeps und Kleintransportern regelmäßig am Lager vor und erhalten – ohne Lieferschein und ohne jegliche Bezahlung – wertvolle Geräte, zum Teil auch bis zu fünf Geräte auf einmal! Während der rund vierwöchigen Observation kommt es vor, dass einmal sogar fünf Abholer in einer Reihe mit ihren Fahrzeugen an der Warenausgabenrampe Schlange stehen, wo sie nacheinander mit Diebesgut versorgt werden. Um die zuvor am Kundenparkplatz wartenden Mittäter zu informieren, dass »die Luft rein ist«, gibt ihnen der Lagerarbeiter durch das Hochziehen eines kleinen Rolltores neben der Warenausgaberampe ein Zeichen, woraufhin die Motoren gestartet werden.
>
> Als die Bande samt Endabnehmern im Jahre 1996 schließlich ausgehoben wird, können immerhin noch Waren im Wert von über 800.000 DM bei den Bandenmitgliedern sichergestellt werden. Der noch konkret nachweisbare Schaden beträgt 4.150.000 DM!

2.2.4.5 – Sonstiges

a) »Falscher Alarm«

Ein bekannter Trick ist »falscher Alarm«. Hierbei ist ein Mitarbeiter der Mittäter

Dieser Trick wird vor allem dort angewendet, wo die Ware gegen Diebstahl besonders gesichert wird, also z. B. in Schmuckabteilungen. Hierbei übergibt der unehrliche Verkäufer einem Mittäter einen oder mehrere wertvolle Artikel, die dieser einsteckt. Dann verlässt er unauffällig die Abteilung und anschließend das Haus. Der Verkäufer wartet ein paar Minuten, um dem Mittäter einen entsprechenden Vorsprung zu verschaffen, bis er dann – scheinbar völlig aufgelöst ob des Verlustes – den Sicherheitsverantwortlichen informiert. Diesem schildert er jetzt, dass ihm der wertvolle Artikel durch einen Trickdieb entwendet wurde. Dazu gibt er eine vage Beschreibung des »Tatverdächtigen« ab, die eine entfernte Ähnlichkeit mit dem tatsächlichen Aussehens des Täters hat (falls ein Mitarbeiter den Täter gesehen hat und befragt wird, kann er die Aussage des »Bestohlenen« bestätigen). Die Tatzeit wird so hingestellt, als ob der Vorfall eben erst passiert sei und als Fluchtrichtung wird bewusst eine andere Richtung angegeben. Sollte der Täter dennoch aufgrund der vagen Beschreibung angehalten und zu einer Gegenüberstellung gebracht werden, so erkennt der Verkäufer in ihm selbstverständlich den Täter nicht wieder.

b) Detektive als Mittäter

Leider kommen auch unter Kaufhausdetektiven immer wieder schwarze Schafe vor, die ihre Position zu Diebstählen ausnutzen. Der beliebteste Trick dabei ist der, den Mittäter während des Diebstahls zu beobachten. Fällt dieser nun einem anderen Mitarbeiter auf, der seinerseits den Diebstahl beobachtet hat, so begibt sich der Detektiv zu diesem Mitarbeiter und erklärt ihm leise und dezent, dass er diesen Täter schon seit längerer Zeit verfolge und »die Lage voll im Griff« habe. Eine Unterstützung durch den Mitarbeiter sei nicht erforderlich. Anschließend folgt der Detektiv dem Täter aus dem Geschäft hinaus und lässt ihn unbehelligt entkommen. Dem Verkäufer, der den Diebstahl ja beobachtet hat, erklärt der Detektiv später, dass ihm der Täter leider im Gewühl entwischen konnte.

Und auch hierzu gibt es Beispiele aus der kriminalpolizeilichen Praxis:

1. Beispiel: Eine Münchner Kaufhausdetektei beschäftigt einen Detektiv, der in einem Kaufhaus in der Innenstadt arbeitet. Dieser hat seinerseits drei Freunde gewissermaßen als »Subunternehmer« engagiert: Jeder dieser drei darf nämlich nach Herzenslust in dem Kaufhaus stehlen, was er mag. Die einzige Bedingung: Die Beute aus jedem zweiten Diebstahl muss nach Geschäftsschluss an den Detektiv ausgehändigt werden. Von den drei Tätern hat jeder seinerseits drei Ladendiebe »unter Vertrag«, die ebenfalls unter dem Schutz des Detektivs ihre Taten begehen. Ein Viertel der Beute dieser sechs »Unter-Subunternehmer« geht an die »Subunternehmer«, ein weiteres Viertel erhält wiederum der Detektiv, der einen großzügigen Hehler an der Hand hat. Zwei Pannen werden in den sechs Monaten der lukrativen Allianz bravourös vom Detektiv gemeistert: Im ersten Falle hatte der Geschäftsführer einen der »Subunternehmer« beim Diebstahl beobachtet und auf der Flucht verfolgt. Der Detektiv, der zufällig in der Nähe des Ausgangs stand, wurde vom Geschäftsführer aufgefordert, ihn bei der Verfolgung des flüchtenden Täters zu unterstützen. Tatsächlich konnte der Täter durch den Geschäftsführer in einer abgelegenen Seitenstraße gestellt werden. Er übergab ihn dem Detektiv mit dem Auftrag, ihn zu bewachen, während er eine Telefonzelle suchte, um die Polizei zu alarmieren. Als der Geschäftsführer zusammen mit der Polizei nach wenigen Minuten zurückkam, fand er seinen Detektiv benommen und mit einer Beule am Kopf in einer Toreinfahrt liegen. Angeblich wurde er vom Täter niedergeschlagen, dem nun leider doch noch unerkannt die Flucht gelungen war ...

Im zweiten Fall wurde einer der »nachgeordneten« Ladendiebe von einem Verkäufer auf frischer Tat beobachtet und festgenommen. Er übergab ihn dem Detektiv und begleitete ihn für die Zeugenvernehmung in das Büro. Da der Täter (wie ausdrücklich vom Detektiv von allen seinen Dieben gefordert) einen Personalausweis mitführte und einen festen Wohnsitz hatte, wurde er nach der Erstellung der Strafanzeige entlassen. Die Durchschrift der Anzeige wurde ordnungsgemäß im Büro des Geschäftsführers unter »Ladendiebe« abgelegt, das Original der Anzeige dagegen kurz darauf vom Detektiv vernichtet!

Nach der Festnahme der Bande fanden sich zahlreiche Anzeigen im Durchschriftenakt der Detektei (dem Ordner, in dem die Durchschriften bzw. Kopien der Strafanzeigen aufbewahrt werden), von denen die Originale nie die Staatsanwaltschaft erreicht hatten. Darunter waren jedoch nicht nur die Anzeigenkopien gegen die Mittäter des Detektivs, sondern auch frei erfundene Anzeigen gegen »Ladendiebe«, deren Anschrift man sich einfach aus dem Telefonbuch besorgt hatte. Für jeden registrierten und angezeigten »Täter« gab es für den Detektiv nämlich noch eine Prämie in Höhe von 30 DM!

2. Beispiel: Ein besonders dreister Diebstahl durch zwei Detektive ereignete sich in einem Münchner Modehaus. Der Chef der Detektei hatte einem seiner Detektive gestattet, einen wertvollen Ledermantel zu entwenden, und verlangte dafür die Hälfte des regulären Verkaufspreises. Der Detektiv ließ sich in der Abteilung den Ledermantel aushändigen und erklärte dazu, dass er ihn an der Hauptkasse im ersten Stock bezahlen würde. Die arglose Verkäuferin übergab den Mantel dem Detektiv, der mit dem unbezahlten Mantel in der Personalgarderobe verschwand, wo er fein säuberliche alle Etiketten entfernte und den Mantel anschließend anzog. Mit dem Mantel verließ er danach – immer mit Billigung und Deckung seines Chefs – die Firma über den Personalausgang im ersten Stock, um seine Beute in Sicherheit zu bringen. Auf der Treppe nach unten wurde er jedoch von einem Geschäftsführer angehalten, der zufällig gesehen hatte, wie der Detektiv den Mantel aus der Abteilung geholt hatte. Bei der anschließenden Überprüfung durch den Geschäftsführer stellte sich rasch heraus, dass der Mantel nicht bezahlt war. Der Geschäftsführer verständigte den Chef der Detektei und begleitete diesen und dessen diebischen Mitarbeiter in das Detektivbüro, von wo aus auf ausdrückliches Verlangen des Geschäftsführers die Polizei verständigt wurde. Unterdessen musste der Chef zähneknirschend und mit der Befürchtung, dass ihn sein Mittäter jederzeit verraten könnte, die Strafanzeige im Beisein des Geschäftsführers erstellen und dann der Polizei übergeben, die den diebischen Detektiv samt Diebesbeute mitnahm. Erst

jetzt verließ der Geschäftsführer das Detektivbüro. Sofort danach lief der Chef die Treppen hinunter und erreichte gerade noch die Polizeistreife, die eben im Begriff stand, mit seinem ertappten Mittäter zur Wache zu fahren. Unverfroren hielt der Chef die Streife an und erklärte dazu, dass sich soeben herausgestellt habe, dass der Mantel doch ordnungsgemäß durch den Detektiv bezahlt worden war. Verärgert über die dilettantische Ermittlungsarbeit und ohne die Angaben des Chefs weiter zu überprüfen, ließen die Beamten daraufhin den Detektiv wieder aussteigen, übergaben Mantel und Strafanzeige an den Chef und forderten ihn auf, das nächste Mal erst gründlich zu recherchieren, ehe er seine eigenen Mitarbeiter wie Diebe behandele und die Polizei wieder vergeblich alarmiere!

2.3 – Verhalten bei Entdeckung einer Straftat

Das richtige Verhalten bei der Entdeckung eines Ladendiebs ist das Schwierigste im Alltag eines Detektivs

Mit der Feststellung eines Tatverdächtigen beginnt für den Sicherheitsverantwortlichen der schwierigste Teil seiner Aufgabe. Es gilt nun, den Verdächtigen unauffällig möglichst so lange zu observieren, bis die Tat vollendet im Sinne des StGB ist und die erforderlichen Beweise für die Tat erbracht werden können. Zwar ist auch der Versuch zu einer ganzen Reihe von Straftaten selbst strafbar, wie z. B. der versuchte Diebstahl, jedoch wird nicht selten bei Zugriffen im Versuchsstadium einer Tat die Beweisfrage schwierig sein. Deswegen ist anzustreben, den Tatverdächtigen erst nach vollendeter Tat anzuhalten (aber: *vollendeter* Diebstahl kann bereits beim Verbergen kleinerer Gegenstände innerhalb einer Verkaufsfläche vorliegen, ohne dass der Täter die Abteilung oder das Haus bereits verlassen hat!). Bemerkt der Tatverdächtige vor der Vollendung seiner Tat, dass er entdeckt wurde, und gibt dann die weitere Tatausführung auf, so kann er dann selbstverständlich auch wegen der versuchten Tat angehalten und angezeigt werden. Voraussetzung dafür ist natürlich, dass die bis dahin gezeigte Handlung bereits über das Stadium der »straflosen Vorbereitungshandlung« hinausgeht und der Versuch zur begonnenen Tat ebenfalls strafbar ist.

Im genannten Fall ist für die Anzeigenerstattung außerordentlich wichtig, genau zu beschreiben, an welchen Anzeichen man erkennen konnte, dass der Täter die Observation bemerkt hat. Andernfalls könnte der Täter angeben, dass er aus freiem Entschluss die weitere Tatausführung aufgegeben hat, was einen strafbefreienden Rücktritt vom Versuch bedeuten könnte! Bei Feststellung eines Tatverdächtigen gilt es, folgende Regeln zu beherzigen:

- Wenn ein Verdächtiger nicht mithilfe von Überwachungskameras beobachtet werden kann, muss sich der Sicherheitsverantwortliche bei der Observation so verhalten (als Kunde getarnt), dass er nicht als Angehöriger des Hauses erkennbar ist.

- Der Täter sollte dabei jedoch so »hautnah« beobachtet werden, dass alle wesentlichen Handlungen des Täters (Einstecken von Ware, Beseitigung von Verpackungsmaterial und von Beweismitteln) möglichst lückenlos erkannt werden können.

- Nach der Tat muss der Täter solange weiter observiert werden, bis der taktisch günstigste Moment für einen Zugriff gegeben ist.

- Soweit erforderlich, müssen Unterstützungskräfte so früh wie möglich, noch während der Observation, angefordert und herangeführt werden.

- Dabei ist es wichtig, mögliche Fluchtwege zu erkennen und unauffällig zu verstellen.

- Noch während der Observation sollte die Sicherung von Beweismitteln im Verkaufsraum veranlasst werden.

- Schließlich sind beim Zugriff (die Anhaltung des Tatverdächtigen bzw. seine vorläufige Festnahme) die Grundsätze der Eigensicherung zu beachten.

- Beim Einschreiten sollte man – soweit möglich – darauf achten, dass das Ansehen der eigenen Firma nicht geschädigt wird.

- Allerdings ist bei Widerstandshandlungen entschlossenes Einschreiten erforderlich, um dem Täter keine Gelegenheit zu geben, nach einer Waffe zu greifen!

Man kann allein schon anhand dieser Aufzählung, die von Fall zu Fall noch durch eine ganze Reihe anderer erforderlicher Maßnahmen ergänzt werden muss, leicht ermessen, dass es eine schwierige Aufgabe ist, die es im Zusammenhang mit der Feststellung eines Straftäters zu bewältigen gilt. Ohne der entsprechenden theoretischen Vorbereitung und der Einübung von Standardsituationen wird der weniger geübte Sicherheitsverantwortliche schnell Probleme bekommen.

Daher gilt als Grundsatz: Jede vorhersehbare Situation im Zusammenhang mit der Feststellung von Straftätern muss immer und immer wieder eingeübt werden (auch in Form von Rollenspielen). Lebenswichtig (auch schon beim ersten Einsatz!) aber ist es, die Grundsätze der Eigensicherung zu kennen und genau zu befolgen!

Eigensicherung schützt Ihr Leben und das Leben Ihrer Kollegen – Nachlässigkeit bei der Eigensicherung kann tödlich sein!

Daher dürfen bei der Eigensicherung unter keinen Umständen Abstriche gemacht werden!

2.3.1 – Die Tarnung

2.3.1.1 – Grundsätze zur Tarnung

Sich gut tarnen zu können, ist eine der wichtigsten Fähigkeiten eines Kaufhausdetektivs

Eines der größten Probleme, das sich für einen Anfänger bei der Beobachtung von Ladendieben ergibt (natürlich nur dann, wenn die Beobachtung nicht aus einem Versteck heraus oder mithilfe einer Überwachungskamera erfolgt), ist die unauffällige Observation eines Tatverdächtigen. Entweder konzentriert sich der ungeübte Beobachter nämlich so stark auf irgendwelche Waren (um den Anschein eines Kunden zu erwecken), dass er den Täter in kürzester Zeit aus den Augen verloren hat, oder aber er verhält sich so verkrampft in dem Bestreben, ja nicht aufzufallen, und dabei so atypisch für einen Kunden, dass der Täter seinerseits auf den Beobachter aufmerksam wird. Der Ideal fall sieht dagegen so aus, dass der Beobachter für dritte Personen (und natürlich in besonderem Maße für den Täter) tatsächlich wie ein völlig argloser Kunde wirkt, während er doch ganz genau jede Handlung und jede Bewegung des Täters verfolgt. Für – vielleicht schon verzweifelte – Anfänger sei an dieser Stelle gesagt, dass das Idealverhalten im Laufe der Zeit durchaus erlernbar ist. Allerdings gehört dazu neben ständiger Übung vor allem auch eine große Menge Geduld und Ausdauer. Und wer am Anfang vor der Wahl steht, einem Tatverdächtigen entweder aufzufallen oder ihn – womöglich samt wertvoller Beute – aus den Augen zu verlieren, der möge sich getrost dafür entscheiden, lieber aufzufallen. Damit bewahrt er das Unternehmen einerseits vor Schaden, und der Täter weiß nun andererseits, dass in dem Unternehmen ein Aufpasser tätig ist. Dieses Wissen wird ihn vielleicht zukünftig davon abhalten, zum Stehlen dorthin zu gehen. Damit ist wahrscheinlich langfristig Schaden für das Unternehmen verhütet worden, was letztlich ja die Aufgabe des Sicherheitsverantwortlichen ist!

Zu prüfen ist in solchen Fällen, ob das vom verdächtigen Kunden gezeigte Verhalten bis zu dem Zeitpunkt, an dem dieser den Beobachter bemerkt hat, für sich allein schon eine Straftat darstellt, wie etwa der strafbare Versuch eines Diebstahls. Hat der Täter vor dem Zeitpunkt, als er die Observation bemerkte, bereits Ware so verborgen, dass sie an der Kasse bei keiner üblichen Kontrolle mehr auffallen würde, so war der Diebstahl bereits vollendet. In diesem Fall sind alle Maßnahmen gegen den tatverdächtigen Kunden zulässig, die der Sicherheitsverantwortliche als »jedermann« treffen kann (näheres dazu im Kapitel Recht).

2.3.1.2 – Hilfsmittel der Tarnung

Auch ein Einkaufswagen kann zur Tarnung dienen

Als zweckmäßige Hilfen für die Tarnung im Einsatz gegen Diebe haben sich nur sehr wenige Dinge wirklich bewährt. Im SB-Bereich ist dies das Mitführen eines Einkaufswagens, in den man während der Observation wie ein Kunde Waren legt. Des Weiteren sind alle Bekleidungsstücke dann als Tarnung sinnvoll, wenn aufgrund der jeweils herrschenden Witterung auch die übrigen Kunden entsprechend gekleidet sind. Anders gesagt, richtet sich der Sicherheitsverantwortliche – der während einer Observation selbstverständlich ohne Arbeitskittel, sondern in zivil tätig ist – bei der Auswahl der von ihm getragenen Kleidung nach den übrigen Kunden, damit er so wenig wie möglich aus der Masse der Kunden heraussticht. Während eines heftigen Regenschauers sollte er ruhig auch einen Regenschirm mitführen, den er allerdings kurz in den Regen halten sollte (ein trockener Schirm wäre nämlich äußerst befremdlich und damit erst recht auffällig). Jacken sind als Tarnungshilfsmittel ebenfalls von Vorteil: bei längerer Observation kann man nämlich die – zunächst geschlossene – Jacke ausziehen; weicht die Farbe des darunter getragenen Kleidungsstücks von der Farbe der Jacke ab, so verändert sich dadurch das gesamte Erscheinungsbild wesentlich, was wiederum zur Tarnung beiträgt. Außerdem bieten Jacken die Möglichkeit, Hilfsmittel (z. B. Funkgeräte, Pfefferspray, Handschellen) mitzunehmen. Einen guten Tarneffekt bieten Plastiktüten mit der Firmenaufschrift anderer (möglichst in der Nachbarschaft liegender) Handelsunternehmen. Füllt man solche Plastiktüten mit zusammengeknülltem Papier, so kann man die Taschen im Einsatzfall unbesorgt zurücklassen, ohne dass dadurch ein

Schaden entsteht. »Hilfsmittel« wie Tarnbrillen, Perücken, unhandliche (und dadurch auffallende) Gepäckstücke und ähnliche Dinge sollte man tunlichst nicht verwenden; einen spürbaren Nutzen haben sie im Regelfall nicht.

Ein unauffälliges Erscheinungsbild ist für eine Tarnung sehr wichtig

Unter dem Gesichtspunkt der Tarnung ist es wichtig, sein gesamtes äußeres Erscheinungsbild so unauffällig wie irgend möglich zu gestalten (die berühmte »graue Maus« ist der Idealtyp eines Observanten: Niemand beachtet ihn, niemand nimmt ihn bewusst zur Kenntnis und keiner kann sich an ihn erinnern!). Dazu gehört, keinerlei auffällige Kleidung zu tragen, keine leuchtenden Farben zu verwenden (auch nicht für die Haare oder das Make-up), keinerlei Schriftzüge an Pullovern oder Jacken und keine modischen Accessoires zu tragen. Im Dienst getragene Brillen sollen ebenso unauffällig sein wie die Haarlänge, die Haarfarbe und der Haarschnitt.

Figurbetonte Bekleidung (knappe Pullis, enge Hosen, weite Ausschnitte oder kurze Röcke) ist für Damen während eines Observationseinsatzes denkbar ungeeignet! Denn: Je langweiliger das äußere Erscheinungsbild auf einen zufälligen Beobachter wirkt und je uninteressanter es ist, desto besser ist die Tarnung. Zur Tarnung gehört es auch, Schuhe mit leisen Sohlen (z. B. Kreppsohlen) zu tragen, damit man sich ungehört im Verkaufsraum bewegen kann (wichtig z. B. auch dann, wenn man seinen Beobachtungsplatz in einem Parallelgang zum Tatverdächtigen im Laufschritt verändern muss). Ebenso wichtig ist es im SB-Bereich, nur Einkaufswagen mit möglichst leisen Rollgeräuschen zu verwenden, wobei besonders darauf geachtet werden muss, dass die Achsen nicht quietschen und keine Rollen beschädigt sind! Werden Einkaufswägen zur Tarnung mitgeführt, werden diese an Einmündungen von Regalgängen grundsätzlich nachgezogen, nicht vor sich her geschoben. So kann man in die Quergänge einsehen, ohne dass ein eventuell dort stehender Täter rechtzeitig durch das Auftauchen des Einkaufswagens vor dem Herannahen eines »Kunden« gewarnt wird!

2.3.1.3 – Vermeiden von Blickkontakten

Als wichtiger Grundsatz bei der Observation eines Tatverdächtigen gilt:

Niemals darf man einem Tatverdächtigen vor der Tatausführung in die Augen schauen!

Gleichgültig, ob es sich um einen Ladendieb bei seinem ersten Diebstahl handelt oder um einen professionellen Einbrecher: Jeder erfahrene Kaufhausdetektiv, aber auch jeder in der Observation geübte Kriminalbeamte hat schon am eigenen Leib die ärgerliche Erfahrung gemacht, dass ein Tatverdächtiger unversehens einmal hochblickte und dabei dem Verfolger voll in die Augen sah. Man kann dabei förmlich spüren, wie der Verfolgte in diesem Moment innerlich zusammenzuckt. Irgendetwas verrät den Fahnder an seinem Augenausdruck, der wachsam und lauernd ist und damit für den Straftäter ähnlich alarmierend wie der Alarmblick eines Täters für den Sicherheitsverantwortlichen! In diesem Fall kann sich der Verfolger noch so sehr um Unauffälligkeit bemühen, er wird dennoch stets mit wachem Misstrauen vom Beobachteten wahrgenommen. Der Fahnder ist damit quasi »verbrannt« (enttarnt). Im Regelfall wird ein Straftäter jetzt von der Ausführung einer geplanten Straftat ablassen. Die Situation ist nur noch zu retten, wenn ein zweiter Sicherheitsverantwortlicher die Observation übernimmt und der »Enttarnte« sich gut sichtbar aus dem Geschehen zurückzieht (indem er z. B. an die Kasse geht und dort seine Waren bezahlt). Findet die eingangs geschilderte Begegnung (Täter und Verfolger blicken sich unvermittelt in die Augen) jedoch erst dann statt, nachdem die Tat bereits begangen ist, so tritt – erstaunlicherweise – eine ganz andere Situation ein: Nunmehr kann der Verfolger fast ungefährdet den Weg des Täters auch mehrfach kreuzen, ja, wie Versuche gezeigt haben, ihn sogar unter irgendeinem fadenscheinigen Vorwand ansprechen, ohne dass der Täter misstrauisch gegenüber seinem Verfolger wird.

Ist der Täter einmal auf seinen Beobachter aufmerksam geworden, sollte man ihn gegen einen Kollegen auswechseln

Personen hingegen, die dem Täter schon vor der Tatbegehung einmal aufgefallen sind, erkennt er sofort wieder. Und hatte der Täter mit dieser Person vor der Tat Blickkontakt, so wird er sich bei einer erneuten Begegnung nach der Tat sehr rasch in die Enge getrieben sehen und sich entweder seiner Beute schnellst möglichst wieder entledigen oder aber unvermittelt die Flucht ergreifen. In so einem Fall hat es der Sicherheitsverantwortliche sehr schwer, dem Täter zu dessen Anhaltung nahe genug zu kommen, um noch den Überraschungsmoment ausnutzen zu können.

2.3.1.4 – Blickkontakte als taktische Maßnahme

Unter gewissen Umständen kann der Blickkontakt mit einem Verdächtigen aber auch als gezieltes Mittel durch den Sicherheitsverantwortlichen eingesetzt werden: So gibt es einmal die Möglichkeit, einen Tatverdächtigen von zwei Personen gleichzeitig observieren zu lassen, wobei die erste Person durch bewusst ungeschicktes Verhalten (z. B. auch durch Blickkontakt) das Misstrauen des Täters auf sich zieht. Während der Täter seine Aufmerksamkeit auf diese Person richtet (und ihr letztlich auch – wie beabsichtigt – entkommt), kann der zweite Mitarbeiter den Täter umso leichter und unauffälliger observieren. Denn nun wird der Täter nach der Person suchen, die ihn beobachtet hat und dabei weniger auf andere Leute achten. Eine andere Möglichkeit besteht darin, einen Tatverdächtigen so intensiv anzublicken und so offenkundig »auffällig unauffällig« zu beobachten, dass dieser von der weiteren Tatausführung ablässt und aus dem Geschäft verschwindet. Dieses Mittel wird man jedoch nur dann einsetzen, wenn man aufgrund einer anderen gerade laufenden Observation oder eines anderen nicht aufschiebbaren Vorhabens nicht in der Lage ist, den beiläufig festgestellten Tatverdächtigen zu observieren. Verlässt der Beobachtete tatsächlich ohne Einkauf kurz darauf das Geschäft, kann man davon ausgehen, dass er tatsächlich die Absicht zum Diebstahl hatte. Man prägt sich sein Aussehen ein und kann ihn dann, wenn er zu einem anderen Zeitpunkt wieder im Geschäft erscheint, entsprechend observieren. Das ist zwar sicher nicht die Ideallösung, ist aber immer noch jedem vollendeten Diebstahl vorzuziehen. Intensives Anstarren kann im SB-Bereich ferner auch dann von Nutzen sein, wenn man an einer Kasse einen Kunden bemerkt, der aufgrund seines Verhaltens irgendwie verdächtig wirkt, ohne dass einem dieser Kunde davor schon aufgefallen wäre. Instinktiv spürt man jedoch als erfahrener Sicherheitsverantwortlicher, wenn mit einem Kunden etwas »faul« ist. In diesem Fall kann man sich direkt vor der Kasse aufstellen und den Verdächtigen intensiv mustern, der in der Kassenreihe wartet. Dabei versucht man, sein Interesse für den Verdächtigen in einer Weise zu verbergen, dass gerade dadurch für den Kunden klar zu erkennen ist, dass man es genau auf ihn abgesehen hat. Gleichzeitig wartet im Verkaufsbereich ein zweiter Mitarbeiter, der vom Verdächtigen nicht bemerkt werden darf. Hat der Verdächtige tatsächlich Diebesgut eingesteckt, so wird er – noch bevor er an der Reihe ist, zu bezahlen – unter einem Vorwand aus der Warteschlange ausscheren und in den Verkaufsbereich zurückgehen. Hier wird er versuchen, sich seiner Beute zu entledigen, da er sich entdeckt wähnt. Das ist der Moment, indem dann der zweite Beobachter zugreifen kann.

2.3.2 – Anforderung von Unterstützungskräften

Es müssen noch während der Observation Unterstützungskräfte angefordert werden, sobald der Sicherheitsverantwortliche einen Straftäter festgestellt hat, von dem er aufgrund seiner konkreten Wahrnehmung (z. B. ein Wiederholungstäter, der als gewalttätig bekannt ist) oder aber aufgrund seiner allgemeinen Berufs- und Lebenserfahrung vermuten kann oder muss, dass diese Person bei der Anhaltung Widerstand leisten wird.

Weiterhin soll immer dann Unterstützung angefordert werden, wenn zwei oder mehr Täter zusammenarbeiten oder wenn sich eine Observation zeitlich ausdehnt. Eine Unterstützung ist auch sinnvoll, wenn zeitgleich – noch während der laufenden Observation – Beweismittel gesichert werden sollen und dies vom Verfolger selbst ohne Aufsehen nicht durchgeführt werden kann. Die Unterstützungskräfte sind so frühzeitig wie möglich über alle wichtigen Erkenntnisse zu informieren.

Die rechtliche Verantwortung für die angeordneten Unterstützungsmaßnahmen trägt dabei derjenige, der sie anfordert, die Verantwortung für die Art und Weise der geleisteten Unterstützungsmaßnahmen (z. B. für die Verhältnismäßigkeit der angewendeten Mittel) tragen hingegen die Unterstützenden!

Bei der Vernehmung von weiblichen Tatverdächtigen durch Männer muss immer eine zweite Person zur Unterstützung mit hinzugezogen werden (Beachte auch die Ausführungen zu »weibliche Waffen« – Abschnitt 1.5.5). Es ist selbstverständlich, dass bei der Erstattung von Strafanzeigen die unterstützenden Personen als Zeugen benannt werden und dass deren Maßnahmen in einem gesonderten Vermerk geschildert werden.

2.3.3 – Besondere Maßnahmen

2.3.3.1 – Kennzeichnung »verdächtiger« Ware

Immer wieder kommt man als Sicherheitsverantwortlicher in die Situation, dass man innerhalb kürzester Zeit zwei oder mehr Personen bemerkt, die die Kriterien als »verdächtige Person« erfüllen. Es ist klar, dass man nicht gleichzeitig mehrere Kunden, die in irgendeiner Weise verdächtig erscheinen, ununterbrochen observieren kann. Dies würde einen unverhältnismäßigen Personalaufwand erfordern. Dennoch gibt es einen Trick, der es in SB-Warenhäusern in gewissem Umfang ermöglicht, mehreren Kunden gleichzeitig »auf die Finger« zu schauen: das Kennzeichnen der Ware, von der man annimmt, dass sie ein Verdächtiger entwenden könnte.

Um den Überblick über mehrere Verdächtige zu behalten, kann man Waren markieren

Das funktioniert folgendermaßen: Wird ein »verdächtiger Kunde« festgestellt, der aus einem SB-Verkaufsregal Ware an sich nimmt, die entweder relativ wertvoll oder erfahrungsgemäß besonders diebstahlsgefährdet ist, so wartet der Beobachter, bis der Kunde sich von dem Regal entfernt hat. Nun kennzeichnet man die im Regal verbliebenen, gleichen Packungen unauffällig, z. B. mit einem Kugelschreiberkreuzchen. Dies kann man in kurzen Abständen bei mehreren »verdächtigen Kunden« praktizieren, jedoch immer nur bei so vielen Kunden gleichzeitig, wie man sich auf einmal einprägen kann (samt der verdächtigen Ware). Trifft der Sicherheitsverantwortliche nun nach kurzer Zeit abermals auf einen dieser Kunden und stellt dabei fest, dass die fragliche Ware nicht mehr in dessen Einkaufswagen liegt, so kann sich der Sicherheitsverantwortliche durch einen raschen Blick in das Regal, aus dem die Ware stammte, davon überzeugen, ob die Ware zwischenzeitlich vom Kunden dorthin zurückgebracht wurde. In diesem Fall müsste sich obenauf eine Packung finden lassen, die keine Markierung aufweist. Ist dies jedoch nicht der Fall, bedeutet dies, dass die Packung, die der Kunde ursprünglich entnommen hatte, jetzt an einer anderen Stelle abgelegt oder aber vom Kunden eingesteckt wurde. Nun kann man den Kunden hinter der Kasse bzw. beim Verlassen des Hauses anhalten und nach dem Verbleib dieser Ware befragen. Gibt er an, die Ware an einer anderen Stelle abgelegt zu haben, so geht man mit dem Kunden zu der bezeichneten Örtlichkeit und überprüft seine Angaben. Findet sich die Ware am angegebenen Ort, wird der Kunde gebeten, zukünftig die Ware dorthin zurückzubringen, woher sie stammt. Findet sich die Ware dagegen nicht an der angegebenen Stelle und/oder behauptet der Kunde, sie ordnungsgemäß zurückgebracht zu haben, so kann diese Behauptung durch – nochmalige – Überprüfung im Beisein des Kunden zumindest ernsthaft angezweifelt werden. Ist der Kunde dann immer noch nicht in der Lage, den Verbleib des Artikels anderweitig (und nachprüfbar) zu erklären, so besteht die Möglichkeit, dass der Kunde den Artikel eingesteckt hat. Theoretisch könnte jedoch auch ein anderer Kunde in der Zwischenzeit den – vielleicht tatsächlich – zurückgebrachten Artikel an sich genommen haben. Es bleibt in dieser Situation dem Spürsinn des Sicherheitsverantwortlichen vorbehalten, das gezeigte Verhalten des verdächtigen Kunden zu bewerten. Kommt der Sicherheitsverantwortliche unter Berücksichtigung des Gesamtverhaltens des Kunden zu dem Ergebnis, dass der Kunde nicht die Wahrheit sagt, so ist dieses Verhalten, zusammen mit dem fehlenden Artikel, ausreichend für einen dringenden Tatverdacht. Der Kunde kann daher ggf. vorläufig festgenommen werden. Ist er freiwillig nicht damit einverstanden, seine Bekleidung oder mitgeführte Taschen durchsuchen zu lassen, so ist die Polizei hinzuzuziehen, die dann die Durchsuchung vornehmen wird.

2.3.3.2 – Der »doppelte Artikel«

Ein Trick, um einen Dieb zu entlarven, ist der »doppelte Artikel«

Eine Möglichkeit, unehrliche Kunden dazu zu bringen, sich selbst als Ladendieb zu entlarven, bietet folgende taktische Variante, die allerdings nur von wirklich geübten Sicherheitsverantwortlichen angewendet werden sollte: Hat man einen Kunden bemerkt, der ursprünglich einen (kleineren) Gegenstand in seinem Einkaufswagen liegen hatte, der nun – bei einer erneuten Begegnung – fehlt, und findet man keine vernünftige Erklärung für das Fehlen dieses Gegenstandes (weil der Kunde z. B. in der Zwischenzeit nicht mehr in der entsprechenden Abteilung war), so kann man mit einem kleinen Trick den Kunden dazu bringen, sich ggf. selbst zu entlarven: Dazu besorgt man einen mit dem verschwundenen Gegenstand identischen Artikel aus derselben Abteilung und legt diesen – in einem günstigen Augenblick – dem Kunden in dessen Einkaufswagen, unter andere Artikel, sodass dieser Gegenstand zunächst nicht sichtbar ist. Und so unglaublich es klingt: In einer ganzen Reihe von Fällen, die der Verfasser selbst erlebt hat, griff der Kunde in dem Moment, in dem er diesen Artikel in seinem Einkaufswagen entdeckte (zumeist an der Kasse, wenn die Ware auf das Förderband gelegt wird), instinktiv an die Stelle seiner Kleidung, wo – wie sich dann herausstellte – der Artikel vom Kunden zuvor verborgen worden war! In solch einem Fall darf man relativ sicher sein, dass der Kunde tatsächlich den Artikel entwendet hat, und man wird ihn entsprechend überprüfen. Andernfalls ist es natürlich eine Selbstverständlichkeit und ein Gebot der Fairness, Kunden, die unverdächtig reagiert haben, nach dem Bezahlen auf diesen Artikel hinzuweisen (»Entschuldigung, ich habe aus Versehen einen Artikel in Ihren statt in meinen Einkaufswagen gelegt.«). Der Kauf wird dann storniert und der Kunde erhält natürlich das Geld zurück.

Diese Methode sollte auf Ausnahmefälle beschränkt bleiben. Denn man darf dabei nicht vergessen, dass bei der Anwendung dieses Tricks ein Straftäter durch das plötzliche Auftauchen eines Artikels, den er im Verbogenen wähnt, sofort in höchste Alarmbereitschaft versetzt wird. Dadurch fällt natürlich das Überraschungsmoment bei der Anhaltung weg und man muss daher mit einem sofortigen Fluchtversuch oder heftigem Widerstand des Täters rechnen. Andererseits besteht auch die Gefahr, dass ein Täter versuchen wird, einen geschützten Platz im Verkaufsbereich aufzusuchen, um sich dort des Diebesgutes zu entledigen. Erkennt man diese Gefahr, ist der Täter entweder lückenlos zu observieren oder aber vorher anzusprechen. Gegebenenfalls wird Strafanzeige wegen versuchten Diebstahls erstellt, soweit nicht ohnehin die Tat bereits vollendet war.

2.4 – Anhaltung von Ladendieben

Die Anhaltung eines Ladendiebes ist immer ein kritischer Moment

Eine der kritischsten und schwierigsten Aufgaben bei der Bekämpfung des Ladendiebstahls ist ohne Zweifel die Anhaltung (bzw. die Festnahme) von Straftätern. Alle theoretischen Kenntnisse im Bereich der Strafverfolgung sind nur dann überhaupt von Nutzen, wenn es dem Sicherheitsverantwortlichen auch gelingt, einen erkannten Straftäter tatsächlich anzuhalten und das von ihm entwendete Diebesgut wieder sicherzustellen! Sehr häufig findet die Anhaltung von Ladendieben in dem Moment statt, in dem der Täter das Geschäft verlässt. Dabei ist der überwiegende Teil aller Täter bereit, den Anordnungen des Sicherheitsverantwortlichen zu folgen, ohne Widerstand zu leisten und ohne Aufsehen zu erregen. Diese Art der Anhaltungen ist relativ unproblematisch abzuhandeln. Von einer formellen Festnahme wird man dabei in den meisten Fällen absehen. Ungleich schwieriger gelagert sind dagegen die Fälle, in denen sich der Täter weigert mitzugehen, einen Fluchtversuch unternimmt oder wenn er gar körperlichen Widerstand leistet. Dabei lässt sich als Faustregel sagen, dass bei etwa fünf Prozent aller Anhaltungen mit einem Fluchtversuch oder einem Angriff des Täters gerechnet werden muss! Der Anhaltende ist aus Gründen der Eigensicherung gut beraten, wenn er sich innerlich bei jeder Anhaltung oder Festnahme darauf einstellt, dass der Täter Widerstand leisten könnte; nur dadurch kann man sich im Ernstfall wirksam gegen einen Überraschungsangriff wehren. Man muss dabei – in der heutigen Zeit mehr denn je – stets auch an die Möglichkeit denken, dass es sich bei dem Ladendieb, den man zum Beispiel wegen des Diebstahls von einem Paar Socken im Wert von 4,99 € anhalten möchte, um einen gesuchten Gewaltverbrecher, ja, im Extremfall vielleicht sogar um einen flüchtigen Raubmörder handeln könnte, der »ohnehin nichts mehr zu verlieren« hat!

Immer wieder lehrt uns die Realität, dass selbst vor dem Gebrauch von Schusswaffen gegen Detektive oder anderes Kaufhauspersonal nicht zurückgeschreckt wird. So schoss in einem Münchner Großmarkt ein Ladendieb auf den ihn verfolgenden Detektiv und verletzte ihn mit einem Schuss durch den Kehlkopf lebensgefährlich! In einer oberbayerischen Kleinstadt schoss ein Täter dreimal auf den Geschäftsführer eines Drogeriemarkts, der ihn nach einem Ladendiebstahl anhalten wollte! Und ebenfalls in Oberbayern, in einem Lebensmittelmarkt, erstach Ende 2006 ein Ladendieb eine Kassiererin, die sich ihm nach dem Diebstahl einiger Packungen Zigaretten mutig in den Weg gestellt hatte!

Das folgende Kapitel gibt wichtige Tipps und Hinweise, wie man sich bei der Anhaltung von Tätern zu verhalten hat, um das Risiko für sich, seine Mitarbeiter und für Unbeteiligte so gering wie möglich zu halten und dabei dennoch eine hohe Aufklärungsquote zu erzielen.

2.4.1 – Die Eigensicherung

Unter Eigensicherung versteht man jedes Verhalten, das dazu bestimmt und geeignet ist, körperlichen Schaden von sich selbst oder von den an einem Einsatz unmittelbar beteiligten Mitarbeitern abzuwenden. In der Praxis orientiert sich das dazu erforderliche Verhalten daran, dass ein angehaltener Straftäter keine Gelegenheit erhalten darf oder nutzen kann, durch die er die festnehmende Person oder die bei der Festnahme, dem Transport oder der Vernehmung des Täters beteiligten Personen angreifen oder körperlich schädigen könnte. Von entscheidender Bedeutung ist dabei unablässige Aufmerksamkeit und ständiges Misstrauen gegenüber dem Täter. Wenn mehrere Personen gleichzeitig festgenommen werden, ist eine ausreichend große Zahl von Sicherheitskräften oder Mitarbeitern zur Bewachung der Täter hinzuziehen. Dabei müssen die Zuständigkeiten innerhalb der eingesetzten Kräfte klar geregelt werden (z. B. Bewachung und ggf. Durchsuchung oder die Erstellung der Strafanzeige), um Missverständnisse und dadurch gefährliche Sicherheitslücken auszuschließen. Zur Eigensicherung gehört im Vorfeld aber auch die gezielte Schulung von möglichen Unterstützungskräften (z. B. von Verkäufern oder Lagermitarbeitern, die im Bedarfsfall zur Unterstützung angefordert werden) und ständiges Training, um sich auf gefährliche Situationen vorzubereiten. Körperliche Fitness ist hierzu eine wichtige Voraussetzung. Ebenfalls von entscheidender Bedeutung ist es, den Büroraum, in den man Täter nach der Anhaltung verbringt, nach den Kriterien der Eigensicherung zu gestalten und einzurichten. Es dürfen daher in diesem Raum keinerlei Gegenstände vorhanden sein, die dem Täter die Möglichkeit bieten, sie als Waffe gegen das Sicherheitspersonal einzusetzen.

Wer die Grundsätze der Eigensicherung vernachlässigt, riskiert sein Leben und das Leben seiner Kollegen – Leichtsinn kann tödlich enden!

2.4.1.1 – Grundsätze der Eigensicherung

a) Ständig mit einem Angriff rechnen

Dies ist der wichtigste Grundsatz im Bereich der Eigensicherung: Solange sich der Festnehmende in der Nähe des Straftäters bzw. des Tatverdächtigen befindet, ist **immer** mit einem Überraschungsangriff zu rechnen. Und dies gilt vom Augenblick des Ansprechens an über den Transport des Täters zum Büro, ggf. seine Durchsuchung, die Vernehmung bis zum endgültigen Abschluss des Falles bzw. bis zur Übergabe des Täters an die Polizei. Das bedeutet, dass der Sicherheitsverantwortliche sein Gegenüber ständig im Auge behalten muss. Bei jeder Bewegung, die als Vorbereitung für einen eventuellen Angriff gewertet werden könnte (Täter steht unaufgefordert und ohne ersichtlichen Anlass von seinem Sitzplatz auf; er will in eine Tasche greifen, die noch nicht nach gefährlichen Gegenständen durchsucht ist; er nimmt scheinbar spielerisch einen schweren Gegenstand, etwa einen Tesafilmabroller, vom Schreibtisch auf), ist der Täter sofort aufzufordern, die Hände ruhig zu halten und sich ggf. wieder zu setzen. Zugleich hat sich der Auffordernde unverzüglich in eine Position zu begeben, aus der heraus er einen Angriff abwehren kann. Dazu wird notfalls die schriftliche Erstellung der Strafanzeige sofort unterbrochen.

Zu langes Zögern könnte tödlich sein!

b) Keinen unkontrollierten Griff in Taschen dulden

Mantel- und Jackentaschen, aber auch alle anderen Taschen und Behältnisse (Einkaufstaschen, Handtaschen, Koffer, Fototaschen, ja selbst Brillenetuis und Zigarettenschachteln) können gefährliche Gegenstände enthalten. Daher muss der Festnehmende entweder selbst die Taschen durchsuchen (was grundsätzlich nur mit Zustimmung des Täters zulässig ist!) oder aber dafür Sorge tragen, dass er bei einem überraschenden Griff des Täters in eine Tasche schnell genug auf diesen einwirken kann, um weiteres zu verhindern. Taschen oder Mäntel, die sich vom Täter räumlich trennen lassen, werden ohnehin getrennt vom Sitzplatz des Täters und für diesen nicht sofort erreichbar aufbewahrt.

Vorsicht bei der Durchsuchung von Junkies! Nicht selten bewahren diese benutzte Spritzen in ihren Bekleidungstaschen. Ein Stich mit einer verunreinigten Spritze aber könnte zur Ansteckung mit Aids oder Hepatitis C führen!

c) Immer den richtigen Sicherheitsabstand wählen

Die richtige Position ist für Rechts- und Linkshänder unterschiedlich

Bei Begleitung eines Täters muss der Sicherheitsverantwortliche seitlich schräg hinter dem Täter hergehen. Rechtshänder gehen dabei schräg rechts hinter dem Täter, Linkshänder schräg links dahinter. Dabei muss man ständig die Hände des Täters im Blickfeld haben. Der Abstand muss dabei so groß sein, dass man mit ausgestrecktem Arm den Täter noch mühelos zu fassen bekommen kann, sollte dieser angreifen oder flüchten. Der Abstand sollte nicht überschritten, aber auch nicht unterschritten werden (Ausnahme bei Abführgriffen), da sonst Gefahr besteht, dass der Täter nach einer schnellen Drehung einen schmerzhaften Kniestoß anbringen kann! Im Büro muss der Täter in einem größeren Abstand als der Reichweite seiner Arme zum Festnehmenden sitzen. Günstig ist es, wenn der Täter vor dem Anzeigenerstatter sitzt, jedoch in seitlicher Sitzposition, sodass dieser den Täter gerade vor sich sieht, während der Täter jeweils den Kopf wenden muss, wenn er den Anzeigenerstatter anschaut.

d) Rechtzeitig Unterstützungskräfte anfordern

Ist bei der Festnahme aufgrund der Einschätzung des Sicherheitsverantwortlichen mit Schwierigkeiten zu rechnen (also z. B. mit Widerstand), so sind rechtzeitig vor der Anhaltung Unterstützungskräfte anzufordern. Es ist zu gewährleisten, dass sich mindestens ebenso viele

Mitarbeiter an der Anhaltung und später an der Bewachung der Täter im Büro beteiligen, wie Tatverdächtige vorhanden sind! Anzustreben ist dabei immer, dass die Zahl der eigenen Mitarbeiter größer ist als die Zahl der Tatverdächtigen!

2.4.1.2 – Verhalten bei mehreren Tatverdächtigen

Bei der Festnahme von mehreren Personen ist eine besondere Vorgehensweise vonnöten, damit Mittäter nicht flüchten oder Mittätern zu Hilfe eilen können

Wird eine Straftat von mehreren Tätern gemeinsam begangen, so müssen alle Beteiligten nach Möglichkeit angehalten, überprüft und in der Anzeige mit ihrer jeweiligen Tatbeteiligung vermerkt werden. Die Anhaltung ist zur Personalienfeststellung und vor allem auch deshalb erforderlich, da man oft nicht mit letzter Sicherheit weiß, welcher Täter das Diebesgut mit sich führt. Bleiben die Täter zusammen und verlassen sie gemeinsam den Verkaufsraum, so werden sie – von entsprechend vielen Mitarbeitern – gemeinsam angehalten. Trennen sich dagegen die Täter und verlassen sie getrennt voneinander den Verkaufsraum, so werden sie einzeln und nacheinander angehalten. Dabei ist darauf zu achten, dass die übrigen Täter jeweils von der Anhaltung ihrer Mittäter nichts mitbekommen können! Vorsicht ist immer dann geboten, wenn die Täter sich getrennt haben und der momentane Aufenthaltsort eines der Täter dem Anhalter nicht bekannt ist. Hier muss damit gerechnet werden, dass der Mittäter bei der Anhaltung seines Komplizen überraschend auftaucht und diesem zu Hilfe eilt!

In jedem Falle muss darauf geachtet werden, dass sich der Festnehmende nicht zwischen zwei Tätern aufhält. Dies gilt ganz besonders während der Durchsuchung von Tätern. Hierbei muss mindestens ein weiterer Mitarbeiter den Mittäter im Auge behalten und ggf. ein zusätzlicher Kollege die direkte Absicherung des Durchsuchenden übernehmen. Werden Täter nacheinander durchsucht, so ist der bereits durchsuchte Täter so von den noch nicht durchsuchten Tätern zu trennen, dass er von diesen weder eine Waffe noch einen anderen Gegenstand (z. B. Diebesgut oder sonstige Beweismittel) übernehmen oder einen als Waffe geeigneten Gegenstand erreichen kann.

2.4.2 – Die Anhaltung

Die gefährlichste Phase bei der Verfolgung eines Tatverdächtigen stellt zweifellos der Moment der Anhaltung dar. Sowohl der Anhaltende als auch – in besonderem Maße – der Tatverdächtige befinden sich hierbei nicht selten in einer psychischen Ausnahmesituation. Der Sicherheitsverantwortliche, der den Verdächtigen anhalten möchte, wird einerseits vom Ehrgeiz geleitet, den erkannten Tatverdächtigen zu »erwischen«. Die Gründe dafür können verschiedenster Art sein: Pflichtbewusstsein, der Wunsch nach Anerkennung bei den Kollegen oder bei Vorgesetzten, Loyalität gegenüber dem Arbeitgeber, die Absicht, Schäden zu verhindern und anderes mehr. Andererseits spielt Angst und Unsicherheit im Augenblick der Anhaltung des Täters beim Anhaltenden eine wesentliche Rolle (»Wird sich der Täter wehren? Habe ich wirklich den Richtigen vor mir?"). Ein zusätzlicher Stressfaktor für das Verhalten zum Zeitpunkt der Anhaltung ist das Erfordernis, die Grundsätze der Eigensicherung richtig umzusetzen, sodass auch dadurch die psychische Belastung erhöht wird. Demgegenüber herrscht beim Täter der verständliche Wunsch vor, alles zu versuchen, um unerkannt den Kopf aus der Schlinge zu ziehen. Hierbei ist in erster Linie natürlich die Angst vor der Bestrafung maßgeblich, die sich je nach Vorstrafen (offene Bewährungsstrafe?) unter Umständen bis zur Panik steigern kann. Aber auch die Angst vor der öffentlichen Blamage, vor allen Kunden oder gar vor Bekannten – vielleicht sogar als Stammkunde – als Dieb entlarvt zu werden, verleiht einen verstärkten Anreiz, sich der Festnahme zu entziehen. Als Fazit bleibt also die Tatsache, dass bei jeder Anhaltung mindestens zwei Personen aufeinandertreffen, die absolut gegensätzliche Interessen vertreten: der Täter, der alles daransetzen möchte, unbehelligt zu bleiben und dies nötigenfalls durch Flucht oder Angriff zu erreichen, und der Festnehmende, der gerade dies unbedingt verhindern möchte.

Die Anhaltung eines Täters stellt auch für den Sicherheitsverantwortlichen eine hohe Belastung dar

In dieser Situation ist es von ganz entscheidender Bedeutung, dass der Sicherheitsverantwortliche durch diskretes und höfliches, dabei aber zugleich durch sicheres, bestimmtes und professionelles Auftreten einerseits eine öffentliche Blamage des Täters vermeidet, ihm aber zugleich die Sinnlosigkeit einer Widerstandshandlung klar vor Augen führt. Höflichkeit ist in dieser Phase kein Zeichen von Schwäche, sondern sie bietet dem Täter die Möglichkeit, sich ohne »Gesichtsverlust«

in die Festnahme zu fügen. Kommt es dennoch zu einer körperlichen Konfrontation, so sind die zulässigen und erforderlichen Maßnahmen konsequent und entschlossen und ohne jegliches Zögern durchzuführen. Und eine absolute Selbstverständlichkeit ist es, alle Maßnahmen, die man bei der rechtmäßigen Überwindung eines Widerstandes getroffen hat, minutiös in der Anzeige zu vermerken!

2.4.2.1 – Wahl des taktisch günstigsten Ortes

Grundsätzlich soll der Ort der Anhaltung so gewählt werden (falls eine Wahlmöglichkeit überhaupt besteht), dass er für die Zwecke des Anhaltenden bestmöglich geeignet ist und zugleich für den Straftäter kaum Fluchtmöglichkeiten bietet. Denn der Täter wird in vielen Fällen bereits auf jeden Fluchtversuch verzichten, wenn er sich ausrechnen kann, dass er ohnehin keine Chance hat. Dabei muss darauf geachtet werden, dass der gewählte Anhalteort für andere Mitarbeiter einsehbar ist. Dadurch können im Notfall andere Personen zu Hilfe eilen, wenn dies erforderlich sein sollte.

Als weiteres Kriterium bei der Auswahl des taktisch günstigsten Ortes muss berücksichtigt werden, dass die Anhaltestelle außerhalb des Verkaufs- bzw. Kassenbereiches liegen sollte, sodass der Täter bereits den Bereich verlassen hat, innerhalb dem er die Ware noch regulär hätte bezahlen können. Bei SB-Märkten ist dies außerhalb der Kassenlinie (der »Check-out-Line«) und bei herkömmlichen Geschäften i. d. R. spätestens nach Verlassen der Etage (Ausnahmen gibt es in einzelnen Unternehmen, wenn es nur im Erdgeschoß eine Kasse gibt).

Orte wie Kundenausgänge können speziell gesichert werden, um Fluchtwege zu verbauen

Wenn in einem Geschäft nur ein einziger regulärer Kundenausgang vorhanden ist, sollte man in Abstimmung mit der Organisationsleitung des Unternehmens prüfen, ob sich dort technische Hilfsmittel anbringen lassen, die bei einer Anhaltung aktiviert werden und damit die Flucht des Täters erschweren (Verschlüsse, Sperren).

Eine Videokamera im Bereich des Ausganges kann im Falle eines gewaltsamen Widerstandes als wichtiges Beweismittel zur Entlastung der eingesetzten Mitarbeiter dienen. Außerdem sollte bei nur einem Ausgang das Vernehmungsbüro in unmittelbarer Nähe dieses Ausganges liegen und über Zugangswege zu erreichen sein, die auch nach Geschäftsschluss einen Zugang für Polizei ermöglichen. Sicherheitsverantwortliche müssen sich bei Beginn ihrer Tätigkeit für ein Unternehmen von allen infrage kommenden Anhaltestellen ein genaues Bild machen. Dazu gehört auch, zu wissen, in welche Richtung sich Türen oder Fenster öffnen lassen, wo das nächste Telefon steht, wohin Treppen und Ausgänge führen u. v. a. m.

Auch außerhalb des Unternehmens sollte der Ort für die Anhaltung des Täters sorgfältig ausgewählt werden

Wird die Anhaltung des Straftäters erst nach längerer Observation oder Verfolgung außerhalb des Unternehmens möglich (oder ist sie erst dann sinnvoll, wenn sich der Täter außerhalb des Unternehmens mit seinem Mittäter getroffen hat), so gilt auch dort, dass man darauf achten soll, die Örtlichkeit so zu wählen, dass dem Täter Flucht oder Angriff möglichst erschwert werden. Die Anhaltung soll dann nach Möglichkeit noch in belebtem Terrain oder in der Öffentlichkeit erfolgen, damit man im Falle eines Widerstandes Passanten bitten kann, die Polizei zu alarmieren. Hauseingänge oder dunkle und enge Hinterhöfe soll man als Ort der Festnahme möglichst meiden, da man nicht ausschließen kann, dass der Täter diese Orte bewusst aufsucht, um im Falle einer Verfolgung versteckte Waffen oder dort wartende Mittäter gegen den Verfolger einzusetzen.

Festnahmen an gefährlichen Orten (im unmittelbaren Bereich von Fahrbahnen oder von Tram- und U-Bahn-Gleisen, an Uferböschungen oder auf Brücken etc.) sollte man ebenfalls tunlichst vermeiden, um sicherzugehen, nicht vom Täter über eine Brüstung oder vor einen Zug gestoßen zu werden! Betritt der Täter ein Abbruchgelände, eine einsame Unterführung oder einen Wald (oder eine Kiesgrube, dichtes Buschwerk u. Ä.), so ist besondere Vorsicht angebracht: Möglicherweise hat er den Verfolger bemerkt und möchte ihm nun eine Falle stellen! In derartigen Situationen sollte man auf jede weitere eigene Maßnahmen verzichten und stattdessen schnellstmöglich die Unterstützung der Polizei anfordern. Dabei ist es besonders wichtig, die genaue Örtlichkeit angeben zu können. Deswegen muss man sich bei einer längeren Verfolgung jeweils die Straßennamen der Straßen einprägen, durch die man gelaufen ist.

2.4.2.2 – Wahl des günstigsten Anhaltezeitpunktes

Die Frage, wann man einen Straftäter anhalten soll, hängt eng zusammen mit der Frage nach dem taktisch günstigsten Ort. Den Zeitpunkt bestimmt somit häufig der Täter (unbewusst) selbst, indem er einen für eine Anhaltung taktisch günstigen Ort (z. B. den Ausgang) zu einem beliebigen Zeitpunkt betritt. In diesem Fall überlässt es der Sicherheitsverantwortliche mehr oder weniger dem Zufall, wann die Anhaltung durchgeführt wird. Anders sieht die Situation dann aus, wenn der Täter den Verfolger bemerkt hat. Hier ist schnelles Handeln gefordert. Sollte sich der Täter noch im Bereich der sogenannten straflosen Vorbereitungshandlungen bewegen, ist eine Fortsetzung der Observation durch den jetzt entdeckten Verfolger natürlich nicht mehr sinnvoll. Entweder übernimmt deshalb ein anderer Mitarbeiter die Observation, oder aber man gibt sich dem »Kunden« gegenüber zu erkennen und erteilt ihm an Ort und Stelle Hausverbot. Bewegt sich die Handlung bereits in dem (mit Strafe bedrohten) Bereich des Versuchs, so wird der Täter, sobald er den Verfolger bemerkt hat, angesprochen (auch noch innerhalb des Verkaufsbereiches). Es ist zweckmäßiger, den Täter zu stellen, die Beute zu sichern und wegen versuchten Diebstahls Strafanzeige zu erstatten, als Täter samt Beute zu verlieren! An dieser Stelle sei nochmals darauf hingewiesen, dass das Verbergen kleiner Gegenstände in Diebstahlsabsicht am Körper mit dem Zeitpunkt des Einsteckens rechtlich bereits ein vollendeter Diebstahl ist.

Auch der Zeitpunkt für eine Anhaltung sollte mit Bedacht gewählt werden

Folgende Grundsätze sollten bei der Entscheidung für den richtigen Anhaltezeitpunkt beachtet werden:

- Anhaltungen sollen nach Möglichkeit erst nach dem Passieren des Kassenbereiches aber noch vor dem Verlassen des Hauses erfolgen!
- Hat der Täter bereits das Gebäude verlassen und befindet er sich auf dem Kundenparkplatz, so soll mit der Anhaltung nach Möglichkeit so lange gewartet werden, bis ggf. feststeht, welches Auto dem Täter gehört.
- Der Sicherheitsverantwortliche muss immer versuchen, das Überraschungsmoment für sich auszunutzen. Dazu ist es erforderlich, sich dem Dieb so spät wie möglich zu erkennen zu geben.

- Ein probates Mittel besteht auch darin, den Täter zeitgleich in dem Moment, wo man ihn anspricht, bereits mit einer Hand am Ärmel seiner Jacke zu ergreifen und ihm damit von vorneherein die Sinnlosigkeit eines Fluchtversuches zu demonstrieren.

- Sobald eine Tathandlung vollendet ist (Erfüllung aller Tatbestandsmerkmale), sollte der Zugriff bei der nächsten günstigen Gelegenheit erfolgen. Ein unnötig langes Warten (»Vielleicht klaut der Täter ja noch mehr«) gefährdet meistens den Erfolg. Einerseits steigt das Risiko, vom Täter entdeckt zu werden, und andererseits steigt die Gefahr, den Täter im Gewühl aus den Augen zu verlieren!

- Wenn zu befürchten ist, dass es bei der Anhaltung zu Widerstandshandlungen kommen könnte, ist mit dem Zugriff möglichst so lange zu warten, bis genügend Unterstützungskräfte herangeführt worden sind.

- Handelt es sich um erkennbar aggressive Täter oder um aggressive Tätergruppen, sollte man auch an die Möglichkeit denken, per Handy die Polizei zu verständigen. Der Täter bzw. die Gruppe wird dann so lange observiert, und dies auch außerhalb des Unternehmens, wenn die Täter das Kaufhaus verlassen haben, bis die Polizei – möglichst in Zivil – eingetroffen ist.

2.4.3 – Die vorläufige Festnahme

Nach der Bestimmung des § 127/I der Strafprozessordnung (im Kapitel Recht ausführlich erläutert) ist jedermann auch ohne richterlichen Haftbefehl dazu befugt, einen Straftäter, den er auf frischer Tat ertappt oder danach verfolgt, unter den im § 127/I StPO genannten Voraussetzungen vorläufig festzunehmen. Die Festnahme darf so lange aufrechterhalten werden, solange die Voraussetzungen des § 127/I StPO bestehen (Tatverdacht besteht fort und die Identität ist weiterhin unbekannt bzw. die Fluchtgefahr hält an – erläutert ausführlich im Kapitel Recht) oder bis der Täter der unverzüglich zu alarmierenden Polizei übergeben werden kann.

Der Festnahme kommt eine besondere Bedeutung bei der Diebstahlssachbearbeitung zu. Fehler, die hier gemacht werden, lassen sich im Regelfall nur sehr schwer wieder rückgängig machen. Die Festnahme gliedert sich in drei Abschnitte: das Ansprechen des Täters, die eigentliche Anhaltung und das Verbringen des Täters in sicheren Gewahrsam. Dies ist in aller Regel das Vernehmungsbüro. Gegebenenfalls kann auch eine Fesselung oder eine Durchsuchung nach gefährlichen Gegenständen zur eigentlichen Festnahmehandlung hinzukommen.

2.4.3.1 – Das Ansprechen des Täters

Der Festnehmende verstellt dem Tatverdächtigen (dem Täter) einen möglichen Fluchtweg, indem er ihn überholt und schräg vor diesem – zwischen Täter und Ausgangstür – stehen bleibt. Gleichzeitig hält er – soweit vorhanden – seinen Dienstausweis (Firmenausweis) hoch, sodass der Täter ihn lesen kann. Währenddessen wird dem Täter sinngemäß Folgendes gesagt: »Guten Tag, ich bin Angehöriger der Firma XY; folgen Sie mir bitte zu einer Überprüfung Ihres Einkaufs in mein Büro!« Weigert sich der Kunde, der Aufforderung nachzukommen, so wird ihm die vorläufige Festnahme angedroht. Dies geschieht z. B. mit folgendem Wortlaut: »Sie stehen in dringendem Verdacht, in unserer Firma einen Diebstahl begangen zu haben. Sollten Sie sich weigern, mit mir mitzugehen, so muss ich Sie vorläufig festzunehmen!« Weigert sich der Kunde auch jetzt noch mitzugehen oder macht er Anstalten, einfach weiterzugehen, so wird er vorläufig festgenommen. Die vorläufige Festnahme ist an keine bestimmte Form gebunden. Dennoch muss dem Verdächtigen mitgeteilt werden, dass er nunmehr vorläufig festgenommen ist. Folgende Formulierung beseitigt beim Täter alle Zweifel über die Ernsthaftigkeit des Vorhabens: »Sie sind hiermit vorläufig festgenommen! Jeder Widerstand dagegen ist zwecklos und rechtswidrig! Wenn sie sich weiter weigern mitzukommen, sehe ich mich gezwungen, unmittelbaren körperlichen Zwang gegen sie anzuwenden!«

Dir korrekte Ansprache des Tatverdächtigen zeigt ihm die Professionalität des Detektivs

Selbstverständlich kann (und muss!) anstelle dieser Erklärung die sofortige körperliche Ergreifung des Täters stehen, wenn dieser zu fliehen versucht oder angreift. In diesem Falle hält man den Täter fest und erklärt ihm sodann: »Sie sind wegen des Verdachts des Diebstahls festgenommen!«

2.4.3.2 – Die körperliche Ergreifung

Der flüchtende oder der Widerstand leistende Täter kann mit allen geeigneten Mitteln (festes Zupacken, Zu-Boden-Werfen, Abführgriff u. Ä.) körperlich überwältigt werden. Auch der Einsatz von Hilfsmitteln zur Abwehr und Überwindung eines Angriffs mit einem gefährlichen Werkzeug oder mit Waffen ist grundsätzlich zulässig. Hierbei ist allerdings auf die Verhältnismäßigkeit der Mittel besonderer Wert zu legen (der »Angriff« einer älteren Dame mit einem Regenschirm darf nicht mit dem Einsatz eines Reizstoffsprühgerätes beantwortet werden)! Ist absehbar, dass durch das Verhalten des Täters oder durch die Abwehr eines rechtswidrigen Angriffes Unbeteiligte gefährdet werden, so muss abgewogen werden, ob die Festnahme des Täters die Gefährdung eines Unbeteiligten rechtfertigen kann oder nicht. Dies hängt von der Art der Unrechtshandlung und vom Grad der erkennbaren Gefährdung ab.

Bei der Ergreifung ist die Verhältnismäßigkeit der Mittel zu beachten!

2.4.3.3 – Die Durchsuchung

Festgenommene Personen dürfen von Privatpersonen grundsätzlich nicht gegen ihren Willen nach gefährlichen Gegenständen durchsucht werden; in Notwehrsituationen und zur Abwehr einer konkreten Gefahr (Täter greift in die Manteltasche und droht dabei, er werde den Festnehmende als Geisel nehmen oder ihn erschießen) oder aus Gründen der Verhältnismäßigkeit (um z. B. eine in die persönlichen Menschenrechte des Täters weitaus tiefer eingreifende Maßnahme, wie z. B. eine Fesselung, zu vermeiden) kann jedoch eine Durchsuchung auch gegen den Willen des Festgenommenen einmal trotzdem rechtmäßig sein. Weigert sich ein Verdächtiger, sich durchsuchen zu lassen, ist immer äußerste Vorsicht geboten. In diesem Fall muss sich ein Mitarbeiter so lange unmittelbar neben den Täter stellen, bis die dann zu verständigende Polizei eingetroffen ist, die die Durchsuchung durchführen kann. Ist man allein, so muss man die Erstellung der

Strafanzeige so lange zurückstellen und den Täter selbst bewachen, bis Unterstützung oder die Polizei eingetroffen ist.

Grundsätzlich problemlos ist hingegen die Durchsuchung einer Person, wenn sie dazu vorab ausdrücklich ihr Einverständnis gegeben hat. Nach Möglichkeit sollte man die Genehmigung zur Durchsuchung in Gegenwart eines zweiten Mitarbeiters erholen. Über dieses Einverständnis vor der erfolgten Durchsuchung erstellt man anschließend einen Vermerk, den man der Strafanzeige beigibt. Äußert sich ein Täter – aus welchen Gründen auch immer (fehlende Sprachkenntnisse, verwirrter Geisteszustand, Trunkenheit etc.) – überhaupt nicht zu der Frage, ob er mit einer Durchsuchung einverstanden ist, so ist dies wie eine ausdrückliche Ablehnung des Einverständnisses zu werten! Es versteht sich von selbst, dass Frauen ausschließlich von Frauen durchsucht werden dürfen, wobei sich alle Männer außerhalb des Sichtbereiches der zu durchsuchenden Frau aufhalten müssen. Allerdings sollte man in Hörweite der durchsuchenden Mitarbeiterin sein, damit man ihr im Falle eines Angriffs durch die Täterin zu Hilfe eilen kann.

Bei der Durchsuchung einer Person sind einige wichtige Regeln zu beachten

Vor der Durchsuchung frägt man den Beschuldigten: »Sind sie damit einverstanden, dass ich Sie nach gefährlichen Gegenständen und nach möglichem Diebesgut oder anderen Beweismitteln durchsuche?« Sobald das Einverständnis erteilt ist, wird der Täter ggf. aufgefordert, Mantel oder Jacke auszuziehen. Den Mantel oder die Jacke und mitgeführte Taschen und andere Behältnisse legt man zunächst ohne weitere Durchsuchung außerhalb der Reichweite des Täters ab. Dann bittet man ihn, sich mit den Handflächen gegen eine freie Wand abzustützen, einen Schritt zurückzutreten und die Beine zu grätschen. Man erkundigt sich nun, ob der Beschuldigte Messer oder Spritzen oder andere spitze Gegenstände in seinen Kleidungstaschen hat. Gegebenenfalls zieht man sich feste Lederhandschuhe an und holt derartige Gegenstände vorab vorsichtig aus den Taschen. Der Sicherheitsverantwortliche beginnt bei Tätern, die Rechtshänder sind, mit der Durchsuchung auf der rechten Seite des Täters. Dazu tritt man von hinten an ihn heran, stellt den eigenen linken Fuß innen neben den rechten Fuß des Täters und tastet den Körper des Täters oberhalb der Bekleidung von oben nach unten ab. Natürlich werden auch Hemds- und Jackenärmel abgetastet, ebenso die Hosenbeine. Vor dem Abstützen an der Wand achtet man darauf, dass der Täter keinen Gegenstand in den Handflächen versteckt hat.

Die besondere Beinstellung bietet den Vorteil, dass man durch eine schnelle Seitwärtsbewegung des eigenen Fußes nach außen den schräg gegen die Wand gelehnten Täter im Falle eines plötzlichen Angriffs aus dem Gleichgewicht und damit zu Fall bringen kann, sodass man ihn dann am Boden leichter überwältigen kann. Ist die Durchsuchung der rechten Körperseite beendet, wiederholt man die Prozedur auf der anderen Seite, wobei man jetzt schräg links hinter den Täter tritt und nun den eigenen rechten Fuß innen neben den linken Fuß des Täters stellt.

Gegenstände, die man bei der Durchsuchung auffindet, werden zunächst rückwärts, wiederum außerhalb der Reichweite des Täters, abgelegt. Grundsätzlich werden zunächst alle Gegenstände aus den Bekleidungstaschen entnommen, auch solche, die auf den ersten Blick harmlos wirken (Schlüssel, Zigarettenschachteln, Papiertaschentücher). Erst wenn der Täter komplett durchsucht wurde und man sicher sein kann, dass er keinen gefährlichen Gegenstand und kein Diebesgut mehr einstecken hat, darf sich der Täter wieder aufrichten und außerhalb der Reichweite der sichergestellten Gegenstände Platz nehmen. Jetzt erst können die Gegenstände gesichtet werden. Diebesgut sonstige Beweismittel (z. B. abgetrennte Etiketten, Werkzeuge, die zur Überwindung von Sicherheitsetiketten verwendet wurden, u. Ä.) werden separat gelegt und später aufgelistet, Dinge aus dem Privatbesitz des Täters, von denen keine Gefahr ausgehen kann, werden ihm anschließend sofort wieder ausgehändigt. Danach erst werden mitgeführte Taschen durchsucht.

Erweckt der Täter den Anschein, als sei er ein gewerbsmäßiger Dieb oder gewalttätig, so ist bei der Durchsuchung ein besonderes Augenmerk auch darauf zu richten, ob er nicht gefährliche Gegenstände in der Kleidung verborgen hat, die er überraschend als Waffe verwenden kann. So wurden in einem Jackenkragen schon versteckte Rasierklingen gefunden, ebenso in einem Hosenaufschlag. Im Innenfutter eines Anoraks hatte ein Täter ein Messer versteckt und auch in Schuhen, ja selbst in Schuhabsätzen findet man ab und zu gefährliche Gegenstände. In letzter Zeit gibt es in den einschlägigen Internetpublikationen

Es gibt die raffiniertesten Verstecke für Waffen

Hinweise auf Schusswaffen, die in Handy- oder Fotoapparatgehäusen, in Zigarettenschachteln, ja selbst in Kugelschreibern und Feuerzeugen oder Gürtelschließen verborgen sind. Daher müssen gegebenenfalls auch derartige Gegenstände in die Überprüfungen mit einbezogen werden.

2.4.3.4 – Die Fesselung

Wenn es anders nicht geht – aber nur dann! –, muss ein Täter gefesselt werden. Holen Sie in diesem Fall sofort die Polizei!

Festgenommene Personen dürfen gefesselt werden, wenn dies unvermeidbar ist, um einen andauernden Angriff oder Fluchtversuche zu unterbinden. Hat ein Täter Widerstand geleistet, womöglich gar unter Drohung mit einer Waffe oder dem Einsatz einer Waffe, und wurde er deshalb gefesselt, so sollte dieser Umstand der Polizei telefonisch nochmals mitgeteilt werden, damit die Priorität des Einsatzes entsprechend erhöht werden kann. Zeugen einer Widerstandshandlung oder eines Fluchtversuches sollten namentlich festgestellt werden, damit diese später von der Polizei vernommen werden können.

3 – Recht

3.1 – Einführung

Zu den grundlegenden Wissensbereichen für jeden Sicherheitsverantwortlichen gehört eine umfassende Kenntnis aller Rechtsvorschriften, die im Zusammenhang mit der Bearbeitung von Ladendiebstählen von Bedeutung sind. Rechtsvorschriften können in Form von Gesetzen, von Verordnungen oder Verwaltungsvorschriften bestehen; aber auch Urteile des Bundesgerichtshofes (BGH) geben ausgestaltetes, gültiges Recht wieder und sind damit ebenfalls bindendes Recht. In diesem Kapitel wird der Schwerpunkt auf die Themen gelegt, die im Zusammenhang mit der Bekämpfung von Ladendiebstählen zu beachten sind. Andere Rechtsbereiche wurden bewusst ausgespart, um die Thematik übersichtlich zu gestalten und dabei die Schwerpunkte praxisgerecht herausstellen zu können.

Als Sicherheitsverantwortlicher bzw. als Ladendetektiv müssen Sie Ihre Rechte und die Rechte von Straftätern genau kennen

Worin liegt die besondere Bedeutung fundierter Rechtskenntnisse für einen Sicherheitsverantwortlichen? Führen wir uns vor Augen, dass alle Formen des gesellschaftlichen Zusammenlebens in bestimmte Regeln gefasst sind, ohne deren Befolgung ein Zusammenleben undenkbar wäre. In besonderem Maße gilt dies natürlich dort, wo durch die Ausübung eigener Rechte die Rechte anderer Personen berührt werden. In vorbildlicher Weise sind dabei in Deutschland die rechtlichen Grundlagen aller gesetzlichen Reglementierungen in der freiheitlich-demokratischen Grundordnung, also in der Verfassung, niedergelegt. Jedermann hat darin verbürgte Grundrechte, in die nur eingegriffen werden darf, wenn es in einem Gesetz unter Nennung des entsprechenden Artikels unseres Grundgesetzes ausdrücklich festgelegt wird. Ermächtigt ein Gesetz dazu, in die Rechte anderer einzugreifen, sind die Voraussetzungen für jeden Eingriff genau geregelt, ebenso die Art des Eingriffs, dessen Form und Dauer. Außerdem ist genau geregelt, wer für welche Eingriffe ermächtigt wird.

Naturgemäß haben dabei fast ausnahmslos staatliche Stellen Eingriffsermächtigungen; dennoch gibt es bestimmte Situationen, in denen auch andere Personen, die nicht Träger staatlicher Hoheitsrechte sind, berechtigt werden, Eingriffe in die Rechte anderer vorzunehmen. Die Bestimmungen, die derartige Ermächtigungen enthalten, werden die

Es gibt sogenannte »Jedermannsrechte«, die auch ein Kaufhausdetektiv in bestimmten Situationen anwenden darf

»Jedermannsrechte« genannt. Diese Jedermannsrechte zählen zu den wichtigsten Rechtsgrundlagen bei der Bekämpfung des Ladendiebstahls, die Kenntnis dieser Rechte ist daher unabdingbare Voraussetzung für das Einschreiten gegen Ladendiebe! Daneben besteht eine Vielzahl von rechtlichen Vorschriften, die das Verhalten des einzelnen Bürgers in bestimmten Situationen festlegt; sei es, dass ein bestimmtes Verhalten verlangt wird (z. B. Straßenverkehrsordnung, Baurecht, Abgabenordnung), oder sei es, dass bestimmte Verhaltensweisen untersagt werden (z. B. im Strafgesetzbuch und den strafrechtlichen Nebengesetzen, wie dem Betäubungsmittelgesetz, dem Waffengesetz u. Ä.).

Wer sich vorsätzlich, d. h. wissentlich, fahrlässig oder infolge von Unkenntnis nicht an die geltenden Gesetze oder die allgemeingültigen Gemeinschaftsregeln hält, muss zum einen mit staatlichen Sanktionsmaßnahmen rechnen (wie sie z. B. im Strafgesetzbuch, kurz StGB, vorgesehen sind), zum anderen aber muss er für den durch sein »unerlaubtes« Handeln eingetretenen Schaden einstehen und diesen ersetzen (maßgeblich hierfür sind die Bestimmungen des Bürgerlichen Gesetzbuches, kurz BGB). Es sind somit insgesamt drei große Bereiche rechtlicher Bestimmungen, über die jeder Sicherheitsverantwortliche Bescheid wissen muss. Dies betrifft zum einen die Befugnisse, die er anderen Personen gegenüber ausüben darf; weiterhin die materiellen strafrechtlichen Bestimmungen (das materielle Strafrecht regelt die Voraussetzungen und die Rechtsfolgen von Straftaten; es ist vom Grundsatz "nulla poena sine lege" geprägt, d. h., keinen Strafe ohne Gesetz), deren Kenntnis erst die Voraussetzung für sein Einschreiten schafft und schließlich solche Bestimmungen, deren Nichtbeachtung für den Sicherheitsverantwortlichen selbst straf- oder zivilrechtliche Folgen haben könnte.

Die Gesetze zu kennen, ist Voraussetzung für jedes Einschreiten des Sicherheitsverantwortlichen

Die Schwerpunkte der nachstehenden Ausarbeitungen sind mit diesen Bereichen identisch. Diese Rechtsausbildung kann – und will – sich selbstverständlich von der Art und ihrem Umfang her nicht mit einer Rechtsausbildung an einer Hochschule oder der Rechtskundeausbildung an einer Polizeischule messen. Sie zeigt jedoch den mit der Bekämpfung des Ladendiebstahls befassten Personen die für sie wichtigen gesetzlichen Bestimmungen auf und weist auf die Folgen hin, die sich bei Nichtbeachtung ergeben können. Dabei wurden in spezieller Weise die Bestimmungen im Strafrecht und in den strafrechtlichen

Nebengesetzen herausgearbeitet, die erfahrungsgemäß im Zusammenhang mit Ladendiebstählen von Bedeutung sein können. Bei der Wiedergabe von Paragrafen wurden solche Absätze, die für die Prüfung der Rechtsmäßigkeit des Einschreitens ohne Bedeutung sind, weggelassen.

Auf Bestimmungen, die bei der weiteren Sachbearbeitung speziell für die Polizei bedeutsam werden, und auf solche Regelungen, die nur ausnahmsweise wichtig werden, wird lediglich hingewiesen. Die wesentlichen Punkte zu den hier behandelten Gesetzen sind in Form von Erläuterungen herausgearbeitet. Grundlagen für diese Erläuterungen sind die handelsüblichen Gesetzeskommentare, Gerichtsentscheidungen und Lehr- und Ausbildungsinhalte an staatlichen Fachhochschulen.

Es wurde ganz bewusst darauf verzichtet, die zahlreichen und für den Laien zum Teil völlig verwirrenden Fundstellenangaben mit abzudrucken, um die Ausarbeitungen lesbar und auch für den juristisch nicht vorgebildeten Leser verständlich zu halten. Wenn Interesse daran besteht, zu einzelnen Rechtsgebieten detaillierte Kenntnisse über den Inhalt dieses Buches hinaus zu erwerben, so kann ich Ihnen nur empfehlen, entsprechende Gesetzeskommentare zu kaufen oder entsprechende Internetrecherchen durchzuführen. Generell empfiehlt es sich, Kommentare der wichtigsten Bestimmungen (StGB, StPO, BGB) verfügbar zu haben. Im Internet bietet das Bundesministerium der Justiz in Zusammenarbeit mit der Juris GmbH (www.juris.de) die Möglichkeit, sich stets einen Überblick über alle aktuellen Gesetzestexte zu verschaffen.

Als Sicherheitsverantwortlicher muss man immer mal wieder als Zeuge vor Gericht aussagen

Noch ein allgemeiner, aber sehr wichtiger Hinweis an dieser Stelle: Als Sicherheitsverantwortlicher besitzt man kein besonderes, über die Bestimmungen der Strafprozessordnung (StPO) hinausgehendes Zeugnisverweigerungsrecht! Somit muss man sich bei allen Ermittlungen und Maßnahmen gegen Ladendiebe und andere Straftäter stets bewusst sein, dass man als Zeuge zur Polizei, zur Staatsanwaltschaft oder vor Gericht geladen werden kann. In diesem Falle muss man vollständige und wahrheitsgemäße Angaben machen. Daher sollte man sich stets vor Augen halten, dass dabei Sachverhalte oder Umstände, die das Unternehmen nicht öffentlich preisgeben möchte, in offiziellen Ermittlungsakten wegen der Möglichkeit der Akteneinsichtnahme durch den Beschuldigten – über dessen Rechtsanwalt – nicht sicher davor sind, eingesehen zu werden. Ausdrücklich wird an dieser Stelle jedoch empfohlen, bei Anzeigen stets von Anfang an alle Umstände, die das eigene Tun bestimmt haben, sorgfältig, so umfangreich wie nötig und gewissenhaft anzugeben und vor allem alle Maßnahmen genau zu schildern, die man gegenüber einem Beschuldigten durchgeführt hat.

Ist es zum Beispiel bei einer rechtmäßigen Festnahme zu einer Widerstandshandlung des Täters gekommen, die nur mit unmittelbarem körperlichem Zwang durch den Festnehmenden überwunden werden konnte, ist die körperliche Auseinandersetzung in der Anzeige genau zu schildern. Nur so kann man späteren Anschuldigungen vorbeugen, man habe den Täter ohne Rechtfertigung körperlich misshandelt oder verletzt. Wer rechtlich stets einwandfrei handelt und dies auch nachvollziehbar dokumentiert, wird seine verantwortungsvolle Arbeit als Sicherheitsverantwortlicher ohne rechtliche Probleme meistern.

3.2 – Strafrecht

Das Strafgesetzbuch in Deutschland hat zwei Teile, die beide für jedermann verpflichtend sind

Im nachfolgenden Kapitel wird das materielle Strafrecht behandelt. Die grundlegenden rechtlichen Bestimmungen des Strafrechtes sind im Strafgesetzbuch (abgekürzt als StGB) niedergelegt. Im StGB wird genau beschrieben, welche Handlungen strafbar sind und wie diese Handlungen bestraft werden können. Dazu ist das StGB in zwei Hauptbereiche aufgeteilt, und zwar in den »Allgemeinen Teil« und in den »Besonderen Teil«.

Im »Allgemeinen Teil« wird die örtliche und zeitliche Geltung des StGB geregelt, die verschiedenen Begehungsformen, die unterschiedlichen Möglichkeiten der Beteiligung an einer Straftat, Besonderheiten für Jugendliche und Heranwachsende, Personen- und Sachbegriffe, Vorschriften des Versuchs, Verjährungsfristen und Ähnliches mehr, aber auch besondere Umstände, die die Anwendung einer Bestimmung erweitern oder einschränken. Die Bestimmungen des »Allgemeinen Teils« sind für alle Vorschriften des »Besonderen Teils« des StGB sowie der strafrechtlichen Nebenbestimmungen (wie beispielsweise Waffengesetz, Abgabenordnung oder Betäubungsmittelgesetz u. Ä.) gleichermaßen gültig.

Im »Besonderen Teil« des StGB sind die einzelnen Straftaten abstrakt dargestellt und mit einer Strafandrohung verbunden. Die Bestimmungen des »Besonderen Teils« des StGB enthalten sogenannte Tatbestandsmerkmale, die alle gegeben sein müssen, damit eine Straftat als solche verwirklicht ist. Fehlt auch nur ein gesetzliches Tatbestandsmerkmal, so liegt im Regelfall keine (oder allenfalls eine andere, möglicherweise milder zu bestrafende) Straftat vor. Denkbar ist allerdings, dass die bereits verwirklichten Tatbestandsmerkmale einen Versuch im Sinne der §§ 22, 23 StGB darstellen. Soweit wegen des Fehlens eines erforderlichen Tatbestandmerkmals keine Straftat vorliegt (und auch kein strafbarer Versuch), so sind auch keine Eingriffsmaßnahmen der handelnden Person gegenüber zulässig.

Zur Verdeutlichung ein Beispiel:

> In § 249 Abs. 1 StGB wird der Raub dargestellt. Die Strafbestimmung des § 249 Abs. 1 StGB hat die gewaltsame Wegnahme einer

fremden, beweglichen Sache von einem anderen mit der Absicht zum Inhalt, sich diese Sache rechtswidrig zuzueignen. Sind alle diese Tatbestandsmerkmale (Wegnahmehandlung – Gewaltanwendung – fremde Sache – bewegliche Sache – rechtswidrige Zueignungsabsicht) erfüllt, so stellt die Tat ein *Verbrechen* mit einer Mindeststrafandrohung von einem Jahr bis zu zehn Jahren Freiheitsstrafe dar.

Findet die Wegnahmehandlung einer fremdem, beweglichen Sache in rechtswidriger Zueignungsabsicht dagegen ohne Gewaltanwendung statt, so liegt ein *Vergehen* des einfachen Diebstahls nach § 242 Abs. 1 StGB vor, für das das Strafgesetzbuch eine Geldstrafe oder eine Freiheitsstrafe bis zu fünf Jahren vorsieht.

Und fällt gar noch das Tatbestandsmerkmal »rechtswidrig« bei der Zueignungsabsicht bei einer Wegnahmehandlung einer fremden, beweglichen Sache weg (etwa beim regulären Kauf einer Ware), so ist gar keine Straftat gegeben. Durch das Hinzutreten von zwei Tatbestandsmerkmalen, nämlich der »Rechtswidrigkeit« und der »Gewaltanwendung«, ist somit aus einer alltäglichen, erlaubten Handlung ein Verbrechenstatbestand geworden.

Mithilfe von Rechtskenntnissen kann der Sicherheitsverantwortliche im Berufsalltag sinnvolle Entscheidungen treffen und sich selbst schützen

Wie im geschilderten Fall dargestellt, ist die genaue Kenntnis der Straftatbestände der Bestimmungen des StGB eine unabdingbare Voraussetzung, um vor Ort prüfen zu können, ob eine Straftat begangen wurde oder nicht, und um dementsprechend entscheiden zu können, ob und ggf. welche Maßnahmen gegen den Täter zulässig sind. Denn nur dann, wenn die Frage nach dem Vorliegen einer Straftat mit einem klaren »Ja« beantwortet werden kann, dürfen Eingriffsmaßnahmen – wie etwa die vorläufige Festnahme des Täters – erfolgen. Andernfalls könnte die betroffene Person von ihrem Notwehrrecht Gebrauch machen und sich gegen die dann rechtswidrige Maßnahme wehren. Neben einer Strafanzeige müsste der Sicherheitsverantwortliche dann auch mit zivilrechtlichen Schadenersatzforderungen rechnen. Und wie sich ein derartiges Fehlverhalten auf den Ruf des eigenen Unternehmens auswirkt, bedarf wohl keiner weiteren Erörterung.

Wie im gesamten Buch werden auch in diesem Kapitel spezifisch die Themen herausgestellt, die für die Praxis des Sicherheitsverantwortlichen in einem Handelsunternehmen von Bedeutung sind. Dabei werden jedoch nicht nur diejenigen Straftaten erklärt, die Ladendiebe begehen können, sondern auch solche, die der Sicherheitsverantwortliche verwirklichen könnte, wenn er wegen Unkenntnis seiner Rechte falsch handelt.

3.2.1 – Strafrecht – »Allgemeiner Teil«

Der »Allgemeine Teil« des Strafgesetzbuches behandelt grundlegende Regeln, die sowohl für die einzelnen Straftatbestimmungen des »Besonderen Teils« des StGB als auch für die strafrechtlichen Nebengesetze in gleichem Maße gültig sind. Strafrechtliche Nebengesetze sind alle Gesetze außerhalb des Strafgesetzbuches (StGB), die wie dieses für bestimmte, genau beschriebene tatbestandsmäßige Handlungen Geld- oder Freiheitsstrafen androhen. Solche strafrechtlichen Nebengesetze sind z. B. das Waffengesetz, das Sprengstoffgesetz, das Jagdgesetz, das Fischereischeingesetz, das Betäubungsmittelgesetz, das Naturschutzgesetz, das Kunst- und Urheberrechtsgesetz, das Straßenverkehrsgesetz, das Pflichtversicherungsgesetz, die Abgabenordnung und viele andere mehr.

Da das Strafgesetzbuch ein Gesetzeswerk ist, das im gesamten Bundesgebiet in gleicher Weise gültig ist, sind die einzelnen Bestimmungen in Form von Paragrafen (das Zeichen § steht für einen, §§ für mehrere Paragrafen) niedergelegt; Landesverordnungen hingegen (nur in dem Bundesland gültig, in dem die entsprechende Verordnung erlassen wurde; meist ausgestaltetes Recht einer bundeseinheitlichen Rahmengesetzgebung) sind in Artikel (Art.) untergliedert. Eine Ausnahme von dieser Regelung stellt die Verfassung der Bundesrepublik Deutschland dar, die – obwohl bundesweit gültig – ebenfalls in Artikel untergliedert ist.

Nachfolgend wird ein Überblick über die wesentlichen Voraussetzungen gegeben, die bei der Einschätzung, ob eine Straftat vorliegt, gegeben sein müssen:

Ob im rechtlichen Sinne eine Straftat begangen wurde, kann man anhand festgelegter Kriterien erkennen

1. Es muss eine vom menschlichen Willen getragene Handlung vorliegen;

2. diese Handlung muss im Grundsatz vorsätzlich erfolgen (soweit im Einzelfall fahrlässiges Handeln ausreicht, ist dies gesondert in der Strafbestimmung vermerkt – beachte § 15 StGB);

3. die Handlung muss tatbestandsmäßig sein, indem sie alle beschriebenen Tatbestandsmerkmale einer Strafbestimmung verwirklicht, die zum Zeitpunkt der Tat bereits Gesetzeskraft hatte (§§ 1, 11/I/Nr. 5 StGB);

4. die Tat muss ferner rechtswidrig sein; rechtswidrig ist eine Tat dann, wenn die Handlung den gesetzlichen Tatbestand eines Strafgesetzes verwirklicht und der Handelnde keinen Rechtfertigungsgrund besitzt (Rechtfertigungsgrund kann z. B. bei einer durch Notwehr gebotenen Handlung gegeben sein);

5. eine Bestrafung des Täters kann nur erfolgen, wenn ihm eine Schuld an der Verwirklichung der tatbestandsmäßigen Handlung vorgeworfen werden kann; das deutsche Strafrecht ist also ein Schuldstrafrecht! (Schuldausschließungsgrund ist z. B. der entschuldigende Notstand).

Die Prüfung, ob ein Täter schuldhaft gehandelt hat, ist im Regelfall durch die Erstzugriffskräfte nicht abschließend möglich (Ausnahme: generelle Schuldunfähigkeit bei Kindern vor der Vollendung des 14. Lebensjahres).

Für die Entscheidung, ob gegen den Tatverdächtigen Eingriffsmaßnahmen zulässig sind, genügt daher **das Vorliegen einer rechtswidrigen Handlung** (= tatbestandsmäßiges Handeln, ohne dass ein gesetzlicher Rechtfertigungsgrund zu erkennen ist).

Erfüllt eine Person, die älter als 13 Jahre ist, alle Tatbestandsmerkmale einer der Strafbestimmungen aus dem StGB oder einem strafrechtlichen Nebengesetz und sind keine Rechtfertigungsgründe für die Handlung ersichtlich, so besteht der dringende Verdacht, dass diese Person eine Straftat begangen hat!

Somit sind alle Maßnahmen zulässig, die die Gesetze beim Vorliegen einer Straftat vorsehen. Speziell für Privatpersonen (»jedermann«) ergibt sich sogar die Möglichkeit, beim Ertappen einer Person auf frischer Tat diese Person unter den Voraussetzungen des § 127/I StPO vorläufig festzunehmen.

3.2.1.1 – Allgemeine Begriffserläuterungen

Nachstehend werden verschiedene Begriffe des Strafrechts erläutert, die in der Praxis bedeutsam sind.

a) Vollendung und Beendigung eines Deliktes

Es gibt rechtliche Unterschiede zwischen der Beendigung und dem Vollenden eines Delikts – diese sollten Sie kennen

Ein Delikt ist vollendet, sobald alle gesetzlichen Tatbestandsmerkmale verwirklicht wurden. Beendet ist ein Delikt erst dann, wenn der gesamte Tatkomplex zu einem Abschluss gelangte, der außerhalb seiner Tatbestandsmerkmale keine weitere Beeinträchtigung des Geschädigten oder der Rechtsordnung darstellt. Vollendung und Beendigung eines Deliktes können zeitgleich mit einer Handlung erfolgen (so ist z. B. durch einen Faustschlag das Vergehen der Körperverletzung zugleich vollendet, als auch beendet), aber auch mit erheblichem Zeitabstand (die Tatbestandsmerkmale eines Vergehens der Freiheitsberaubung sind nach herrschender Rechtsauffassung nach zehn Minuten vollendet, während das tatsächliche Ende, also die Freilassung des Festgehaltenen, erst viele Tage später erfolgen kann).

Zur Abgrenzung einer versuchten Tat zu einer vollendeten Tat ist der Zeitpunkt entscheidend, von dem an alle jeweils beschriebenen gesetzlichen Tatbestandsmerkmale erfüllt sind. Im Zusammenhang mit dem

Einstecken von Waren durch Ladendiebe hat der Bundesgerichtshof (BGH) entschieden, dass die Tat in dem Moment **vollendet** ist, in dem der Täter die Ware an einer Stelle versteckt (Hosenbund, Stiefelschaft u. Ä.), die keiner der üblichen Kontrollen mehr unterzogen wird. Damit ist der Diebstahl in dem Moment des Verbergens an Ort und Stelle vollendet, der Täter kann noch im Verkaufsbereich vorläufig festgenommen werden und es kann Anzeige wegen vollendeten Diebstahls erstattet werden! Die rechtlichen Voraussetzungen für Eingriffsmaßnahmen, die beim Vorliegen einer Straftat zulässig sind, sind – soweit nicht bereits der Versuch eine Straftat darstellt – ab dem Zeitpunkt der Vollendung der Tat erfüllt!

b) Jugendliche und Heranwachsende – § 10 StGB

Für Taten von Jugendlichen und Heranwachsenden gilt das StGB nur, soweit im Jugendgerichtsgesetz nichts anderes bestimmt ist.

Erläuterung: Jugendlicher ist, wer das 14., aber noch nicht das 17. Lebensjahr vollendet hat (14- bis 17-Jährige); Heranwachsender ist, wer 18, aber noch nicht 21 Jahre alt ist (18- bis 20-Jährige).

Für Jugendliche gilt im Jugendgerichtsgesetz (JGG) folgende Ausnahme:

Ein Jugendlicher ist gem. § 3 JGG nur dann schuldfähig, wenn er über eine entsprechende Altersreife verfügt, um das Unrecht seiner Tat einzusehen und gemäß dieser Einsicht zu handeln.

Für Eingriffsmaßnahmen im ersten Zugriff ist die Frage der Schuldfähigkeit und damit auch diese Bestimmung des JGG grundsätzlich ohne Bedeutung; die Beurteilung der Altersreife bleibt einem Psychologen im Auftrag der Staatsanwaltschaft oder des Jugendgerichtes vorbehalten. Bei Heranwachsenden bestimmt § 106 JGG, dass im Einzelfall zu prüfen ist, ob der Heranwachsende aufgrund seines Reifegrades und nach der Art der Straftat (liegt eine sogenannte Jugendverfehlung vor) nach dem StGB oder dem JGG zu bestrafen ist. Doch bleibt auch diese Bestimmung aus dem JGG für den Sicherheitsverantwortlichen ohne Bedeutung. Es gilt also:

Sowohl bei Jugendlichen als auch bei Heranwachsenden sind im ersten Zugriff alle Maßnahmen zulässig, die auch gegen erwachsene Straftäter erlaubt sind!

Wenn Straftäter erkennbar Jugendliche sind, ist der Grundsatz der Verhältnismäßigkeit der Mittel beim Einschreiten besonders sorgfältig abzuwägen.

c) Verbrechen und Vergehen – § 12 StGB

> (1) Verbrechen sind rechtswidrige Taten, die im Mindestmaß mit Freiheitsstrafe von einem Jahr und darüber bedroht sind.
>
> (2) Vergehen sind rechtswidrige Taten, die im Mindestmaß mit einer geringeren Freiheitsstrafe oder mit Geldstrafe bedroht sind.
>
> (3) Schärfungen oder Milderungen, die nach den Vorschriften des »Allgemeinen Teils« oder für besonders schwere oder minder schwere Fälle vorgesehen sind, bleiben für die Einteilung außer Betracht.

Im Gegensatz zum Vergehen ist beim Verbrechen bereits der Versuch immer strafbar

Erläuterung

Beiden Deliktgruppen gemeinsam ist das Vorliegen einer rechtswidrigen Tat, was alleine maßgeblich ist für das Einschreiten durch »Jedermann«, wenn dieser jemanden auf frischer Tat ertappt. Zu beachten ist, dass der **Versuch, ein Verbrechen zu begehen**, immer strafbar ist (Erstzugriffsmaßnahmen bei Antreffen auf frischer Tat sind daher stets zulässig, wenn ein Verbrechen versucht wurde). Der Versuch eines Vergehens hingegen ist nur dann strafbar, wenn es in der entsprechenden Strafbestimmung ausdrücklich festgelegt ist! Ist dies der Fall, so dürfen auch nach einem Versuch alle Maßnahmen getroffen werden, die auch dann zulässig wären, wenn diese Straftat bereits vollendet worden wäre.

3.2.1.2 – Unterlassungsdelikte

a) Definition

Auch das Unterlassen einer Handlung kann eine Straftat sein

Voraussetzung für die Begehung einer Straftat durch Unterlassen im Sinne des § 13 StGB ist stets, dass der Unterlassende rechtlich dafür einzustehen hat, dass die Verwirklichung des Tatbestandes einer Straftat nicht eintritt (sogenannte *Garantenstellung*).

In der Praxis bedeutsam ist diese Bestimmung dann, wenn z. B. Eltern ihren strafunmündigen Kindern beim Diebstahl zusehen und stillschweigend dulden, dass die Kinder mit der Ware das Geschäft verlassen, ohne diese bezahlt zu haben. Obwohl die eigentliche Tathandlung durch die Kinder begangen wird, sind in diesem Fall die Eltern als Täter zu belangen, da sie es pflichtwidrig unterlassen haben, die Tat ihrer Kinder zu verhindern. Aber auch dann ist diese Bestimmung zu prüfen, wenn z. B. ein Kaufhausdetektiv, der per Vertrag dazu verpflichtet ist, Diebstähle zu verhindern, untätig bei einem Diebstahl zusieht.

b) Begehen durch Unterlassen – § 13 StGB

> (1) Wer es unterlässt, einen Erfolg abzuwenden, der zum Tatbestand eines Strafgesetzes gehört, ist nach diesem Gesetz nur dann strafbar, wenn er rechtlich dafür einzustehen hat, dass der Erfolg nicht eintritt, und wenn das Unterlassen der Verwirklichung des gesetzlichen Tatbestandes durch ein Tun entspricht.
>
> (2) Die Strafe kann nach § 49 Abs. 1 gemildert werden.

Wenn aufgrund des objektiven Sachverhaltes jemand durch pflichtwidriges Unterlassen eine Straftat »begeht«, so kann er – etwa bei Ertappen auf frischer Tat – wie ein »aktiver Täter« behandelt werden, bis hin zur vorläufigen Festnahme. Bei Zweifeln an der Garantenstellung des Betroffenen sollte von Eingriffsmaßnahmen nach der StPO abgesehen werden; Maßnahmen nach dem BGB bleiben davon unberührt.

3.2.1.3 – Vorsätzliches und fahrlässiges Handeln – § 15 StGB

Strafbar ist nur vorsätzliches Handeln, wenn nicht das Gesetz fahrlässiges Handeln ausdrücklich mit Strafe bedroht.

Erläuterung

Vorsätzlich ist eine Handlung, wenn der Täter mit Wissen und Wollen die Tatbestandsmerkmale eines Strafgesetzes verwirklicht.

Es gibt zwei Arten zu handeln bei einer Straftat: vorsätzlich und fahrlässig

Fahrlässig handelt, wer diejenige Sorgfalt außer Acht lässt, zu der er aufgrund seiner persönlichen Fähigkeiten in der Lage wäre, und dadurch die Tatbestandsmerkmale eines Strafgesetzes verwirklicht. Fahrlässig handelt auch, wer die möglichen Folgen seiner Handlung erkennt, aber vorwerfbar darauf vertraut, dass diese Folgen nicht eintreten werden.

Die Rechtslehre und die Rechtsprechung unterscheiden zwischen zwei Hauptformen des Vorsatzes und zwei Hauptformen der Fahrlässigkeit:

a) Vorsatzformen

aa) direkter Vorsatz

Die Absicht – genau diese Handlung will der Täter; sicheres Wissen um die Folge!

ab) bedingter Vorsatz

Täter rechnet mit dem Eintreten der Folgen und billigt sie!

b) Formen der Fahrlässigkeit:

ba) bewusste Fahrlässigkeit

- leichtfertiges Handeln: Täter rechnet zwar mit dem Erfolg, will ihn aber nicht unbedingt.

- bewusste Fahrlässigkeit: Täter kennt zwar den möglichen Erfolg, vertraut aber darauf, dass er nicht eintritt!

bb) unbewusste Fahrlässigkeit

Täter rechnet weder mit dem Erfolg, noch will er ihn, hätte aber bei der seinen Fähigkeiten entsprechenden Sorgfalt die Folgen vorhersehen können.

Dazu einige Bespiele, am Delikt »Körperverletzung« dargestellt:

Fall 1:

A. sitzt in der Cafeteria, wo er sich aus Liebeskummer »sinnlos« betrinken will. Einem Gast, der sich über sein rüpelhaftes Benehmen beschwert, wirft er gezielt und ohne Vorwarnung eine Flasche ins Gesicht und verletzt ihn dadurch an der Augenbraue. A. will den Gast ganz bewusst verletzen, um ihm einen kräftigen »Denkzettel« zu verpassen als »Strafe« für seine Einmischung. Bei dieser Aktion des A. handelt es sich um direkten Vorsatz in Form der Absicht, sowohl was die Tat anbelangt, als auch was die Folge angeht, nämlich eine Verletzung des Gastes.

Fall 2:

A. ist wiederum in der Cafeteria, um sich aus Liebeskummer zu betrinken. Als ihn ein Gast ermahnt, doch mit dem Trinken aufzuhören, wirft er in einer Anwandlung von Zorn eine halbvolle Flasche nach dem Gast und verletzt ihn dadurch am Kopf. A. ging es in erster Linie bei dem Wurf darum, seinen Frust abzureagieren; der Gast an sich war ihm egal, auch ein Wurf in das Flaschenregal hätte ihm zum Abreagieren genügt. Noch während er die Flasche hebt und Schwung holt, ist ihm bewusst, dass der Gast durch den Wurf nicht unerheblich verletzt werden könnte. Dies nimmt A. jedoch in Kauf; Hauptsache ist, dass die Flasche richtig klirrt, wenn sie zerbricht. Hier handelt A. mit bedingtem Vorsatz. Er erkennt die möglichen Folgen und billigt sie, obwohl ihm eigentlich egal ist, ob der Gast verletzt wird.

Fall 3:

Abermals ist A. in der besagten Gaststätte, um seinen Liebeskummer im Rausch zu ertränken, und wieder wird er von einem Gast ermahnt, mit dem Trinken aufzuhören. A. ärgert sich über die Einmischung und möchte dem ungebetenen Ratgeber unmissverständlich klarmachen, dass er auf seinen Rat keinen Wert legt. A. greift daher zu der Flasche auf seinem Tisch und zielt damit auf die Wand neben den Gast, weil er ihn mit einem Wurf erschrecken möchte. A. weiß natürlich, dass eine geworfene Flasche böse Verletzungen zur Folge haben kann. Trotz seines angetrunkenen Zustandes schleudert er dennoch die Flasche, die unglücklicherweise aus der beabsichtigten Flugbahn gerät und dem Gast gegen den Kopf fliegt und ihn verletzt. Hierbei handelt es sich um eine bewusste Fahrlässigkeit des A., der die möglichen Folgen durchaus erkannte, jedoch leichtfertig darauf vertraute, dass schon nichts passieren werde.

Fall 4:

Und wieder sitzt A. in der Cafeteria und betrinkt sich, weil ihm seine Liebste den Laufpass gegeben hat. Als er sich noch einmal die Worte der Verflossenen durch den Kopf gehen lässt, übermannt ihn der Zorn. Er packt eine herumstehende Flasche und schleudert sie aus dem offenstehenden Fenster der Gaststube. Dabei prallt die Flasche gegen den Kopf eines zufällig vorbeigehenden Passanten und verletzt ihn. Hierbei handelt A. unbewusst fahrlässig. Zum Zeitpunkt des Wurfes hat er weder beabsichtigt, jemanden zu verletzen, noch war ihm in seinem Zorn überhaupt bewusst geworden, dass der Wurf aus dem Fenster jemand schaden könnte. Dennoch handelt A. vorwerfbar, da er durchaus in der Lage gewesen wäre, bei vernünftigem Nachdenken die möglichen Folgen seines Tuns zu erkennen.

Die gezeigten Beispiele lassen zugleich die Problematik erkennen, die im Nachweis von Vorsatz oder Fahrlässigkeit liegen können. In allen vier Beispielsfällen ist die objektiv feststellbare Handlung der Wurf der Flasche und die dadurch verursachte Verletzung. Lediglich die innere Absicht des Täters unterscheidet die Taten.

Während in den ersten beiden Fällen ein Vergehen der gefährlichen Körperverletzung vorliegt (§§ 223, 223a StGB, Versuch ist strafbar), handelt es sich in den letzten beiden Fällen jeweils um ein Vergehen der fahrlässigen Körperverletzung (gem. §§ 223, 230 StGB; Versuch nicht strafbar, Strafantrag des Geschädigten im Regelfall erforderlich). Die Unterscheidung ist für die Strafzumessung von erheblicher Bedeutung. Hätte in den geschilderten Fällen die Flasche jeweils das Opfer verfehlt, wären nur die beiden erstgenannten Taten strafbar gewesen, da es im Strafrecht keine versuchte fahrlässige Körperverletzung gibt.

Zur Prüfung durch Polizei und Justiz, ob es sich um eine vorsätzliche oder um eine fahrlässige Tat handelt, sind die Feststellungen des Sicherheitsverantwortlichen daher genau zu vermerken. Steht (was die große Ausnahme sein dürfte) unzweifelhaft fest, dass eine Tat fahrlässig begangen wurde, so sind Eingriffsmaßnahmen (wie die vorläufige Festnahme nach der StPO) nur zulässig, wenn die fahrlässige Begehungsweise ausdrücklich mit Strafe bedroht ist.

Unabhängig von der Form des Vorsatzes sind Maßnahmen nach dem Bürgerlichen Gesetzbuch, dem *BGB*, zur Sicherung von Schadenersatzansprüchen immer zulässig.

Keinesfalls aber ist es Aufgabe des Mitarbeiters eines Handelsunternehmens, eine rechtlich abschließende Bewertung der einzelnen Abstufungen des Vorsatzes oder der Fahrlässigkeit vorzunehmen, wenngleich die Erwähnung von Beobachtungen oder Tatsachenfeststellungen, die zur gerichtlichen Prüfung des Vorsatzes erforderlich sein können, unbedingt mit in eine Anzeige aufgenommen werden sollten.

Die genaue Wiedergabe der Beobachtungen beim Erstatten der Anzeige ist wichtig, damit Vorsatz oder Fahrlässigkeit festgestellt werden kann

Von besonderer Bedeutung sind dabei spontane Äußerungen von Tatverdächtigen unmittelbar nach deren Anhaltung oder Festnahme. Derartige Äußerungen (»Den hab ich gut getroffen, ich hab ihn ja extra gewarnt, er soll mit seinem Gequatsche aufhören!« oder: »Der hat bekommen, was er verdient hat!«) sollten nach Möglichkeit in wörtlicher Rede unmittelbar nach dem Ereignis schriftlich dokumentiert werden. Gerade bei schwerwiegenderen Delikten (gefährliche Körperverletzung oder sogar versuchtes Tötungsdelikt) können derartige Äußerungen eines Tatverdächtigen von ausschlaggebender Bedeutung bei der Beweiswürdigung durch Staatsanwaltschaft und Gericht sein!

3.2.1.4 – Schuldunfähigkeit des Kindes – § 19 StGB

> Schuldunfähig ist, wer bei der Begehung der Tat noch nicht vierzehn Jahre alt ist.

Erläuterung

Diese Bestimmung enthält eine abschließende Regelung, von der keinerlei Ausnahme zulässig ist. Das bedeutet, dass ein Kind unter vierzehn Jahren niemals eine Straftat begehen kann. Damit sind auch keinerlei strafprozessuale Maßnahmen, also Maßnahmen mit dem Ziel der Strafverfolgung, gegen ein Kind erlaubt!

So kann sich z. B. die Anhaltung eines Kindes, das im Besitz von nicht bezahlter Ware ein Kaufhaus verlassen will, nur nach den Bestimmungen des BGB richten. Durch die Anhaltung des Kindes jedoch erwächst zugleich für den anhaltenden Mitarbeiter eine Garantenstellung gegenüber dem angehaltenen Kind, die ihn dazu verpflichtet, das Kind entweder den Erziehungsberechtigten oder – falls diese nicht erreichbar sind – der Polizei zu übergeben.

Diese Garantenstellung greift auch bei Jugendlichen; allerdings ist hier eine altersgemäße Abstufung vorzunehmen. So kann es ausreichend sein, bei einem Sechzehnjährigen die Eltern telefonisch zu verständigen, über den Sachverhalt zu informieren und dann – nach ausdrücklicher Zustimmung der Eltern bzw. eines Elternteils – den Jugendlichen alleine nach Hause zu schicken. Allerdings sollte diese Zustimmung der Eltern auch einem Mitarbeiter gegenüber wiederholt werden, den man als Zeugen vermerkt. Bestehen Zweifel, dass ein Erziehungsberechtigter am Telefon ist, so wird der Jugendliche dennoch der Polizei übergeben, wenn die Eltern ihn nicht abholen können. Bestehen Zweifel daran, ob ein Dieb bereits 14 Jahre alt ist oder noch nicht, so wird in jedem Falle die Polizei hinzugezogen. Gibt der »Täter« an, jünger als 14 Jahre alt zu sein, kann man die Erstellung einer Strafanzeige bis zum Eintreffen der Polizei zurückstellen. Erweist sich dann jedoch, dass der Täter bereits über 14 Jahre alt ist, wird die Strafanzeige anschließend gefertigt.

Wer Kinder zu Straftaten anstiftet, macht sich selbst strafbar

Strafverfolgende Maßnahmen sind auf jeden Fall ausgeschlossen, wenn zweifelsfrei feststeht, dass der Betroffene zum Zeitpunkt der Tat noch nicht vierzehn Jahre alt war. Wird ein Kind jedoch von einer strafmündigen Person zu einer Straftat angestiftet oder bedient sich ein strafmündiger Täter eines Kindes zur Ausführung der Tat (das Kind ist in diesem Falle ein »schuldloses« [undoloses] Werkzeug), so können die entsprechenden Maßnahmen gegen die strafmündige Person gerichtet werden.

3.2.1.5 – Der Versuch – § 22 StGB

> Eine Straftat versucht, wer nach seiner Vorstellung von der Tat zur Verwirklichung des Tatbestandes unmittelbar ansetzt.

Erläuterung

»Nach seiner Vorstellung der Tat« bedeutet, dass der Täter bei einem Versuch vorsätzlich handeln muss, zumindest aber mit bedingtem Vorsatz.

Die genaue Kenntnis der Definition eines »Versuchs« ist wichtig, um korrekte Maßnahmen darauf abzustimmen

Der »unmittelbare« Ansatz zur Verwirklichung der Tat ist nicht einheitlich zu definieren und deshalb nicht ohne Probleme von der – meist straflosen – Vorbereitungshandlung zu einer Straftat abzugrenzen. Als Faustregel für den Sicherheitsverantwortlichen kann hier gelten, dass der dringende Verdacht eines Versuchs zu einer Straftat dann vorliegt, wenn die Ausführung der Tat unmittelbar bevorsteht und wenn die gezeigte Handlung des Täters – wenn sie nicht von dritter Seite gestört wird – unmittelbar und in direktem zeitlichen Zusammenhang in die eigentliche Straftat einmünden wird.

Handlungen, die zwar der Vorbereitung einer Straftat dienen, aber die nicht unmittelbar zur Ausführung der Tat führen, sind grundsätzlich straflos. Lediglich dann, wenn konkrete Vorbereitungshandlungen für sich allein bereits eine Straftat darstellen, spricht man von strafbewehrter Vorbereitungshandlung.

Als Versuch hat die Rechtsprechung z. B. bejaht, wenn ein Trickdieb Kaufinteresse vorspielt, um sich dadurch vom Verkäufer eine Auswahl von Schmuckstücken vorlegen zu lassen; wenn ein Täter in einem Geschäft Waren in einen anderen Karton verpackt, diesen verschließt und kennzeichnet, um ihn bei passender Gelegenheit abzuholen und den niedrigeren Wert, der auf dem Karton steht, zu bezahlen.

Straflose Vorbereitungshandlung dagegen liegt z. B. vor, wenn ein Täter in einem Lager einen Karton an eine andere Stelle trägt, um später dort in Ruhe den Inhalt auspacken und entwenden zu können.

3.2.1.6 – Strafbarkeit des Versuchs – § 23 StGB

> (1) Der Versuch eines Verbrechens ist stets strafbar, der Versuch eines Vergehens nur dann, wenn das Gesetz es ausdrücklich bestimmt.
>
> (2) Der Versuch kann milder bestraft werden als die vollendete Tat (§ 49 Abs. 1 StGB).
>
> [...]

Erläuterung

Verbrechen sind rechtswidrige Taten, die im Mindestmaß mit einer Freiheitsstrafe von einem Jahr oder darüber bedroht sind.

Bei Vergehen ist i. d. R. ein Absatz an die Strafbestimmung angehängt oder in einem eigenen Paragraphen in dem betreffenden Abschnitt des StGB vermerkt »... der Versuch ist strafbar.«

Fehlt bei einer Strafbestimmung, die ein Vergehen zum Inhalt hat, dieser Zusatz, ist der Versuch dazu nicht strafbar und deswegen sind wegen des Versuchs dazu auch keine strafprozessualen Maßnahmen zulässig.

3.2.1.7 – Täterschaft – § 25 StGB

(1) Als Täter wird bestraft, wer die Straftat selbst oder durch einen anderen begeht.

(2) Begehen mehrere die Straftat gemeinschaftlich, so wird jeder als Täter bestraft (Mittäter).

Täter ist der, der den Willen zur Tat besitzt, die Tatherrschaft ausübt und den Taterfolg als seinen eigenen Erfolg will.

Nicht nur derjenige allein, der die Tat ausführt, ist nach dem Gesetz ein Täter, sondern auch Gehilfen, Mittäter und Hintermänner

Der »Hintermann«, der einen anderen (= das »Tatwerkzeug«, das schuldhaft, aber auch – wie z. B. ein Kind – schuldlos handeln kann) die Tat begehen lässt, ist ebenfalls Täter, und zwar »mittelbarer Täter«. Seine Täterschaft beginnt mit dem Augenblick, wo sein »Tatwerkzeug« tatbestandsmäßig zu handeln beginnt.

Wenn mehrere Personen gemeinsam eine Straftat begehen, ist jeder von ihnen Täter, wenn jeder alle Tatbestandsmerkmale erfüllt hat.

Mittäter dagegen ist jeder, der arbeitsteilig an einer Straftat nur bestimmte Tatbestandsmerkmale verwirklicht hat, der aber den Tatwillen für die gesamte Tat hat und der den Gesamterfolg der Straftat als seinen eigenen will, wenn ihm der Tatbeitrag des oder der anderen mit anzulasten ist.

Bei der korrekten Formulierung einer Strafanzeige würde man also im ersten Fall schreiben: »Anzeige gegen X und Y wegen eines Vergehens des gemeinschaftlichen Diebstahls« und im zweiten Falle »Anzeige gegen X und Y wegen eines Vergehens des Diebstahls in Mittäterschaft«. Allerdings wird natürlich in einer Anzeige von einem Privatmann nicht erwartet, dass man diese Unterscheidung treffen kann.

3.2.1.8 – Anstiftung – § 26 StGB

> Als Anstifter wird gleich einem Täter bestraft, wer vorsätzlich einen anderen zu dessen vorsätzlich begangener rechtswidrigen Tat bestimmt hat.

Erläuterung

Soweit der Anstifter zugleich Täter ist (z. B. mittelbarer Täter, der die strafbare Handlung durch ein »Tatwerkzeug«, einen sogenannten »Tatmittler«, begehen lässt), fällt die Anstiftung weg und der Anstifter wird wie ein Täter behandelt (man spricht dabei von der »Subsidiarität« der Anstiftung zur Täterschaft, d. h., eine Bestrafung wegen Anstiftung tritt hinter die Bestrafung wegen Täterschaft zurück).

Auch die Anstiftung zu einer Tat ist strafbar

»Bestimmen« heißt, in dem Täter den Entschluss zur Tat zu wecken. Hatte dieser den Tatentschluss bereits vorher gefasst, kommt ggf. Beihilfe (durch psychische Unterstützung) infrage. Beim Anstifter ist doppelter Vorsatz erforderlich, der sich sowohl auf die Anstiftung als auch auf darauf erstrecken muss, dass der Täter eine vorsätzliche Tat begeht. Die rechtswidrige Tat genügt als Vorsatz; schuldhaftes Handeln ist nicht erforderlich. Anstiftung ist daher auch möglich gegenüber Strafunmündigen (z. B. Kindern)!

3.2.1.9 – Beihilfe – § 27 StGB

> (1) Als Gehilfe wird bestraft, wer vorsätzlich einem anderen zu dessen vorsätzlich begangener rechtswidrigen Tat Hilfe geleistet hat.
>
> […]

Erläuterung

Beihilfe leistet, wer dem Täter zu dessen Tat Hilfe leistet, ohne selbst Tatherrschaft zu besitzen und damit Täter (bzw. Mittäter) zu sein. So leistet z. B. Beihilfe, wer die Tatbereitschaft eines Täters psychisch stärkt (durch Anfeuerungsrufe!) oder Warn- und Abwehrdienste für mögliche Störungen des Täters übernimmt (»Schmierestehen«). Beihilfe leistet ferner, wer dem Täter Tatwerkzeuge (Kraftfahrzeuge, Bohrmaschinen usw.) wissentlich für eine Straftat zur Verfügung stellt, und unter Umständen auch der, der dem Täter ermöglicht, seine Tatbeute bei ihm zu lagern, weil dieser keine andere, geeignete Möglichkeit dafür hat. Richtet sich hier die Zielrichtung des Gehilfen jedoch eindeutig auf den Vorsatz, dem Täter die Vorteile seiner Tat zu sichern, so begeht der Gehilfe ein Vergehen der Begünstigung gem. § 257 StGB.

Wenn die Zielrichtung der Hilfe jedoch darauf gerichtet ist, ganz oder zum Teil zu verhindern, dass der Täter wegen seiner rechtswidrigen Tat bestraft wird (z. B. durch Gewährung von Fluchthilfe, Verschaffung eines falschen Alibis oder durch Vernichtung von Täterspuren), so begeht der »Gehilfe« ein Vergehen der Strafvereitelung gem. § 258 StGB.

3.2.1.10 – Strafantrag – §§ 77, 77b StGB

a) Allgemeines

Manche Delikte werden automatisch von den Behörden verfolgt, andere benötigen einen Strafantrag

Grundsätzlich sind Straftaten ohne Rücksicht auf den Willen des Geschädigten »von Amts wegen« zu verfolgen. Man spricht dabei von sogenannten »Offizialdelikten«. Der gesetzliche Auftrag für die Polizei, Straftaten zu erforschen, ist im § 136 StPO geregelt. Eine Ausnahme von diesem Grundsatz stellen die sogenannten »Antragsdelikte« dar. Antragsdelikte sind solche Straftaten, die nur auf Antrag des (in seinen Rechten) Verletzten verfolgt werden. Dabei unterscheidet man nochmals zwischen den »absoluten« und den »relativen« Antragsdelikten. *Absolute Antragsdelikte* sind solche, die stets einen Strafantrag voraussetzen, *relative Antragsdelikte* solche, bei denen nur dann ein Strafantrag erforderlich ist, wenn zwischen dem Täter und dem Verletzten eine besondere Beziehung besteht (z. B. § 247 StGB – Haus- und Familiendiebstahl).

Daneben gibt es noch eine spezielle Form der Antragsdelikte, die zwar im Grundsatz ebenfalls den Strafantrag des Geschädigten voraussetzen, bei denen jedoch der Staat sich vorbehält, bei besonderem öffentlichen Interesse die Strafverfolgung auch ohne den Antrag des Verletzten und sogar gegen dessen ausdrücklichen Willen zu betreiben. Diese Delikte sind:

- § 183 StGB – Erregung öffentlichen Ärgernisses,
- § 223 StGB – Körperverletzung (über § 230 StGB),
- § 229 StGB – Fahrlässige Körperverletzung (über § 230 StGB),
- § 248a StGB – Diebstahl und Unterschlagung geringwertiger Sachen,
- § 303 StGB – Sachbeschädigung.

Die beiden für den Sicherheitsverantwortlichen wichtigsten Bestimmungen, für die immer ein Strafantrag erforderlich ist, sind der § 123 StGB (Hausfriedensbruch) und § 185 StGB (Beleidigung).

b) Antragsberechtigte – § 77 StGB

> (1) Ist die Tat nur auf Antrag verfolgbar, so kann, soweit das Gesetz nichts anderes bestimmt, der Verletzte den Antrag stellen.

Eine Vertretung durch einen dazu bevollmächtigten Mitarbeiter (z. B. den Sicherheitsverantwortlichen) bei der Stellung des Strafantrages ist jedoch zulässig.

Der Strafantrag ist an keine bestimmte Form gebunden, jedoch soll er eigenhändig vom Antragsberechtigten oder seinem Bevollmächtigten unterzeichnet sein und in jedem Fall erkennen lassen, für welche Tat der Antrag gilt.

c) Antragsfrist – § 77b StGB

> (1) Eine Tat, die nur auf Antrag verfolgbar ist, wird nicht verfolgt, wenn der Antragsberechtigte es unterlässt, den Antrag bis zum Ablauf einer Frist von drei Monaten zu stellen.

Fristen bei der Strafantragstellung müssen eingehalten werden

3.2.2 – Strafrecht – »Besonderer Teil«

Nachdem im vorausgegangenen Teil die allgemeinen Bestimmungen behandelt wurden, die für alle Strafgesetze und die strafrechtlichen Nebengesetze in gleicher Weise gültig sind, werden im nachfolgenden Abschnitt die für den Sicherheitsverantwortlichen wesentlichen Straftatbestimmungen einzeln vorgestellt. Dabei sind die Bestimmungen nach zwei unterschiedlichen Gesichtspunkten ausgewählt worden (wobei die numerische Reihenfolge der Paragrafen innerhalb des StGB zur schnelleren Auffindung beibehalten wurde): Zum einen werden die Straftaten behandelt, die von Straftätern in Handelsunternehmen vorzugsweise verübt werden; zum anderen solche Strafbestimmungen, gegen die der Sicherheitsverantwortliche – zumindest fahrlässig – selbst verstoßen könnte, falls er seinerseits über ungenügende Gesetzeskenntnisse verfügt. Soweit einzelne Strafbestimmungen Abschnitte enthalten, die im Regelfall für die Arbeit des Sicherheitsverantwortlichen ohne besondere Bedeutung sind, wurde auf die Wiedergabe dieser Passagen verzichtet. Falls seltener berührte Strafgesetze im Zusammenhang mit den behandelten Vorschriften einmal Bedeutung erlangen könnten, wird auf diese Bestimmungen lediglich hingewiesen, ohne dass diese näher erläutert werden.

Es ist wichtig, dass der Sicherheitsverantwortliche Problemstellungen im Berufsalltag rechtlich einwandfrei beurteilen kann

Der Überblick über das StGB ist keinesfalls vollständig. Es wurden jedoch alle diejenigen Strafvorschriften gezielt zusammengestellt, die mit den regelmäßig auftretenden Problemstellungen der Arbeit von Sicherheitsverantwortlichen einhergehen und die man beherrschen muss, um die üblicherweise anfallenden Probleme in rechtlich einwandfreier Weise beurteilen und dementsprechend entscheiden zu können.

3.2.2.1 – Hausfriedensbruch – § 123 StGB

> (1) Wer in die Wohnung, in die Geschäftsräume oder in das befriedete Besitztum eines anderen oder in abgeschlossene Räume, welche zum öffentlichen Dienst oder Verkehr bestimmt sind, widerrechtlich eindringt oder wer, wenn er ohne Befugnis darin verweilt, auf die Aufforderung des Berechtigten sich nicht entfernt, wird mit Freiheitsstrafe bis zu einem Jahr oder mit Geldstrafe bestraft.

(2) Die Tat wird nur auf Antrag verfolgt.

Erläuterung

Der § 123 StGB ist ein absolutes Antragsdelikt und zugleich ein Privatklagedelikt. Geschütztes Rechtsgut ist das Hausrecht. Vorsatz bei der Tatausführung ist erforderlich, der Versuch ist straflos!

»Widerrechtlich eindringen« bedeutet, entweder gegen den ausdrücklichen oder gegen den mutmaßlichen Willen des Berechtigten in eine der beschriebenen Räumlichkeiten zu begeben. Der mutmaßliche Wille eines Berechtigten gegen das Eindringen ist grundsätzlich anzunehmen, auch wenn er nicht anwesend ist und daher vom Eindringen nichts bemerkt. Dies gilt zumindest aber immer dann, wenn der Täter das Betreten im Zusammenhang mit einer Handlung begeht, die dem Berechtigten einen wie auch immer gearteten Nachteil zufügt. Fordert der Berechtigte zum Verlassen der Räumlichkeit auf, hat der Aufgeforderte sich sofort (ohne jegliche schuldhafte Verzögerung) auf dem üblichen (im Regelfall dem kürzestem) Weg zu entfernen. Eine einmalige Aufforderung reicht aus. Berechtigt zur Aufforderung ist neben dem Inhaber des Hausrechtes auch jeder von ihm dazu Beauftragte. Wenn dem Sicherheitsverantwortlichen im Zusammenhang mit einem Auftrag Hausrechte übertragen werden, sollte er eine entsprechende schriftliche Bevollmächtigung im Vernehmungsbüro griffbereit verwahren.

Häufig werden dem Sicherheitsverantwortlichen Hausrechte übertragen, die er anwenden kann

3.2.2.2 – Beleidigung – § 185 StGB

Die Beleidigung wird mit Freiheitsstrafe bis zu einem Jahr oder mit Geldstrafe und, wenn die Beleidigung mittels einer Tätlichkeit begangen wird, mit Freiheitsstrafe bis zu zwei Jahren oder mit Geldstrafe bestraft.

Erläuterung

Geschütztes Rechtsgut ist die persönliche Ehre. Die Beleidigung erfordert den Vorsatz des Täters. Der Versuch ist straflos. Beleidigung ist ein absolutes Antragsdelikt und zugleich auch ein Privatklagedelikt.

Auch bei Beleidigung muss Strafantrag gestellt werden

Die Beleidigung kann verbal, schriftlich, durch Darstellungen oder durch Gesten (»Vogel zeigen«) erfolgen. Dabei kann ein beleidigendes Werturteil gegenüber dem Betroffenen (»Du bist ein Feigling!") oder gegenüber einem Dritten geäußert (».Er ist ein Feigling!") oder aber eine unwahre, ehrenrührige Tatsache gegenüber dem Betroffenen behauptet werden (»Du hast gestohlen!"). Wird eine ehrenrührige Tatsache gegenüber einem Dritten behauptet (»Er hat gestohlen!«) kommt zusätzlich ein Vergehen der Verleumdung (§ 187 StGB) oder der üblen Nachrede (§ 186 StGB) infrage.

§ 194 StGB bestimmt, dass die Beleidigung nur auf Antrag verfolgt wird. Die Antragsfristen dazu bestimmen sich nach § 78 StGB.

3.2.2.3 – Körperverletzung – § 223 StGB

> (1) Wer einen anderen körperlich misshandelt oder an der Gesundheit schädigt, wird mit Freiheitsstrafe bis zu fünf Jahren oder mit Geldstrafe bestraft.
>
> (2) Der Versuch ist strafbar.

Erläuterung

Es gibt verschiedene Formen der Körperverletzung, und schon der Versuch einer solchen ist strafbar

Geschütztes Rechtsgut ist die körperliche Unversehrtheit. Ein Strafantrag des Verletzten ist grundsätzlich erforderlich, jedoch kann die Verfolgung von Amts wegen bei Bestehen von öffentlichem Interesse erfolgen. Körperverletzung kann außerdem durch den Geschädigten im Wege der Privatklage verfolgt werden. *Körperliche Misshandlung* ist eine üble, unangemessene Behandlung, die das körperliche Wohlbefinden nicht nur unerheblich beeinträchtigt. Auch das Hervorrufen eines Ekelgefühles kann im Einzelfall hierunter fallen (Anspucken bewirkt Übelkeit).

Eine *Gesundheitsbeschädigung* ist das Herbeiführen eines pathologischen Befundes beim Opfer. Das bedeutet, der körperliche oder seelische Zustand verschlechtert sich – wenn vielleicht auch nur kurzfristig und vorübergehend – so, dass man von einer Erkrankung sprechen kann. Erkrankung bedeutet in diesem Zusammenhang wiederum eine nicht nur unerhebliche Verschlechterung der normalen körperlichen Funktionen. Als Gesundheitsbeschädigung ist im Einzelfall auch schon eine fortwährende nächtliche Ruhestörung gewertet worden, die Schlafstörungen bewirkt. Der § 223 StGB bedingt einen Vorsatz des Täters, der auf die Gesundheitsbeeinträchtigung abzielen muss.

3.2.2.4 – Fahrlässige Körperverletzung – § 229 StGB

Wer durch Fahrlässigkeit die Körperverletzung einer anderen Person verursacht, wird mit Freiheitsstrafe bis zu drei Jahren oder mit Geldstrafe bestraft.

Erläuterung

Körperverletzung umfasst die körperliche Misshandlung und die Gesundheitsbeschädigung im Sinne des § 223 StGB. Auch hier ist Strafantrag grundsätzlich erforderlich; bei öffentlichem Interesse an der Strafverfolgung (wird z. B. regelmäßig im Zusammenhang mit Verkehrsunfällen bejaht!) ist ein Strafantrag entbehrlich. Bei der fahrlässigen Körperverletzung spielt die Gefährlichkeit des Tatmittels oder die Schwere der Verletzung keine Rolle.

Hinweis: Strafantrag – § 230 StGB

> (1) Die vorsätzliche Körperverletzung nach § 223 StGB und die fahrlässige Körperverletzung nach § 229 StGB werden nur auf Antrag verfolgt, es sei denn, dass die Strafverfolgungsbehörde wegen des besonderen öffentlichen Interesses an der Strafverfolgung ein Einschreiten von Amts wegen für geboten hält.
>
> […]

Nur fahrlässige und einfache Körperverletzung erfordern einen Strafantrag

Strafantrag ist nur bei einfacher und bei fahrlässiger Körperverletzung erforderlich. Die qualifizierten Delikte wie gefährliche (§ 224 StGB) oder schwere Körperverletzung (§ 226 StGB), Beteiligung an einer Schlägerei (§ 231 StGB – bei einer Schlägerei muss eine schwere Körperverletzung oder der Tod eines Beteiligten eingetreten sein, dann ist jeder Beteiligte allein schon wegen seiner Beteiligung strafbar!) oder

Körperverletzung mit Todesfolge (§ 227 StGB) sind Offizialdelikte, die von Amts wegen verfolgt werden müssen.

3.2.2.5 – Gefährliche Körperverletzung – § 224 StGB

Es gibt festgelegte Tatbestandsmerkmale, aufgrund derer eine einfache Körperverletzung zur gefährlichen Körperverletzung wird

(1) Wer die Körperverletzung

1. durch Beibringung von Gift oder anderen, gesundheitsschädlichen Stoffen,
2. mittels einer Waffe oder eines anderen, gefährlichen Werkzeugs,
3. mittels eines hinterlistigen Überfalls,
4. mit einem anderen Beteiligten gemeinsam oder
5. mittels einer das Leben gefährdenden Behandlung

begeht, wird mit Freiheitsstrafe von sechs Monaten bis zu zehn Jahren, in minder schweren Fällen mit Freiheitsstrafe von drei Monaten bis zu fünf Jahren bestraft.

(2) Der Versuch ist strafbar.

Erläuterung

Erfasst sind hier in fünf Alternativen besonders gefährlicher Begehungsweisen der vorsätzlichen Körperverletzung (Grunddelikt § 223 StGB muss erfüllt sein). Der Begriff der Waffe ist in Anlehnung an den Waffenbegriff des § 1 Waffengesetz (WaffG) zu verstehen. Darunter fallen Schusswaffen (Gegenstände, bei denen Geschosse durch einen Lauf getrieben werden), tragbare Gegenstände, die ihrem Wesen nach dazu bestimmt sind, die Angriffs- oder Abwehrfähigkeit von Menschen zu beseitigen oder herabzusetzen (insbesondere Hieb- und Stoßwaffen), Elektroimpulsgeräte oder Reizstoffsprühgeräte.

Beim gefährlichen Werkzeug sind Gegenstände gemeint, nicht lediglich der Einsatz von Körperteilen (Handkante, Faust, unbekleideter Fuß reichen nicht aus; allerdings kann bei einem Tritt mit einem festen Schuh der Schuh sehr wohl ein gefährlicher Gegenstand sein). Dabei ist gefordert, dass das Werkzeug gefährlich ist. Dies ist nach herrschender Rechtsauffassung dann der Fall, wenn der Gegenstand objektiv geeignet ist, erhebliche Verletzungen herbeizuführen. Dabei richtet sich die Gefährlichkeit nach der Beschaffenheit des Gegenstandes und nach der Benutzung im Einzelfall! Als gefährlicher Gegenstand gilt auch der Stiefelabsatz, z. B. beim Tritt in den Unterleib, oder ein Gipsarm, wenn er z. B. gegen den Kopf eines anderen geschlagen wird.

Hinterlistig ist ein Überfall, der nicht nur den reinen Überraschungsmoment ausnutzt (Annäherung von rückwärts), sondern der eine Handlung beinhaltet, die auf bewusste Täuschung des Opfers ausgerichtet ist (z. B. das Auflauern in einem Versteck oder das Vortäuschen einer friedlichen Absicht).

Von »mehreren gemeinsam begangen« bedeutet, dass mindestens zwei Täter gemeinsam die Körperverletzung begehen müssen. Dabei muss der zweite Täter regelmäßig als Mittäter im Sinne von § 25 StGB tätig sein; eine bloße Beihilfe zur Körperverletzung reicht in der Regel für den Begriff »gemeinsame Begehung« nicht aus.

Bei der »das Leben gefährdenden Behandlung« muss eine konkrete Lebensgefahr nicht eingetreten sein, die Behandlung muss nur objektiv dazu geeignet sein!

3.2.2.6 – Nötigung – § 240 StGB

> (1) Wer einen Menschen rechtswidrig mit Gewalt oder durch Drohung mit einem empfindlichen Übel zu einer Handlung, Duldung oder Unterlassung nötigt, wird mit Freiheitsstrafe bis zu drei Jahren oder mit Geldstrafe bestraft.
>
> (2) Rechtswidrig ist die Tat, wenn die Anwendung der Gewalt oder die Androhung des Übels zu dem angestrebten Zweck als verwerflich anzusehen ist.

Als Sicherheitsverantwortlicher muss man wissen, was eine Nötigung ist und in welchem Fall man selbst eine solche Straftat begeht

(3) Der Versuch ist strafbar.

(4) Besonders schwerer Fall […]

Erläuterung

Geschütztes Rechtsgut dieser Strafbestimmung ist die aktuelle Willensbetätigung. Die Tathandlung erfordert Vorsatz. Nötigen bedeutet, einen anderen zu einem bestimmten Verhalten (Handlung, Duldung oder Unterlassung) zu zwingen, das er nicht will. Gewalt kann begangen werden in Form der überwältigenden Gewalt (Lateinisch: Vis absoluta – Absperren einer Tür, Festhalten, Verabreichen von K.-o.-Tropfen) oder der willensbeugenden Gewalt (Vis compulsiva – Zufahren auf Fußgänger, Erheben eines Schlagwerkzeuges).

Drohung mit einem empfindlichen Übel bedeutet, dass der Bedrohte die Drohung ernst nehmen muss und dass der Täter einen Einfluss auf den Eintritt des angedrohten Übels haben muss oder dies zumindest glaubhaft machen kann (Drohung mit einem Blitzschlag beim nächsten Gewitter reicht nicht aus!). Ein empfindliches Übel kann eine Kündigung sein, das Veröffentlichen von Intimitäten, die Drohung mit Gewaltanwendung oder mit Erstattung einer Strafanzeige (d. h., dass im Falle des gewünschten Verhaltens von der Anzeige abgesehen werden soll).

Achtung! Wer einen ertappten Straftäter dazu veranlassen will, z. B. eine Schulderklärung oder ein gegen ihn erteiltes Hausverbot zu unterschreiben oder auch dazu, mitgeführte Taschen durchsuchen zu lassen, darf derartige Ansinnen keinesfalls mit der »Drohung« verknüpfen, dass im Weigerungsfalle Anzeige erstattet wird! Das Inaussichtstellen einer Strafanzeige für den Fall, dass der Täter eine von ihm geforderte Handlung nicht vornimmt, stellt eine Nötigung dar!

Wird gar vom Täter die Bezahlung einer Fangprämie oder eine wie auch immer sonst bezeichnete andere Zahlung (Vertragsstrafe, Bearbeitungsgebühr) gefordert, darf auch dabei keinesfalls die Erstattung einer Anzeige davon abhängig gemacht werden, ob der Täter bezahlt oder nicht! Damit würde sich der Sicherheitsverantwortliche sogar eines Vergehens der Erpressung schuldig machen!

Daher sollte man bei allen geforderten Maßnahmen immer darauf hinweisen, dass die Erstattung einer Anzeige vollkommen unabhängig von der Erfüllung einer Forderung an den Täter geprüft und ggf. vorgenommen wird. Dies sollte auch in schriftlichen Erklärungen bei Hausverboten oder der Erhebung legaler Fangprämien ausdrücklich vermerkt sein.

3.2.2.7 – Bedrohung – § 241 StGB

> (1) Wer einen Menschen mit der Begehung eines gegen ihn oder eine ihm nahestehende Person gerichteten Verbrechens bedroht, wird mit Freiheitsstrafe bis zu einem Jahr oder mit Geldstrafe bestraft.
>
> [...]

Auch die Androhung einer Tat ist strafbar

Erläuterung

Geschütztes Rechtsgut ist das Gefühl der Rechtssicherheit des Einzelnen. Die Tat erfordert Vorsatz. Der Versuch ist nicht strafbar. Die Bedrohung kann im Wege der Privatklage verfolgt werden.

Mit nahestehenden Personen sind Angehörige, Verwandte, enge Freunde und der Lebensgefährte gemeint. Verbrechen heißt in diesem Zusammenhang, dass nach der Definition des § 12 StGB die angedrohte Straftat mit einer Mindestfreiheitsstrafe von einem Jahr oder darüber hinaus bedroht sein muss.

Bedrohung: Der Täter gibt vor, Einfluss auf die angedrohte Handlung zu haben.

Wird die Drohung nicht gegen den Adressaten der Drohung (Gesprächspartner des Bedrohers) und auch nicht gegen eine diesem nahestehende Person gerichtet, sondern gegen eine oder mehrere, konkret benannte oder beliebige andere Person bzw. Personen (»ich werde in einer Schule Amok laufen«; »ich werde eine Bombe zünden«), so liegt i. d. R. ein Vergehen gem. § 126 StGB vor, nämlich die »Störung des öffentlichen Friedens durch Androhung einer Straftat«.

3.2.2.8 – Diebstahl – § 242 StGB

(1) Wer eine fremde, bewegliche Sache einem anderen in der Absicht wegnimmt, die Sache sich oder einem Dritten rechtswidrig zuzueignen, wird mit Freiheitsstrafe bis zu fünf Jahren oder mit Geldstrafe bestraft.

(2) Der Versuch ist strafbar.

Genaue Kenntnis der Tatbestandsmerkmale des Diebstahlsparagrafen sind für einen Sicherheitsverantwortlichen unerlässlich...

Erläuterung

Der § 242 StGB stellt zweifellos eine der wichtigsten Bestimmungen für den Sicherheitsverantwortlichen im Handel dar. Geschützte Rechtsgüter sind das Eigentum und der Gewahrsam.

Diebstähle betreffen nach dem BGB das Eigentum eines anderen

Der Diebstahl setzt voraus, dass eine fremde Sache weggenommen wird. Fremd ist eine Sache für den Täter immer dann, wenn sie Eigentum eines anderen ist. Hierfür ist grundsätzlich der Begriff des Eigentums im Bürgerlichen Gesetzbuch (BGB) maßgeblich. Fremd im Sinne des § 242 StGB sind außerdem jedoch auch solche Sachen, an denen der Täter zwar ein Miteigentum, jedoch kein alleiniges Eigentum besitzt. Somit ist Diebstahl möglich, wenn der Täter rechtswidrig gemeinsames Eigentum so benutzt, dass er alle anderen Miteigentümer vom Gebrauch des Eigentums ausschließt.

Zum Begriff des Eigentums bestimmt der § 903 BGB, dass der Eigentümer einer Sache, soweit nicht Rechte Dritter oder ein Gesetz dagegenstehen, nach Belieben mit der Sache verfahren und andere von jeder Einwirkung ausschließen kann. Der Erwerb des Eigentums setzt gemäß § 929 BGB voraus, dass der bisherige Eigentümer die Sache dem Erwerber übergibt und beide darüber einig sind, dass das Eigentum an der Sache an den Erwerber übergehen soll.

Nicht fremd in diesem Sinne sind herrenlose Sachen (weil in niemandes Eigentum stehend), wohl aber Sachen, die lediglich vergessen oder verloren wurden. Im Falle der Nichtrückgabe eines gefundenen Gegenstandes kommt als Straftat ein Vergehen der Fundunterschlagung gem. § 246 StGB in Betracht.

Bewegliche Sachen sind – unabhängig vom Begriff des BGB – alle Sachen, die tatsächlich fortgeschafft werden können. Keine Sachen im Sinne dieser Vorschrift sind demnach Immobilien, Forderungen oder Rechte, wohl aber die Urkunden, auf denen solche Rechte verbrieft sind.

Wegnehmen bedeutet den Bruch fremden und die Begründung neuen Gewahrsams.

... Dazu gehört auch die genaue Kenntnis der rechtlichen Definition des Gewahrsams!

Gewahrsam ist – unabhängig von den Eigentumsverhältnissen – die tatsächliche Herrschaft über eine Sache (ein tatsächliches, von einem Herrschaftswillen getragenes Herrschaftsverhältnis). Der Begriff des Gewahrsams i. S. d. § 242 StGB ist weitergehend als der Begriff des Besitzes nach § 854 BGB, der die Ausübung der tatsächlichen Gewalt über eine Sache verlangt. Gewahrsam hat dagegen auch derjenige, der im Rahmen des sozial üblichen Umfanges von der Sache räumlich getrennt ist (z. B. hat der Wohnungsinhaber an allen Gegenständen in seiner Wohnung Gewahrsam, auch wenn er in der Arbeit oder im Urlaub ist), jedoch die Sachherrschaft nach einer gewissen Zeit ausüben kann oder zumindest könnte!

Die Möglichkeit, auf eine Sache einzuwirken, hat der Gewahrsamsinhaber auch bei allgemeinem Herrschaftswillen über einen generellen

Gewahrsamsbereich für alle Sachen innerhalb dieses Gewahrsamsbereiches. Eine genaue Kenntnis der in seinem Gewahrsam stehenden Sachen ist dabei nicht erforderlich (so steht z. B. eingeworfene Post, von deren Existenz der Gewahrsamsinhaber beim Verlassen des Hauses noch gar nichts wusste, dennoch in seinem Gewahrsam). Gewahrsam hat auch ein Kind an einer Sache; Diebstahl zum Nachteil eines Kindes ist somit möglich.

Bruch des Gewahrsams bedeutet, dass der Täter fremden Gewahrsam ohne den Willen des rechtmäßigen Gewahrsamsinhabers aufhebt. *Neuer Gewahrsam* ist begründet, sobald die Herrschaft über eine Sache derart erlangt ist, dass sie ohne Einflussmöglichkeit des ursprünglichen Gewahrsamsinhaber ungehindert alten durch den neuen Gewahrsamsinhaber ausgeübt werden kann. Dabei ist es nicht notwendig, dass die Sache (Tatbeute) bereits endgültig geborgen wurde.

Zu unterscheiden ist dabei zwischen *Vollendung* und *Beendigung* einer Tat. Dabei gilt ein Diebstahl nach einer Entscheidung des BHG bereits dann als vollendet, wenn kleinere Gegenstände innerhalb der sogenannten »Check-out-Line« in einer SB-Verkaufsfläche vom Täter an einer Stelle verborgen werden (in der Manteltasche, im Stiefelschaft, unter dem Hut, in der geschlossenen Faust, in leicht zu transportierenden Behältnissen wie der Handtasche u. v. a. m.), die üblicherweise am Ausgang des Geschäftes nicht mehr kontrolliert wird.

Eine zufällige oder gezielte Beobachtung des Täters oder seine sofortige Festnahme (auch noch innerhalb der Kassenlinie!) hindern die Vollendung bei kleinen Gegenständen nicht. **Dies gilt auch dann, wenn die Ware mit einem elektronischen Sicherungsetikett ausgerüstet ist, das am Ausgang Alarm auslöst** (BayObLG, 1. Strafsenat, Beschluss vom 29.05.95, 1 St RR 75/95). Ist die Tatbeute ein sperriger Gegenstand oder muss die Beute in ihrem Versteck erst eine übliche Kontrolle durchlaufen, so ist die Vollendung erst nach dem erfolgten Wegschaffen des Diebesgutes aus dem fremden Gewahrsamsbereich gegeben. Beendet ist die Tat in jedem Falle dann, wenn die Tatbeute vor fremdem Zugriff (z. B. des bisherigen Gewahrsamsinhabers, eines Zeugen, der Polizei u. v. a. m.) endgültig gesichert ist.

Kein vollendeter Gewahrsamsbruch liegt nach herrschender Rechtsprechung bei der Wegnahme von Gegenständen vor, die bewusst als »Diebesfalle« ausgelegt wurden, da der Gewahrsamsinhaber ja gerade eben will, dass der Gegenstand wegkommt, um damit den Täter einer Diebstahlsserie zu überführen. Bei dieser konkreten Wegnahme des präparierten Gegenstandes handelt es daher lediglich um einen (ebenfalls strafbaren) Versuch!

Zueignung bedeutet, eine Sache dem eigenen Vermögen oder dem Vermögen eines anderen einzuverleiben und dabei den Einfluss des Eigentümers dauernd auszuschließen.

Rechtswidrige Zueignung bedeutet, dass es weder die Einwilligung des Eigentümers dazu gibt noch ein gesetzliches Aneignungsrecht.

Der Versuch eines Diebstahls ist strafbar. Der Vorsatz des Täters muss sich auf den Bruch fremden Gewahrsams und auf die rechtswidrige Zueignung richten.

3.2.2.9 – Diebstahl und Unterschlagung geringwertiger Sachen – § 248a StGB

Der Diebstahl und die Unterschlagung geringwertiger Sachen werden in den Fällen der §§ 242 und 246 nur auf Antrag verfolgt, es sei denn, dass die Strafverfolgungsbehörde wegen des besonderen öffentlichen Interesses an der Strafverfolgung ein Einschreiten von Amts wegen für geboten hält.

Erläuterung

Werden geringwertige Sachen gestohlen, sollte man selbst Strafantrag stellen

Zum Strafantrag gelten die Ausführungen zu § 77 StGB und § 78 StGB. Der Versuch zu § 248a StGB ist ebenfalls strafbar. Sonstige Erläuterungen siehe das vorangegangene Kapitel über § 242 StGB – Diebstahl. Der § 248a StGB stellt keinen neuen, eigenen Tatbestand dar, sondern regelt nur, dass beim Diebstahl bzw. bei der Unterschlagung geringwertiger Sachen ein Strafantrag im Regelfall Prozessvoraussetzung ist. Nach derzeitiger Rechtsprechung gilt als geringwertige Sache ein Gegenstand, der weniger als 25 € wert ist. Es ist jedoch in

Einzelfallentscheidung die Tendenz zu erkennen, dass die Grenze der Geringwertigkeit in absehbarer Zeit auf 50 Euro angehoben wird. Es empfiehlt sich daher in jedem Fall, auch bei Schadenssummen unter 50 € immer einen Strafantrag zu stellen. Selbstverständlich kann auch bei höherem Wert ein Strafantrag gestellt werden, um zu demonstrieren, dass einem an der Strafverfolgung gelegen ist – allerdings hat bei einem Schaden von über (derzeit) 50 Euro die Polizei von Amts wegen die Strafverfolgung zu betreiben (denn die Tat ist ein Offizialdelikt).

3.2.2.10 – Besonders schwerer Fall des Diebstahls – § 243 StGB

(1) In besonders schweren Fällen wird der Diebstahl mit Freiheitsstrafe von drei Monaten bis zu zehn Jahren bestraft. Ein besonders schwerer Fall liegt in der Regel vor, wenn der Täter

Durch Hinzutreten zusätzlicher Tatbestandsmerkmale wird aus einem einfachen Diebstahl ein schwerer Diebstahl

1. zur Ausführung der Tat in ein Gebäude, einen Dienst- oder Geschäftsraum oder in einen anderen umschlossenen Raum einbricht, einsteigt, mit einem falschen Schlüssel oder einem anderen, nicht zur ordnungsgemäßen Öffnung bestimmten Werkzeug eindringt oder sich in dem Raum verborgen hält,

2. eine Sache stiehlt, die durch ein verschlossenes Behältnis oder eine andere Schutzvorrichtung gegen Wegnahme besonders gesichert ist,

3. gewerbsmäßig stiehlt,

4. aus einer Kirche oder einem anderen, der Religionsausübung dienenden Gebäude oder Raum eine Sache stiehlt, die dem Gottesdienst gewidmet ist oder der religiösen Verehrung dient,

5. eine Sache von Bedeutung für Wissenschaft, Kunst oder Geschichte oder für die technische Entwicklung stiehlt, die sich in einer allgemein zugänglichen Sammlung befindet oder öffentlich ausgestellt ist,

6. stiehlt, indem er die Hilflosigkeit einer anderen Person, einen Unglücksfall oder eine gemeine Gefahr ausnützt,

7. eine Handfeuerwaffe, zu deren Erwerb es nach dem Waffengesetz der Erlaubnis bedarf, ein Maschinengewehr, eine Maschinenpistole, ein voll- oder halbautomatisches Gewehr oder eine Sprengstoff enthaltende Kriegswaffe im Sinne des Kriegswaffenkontrollgesetzes oder Sprengstoff stiehlt.

(2) In den Fällen des Absatzes 1 Nr. 1 bis 6 ist ein besonders schwerer Fall ausgeschlossen, wenn sich die Tat auf eine geringwertige Sache bezieht.

Erläuterung

Die Straftat bleibt trotz ihrer Strafverschärfung ein Vergehenstatbestand, zu dem als Grunddelikt § 242 StGB verwirklicht sein muss. Die grundsätzlichen Bestimmungen einschließlich der Strafbarkeit des Versuches richten sich ebenfalls nach § 242 StGB.

Für den Sicherheitsverantwortlichen bleibt die Unterscheidung eines »normalen« vom schweren Diebstahl ohne Belang, was die rechtlichen Voraussetzungen für sein Einschreiten anbelangt. Bei »schwerem Diebstahl« sollte der Täter nach Möglichkeit immer der Polizei übergeben werden.

Täter, die einen besonders schweren Diebstahl begehen, sollten immer der Polizei übergeben werden

Zu § 243/I/Nr. 1 StGB

In einen Raum einbrechen bedeutet gewaltsames Öffnen einer den Zutritt verwehrenden Sperr- bzw. Sicherungseinrichtung (Schließzylinder abdrehen, Scheibe einschlagen, Tür eintreten u. Ä.). Hinweis: Mit Wirkung vom 01.04.98 wurde das Einbrechen in Wohnungen als eigenes Delikt dem § 244 StGB angehängt, wodurch sich die Mindeststrafandrohung auf sechs Monate erhöht hat.

Einsteigen bedeutet, unter Überwindung eines Hindernisses, das den Zugang nicht nur unerheblich erschwert, auf außergewöhnliche Weise einzudringen. Das Übersteigen einer Balkonbrüstung im Hochparterre reicht dafür unter Umständen schon aus, auch wenn die Balkontür offen steht.

Ein *falscher Schlüssel* ist ein Schlüssel, der entweder niemals zum regulären Öffnen des ganz konkret betroffenen Schlosses bestimmt war (andere Schlüssel oder »Dietriche«) oder der zwar ursprünglich zu dem geöffneten Schloss passt und auch für dieses ganz konkrete Schloss bestimmt war, der aber – z. B. aufgrund des Diebstahls des Schlüssels – vom Berechtigten gedanklich vor dem Einbruch »entwidmet« wurde.

Stiehlt also jemand einen Schlüssel, sperrt damit die Wohnung des Opfers auf und entwendet daraus Gegenstände, bevor das Opfer den Verlust des Schlüssels bemerkt und diesen entwidmet hat, begeht der Täter nur einen einfachen Diebstahl. Bemerkt das Opfer den Diebstahl des Schlüssels jedoch vor dem Einbruch und entwidmet den Schlüssel (ein gedanklicher Prozess, der an keine bestimmte Form gebunden ist) vor dem Öffnen des Schlosses durch den Täter, so macht sich der Täter bei genau gleicher Tathandlung wegen eines Vergehens des schweren Diebstahls nach § 243 StGB bzw. § 244 StGB schuldig! Es ist daher zu empfehlen, jeden abhanden gekommenen Schlüssel zu entwidmen. Der Vorgang der Entwidmung sollte vor Zeugen in einem schriftlichen Protokoll dokumentiert werden.

Verborgen halten bedeutet, dass der Täter sich vor Beginn der Tat in einem Raum versteckt, in den er durchaus zunächst berechtigt Zugang haben konnte (z. B. als Kaufhauskunde oder Besucher einer Gaststätte).

Zu § 243/I/Nr. 2 StGB

Ein verschlossenes Behältnis ist ein Raumgebilde, das nicht zum Betreten durch Menschen bestimmt und geeignet ist und das durch eine technische Schutzvorrichtung den Inhalt gegen den Zugriff von außen sichert.

Gegen Wegnahme besonders gesichert sind Gegenstände dann, wenn sie durch eine spezifische Schutzvorrichtung gesichert sind (z. B. Kabelschlösser). Hierunter fällt auch, wer eine versperrte Geldkassette stiehlt, um sie in Ruhe zu Hause aufbrechen zu können.

Zu § 243/I/Nr. 3 StGB

Gewerbsmäßig bedeutet, dass der Täter mit Gewinnabsicht und Wiederholungsabsicht handelt; er möchte sich eine nicht nur vorübergehende Einnahmequelle schaffen.

Handelt der Täter als Mitglied einer Bande, tritt § 243/I/Nr. 3 StGB gegenüber § 244/I/Nr. 3 StGB zurück.

Zu § 243/I/Nr. 6 StGB

Hilflosigkeit ausnutzen liegt vor, wenn sich jemand aus eigener Kraft nicht gegen den rechtswidrigen Angriff wehren kann und wenn dieser Umstand für den Täter erkennbar war (Diebstahl zum Nachteil eines Bewusstlosen, eines Behinderten, eines Erkrankten oder eines sonst Hilflosen).

Zu § 243/I/Nr. 7 StGB

Eine Waffe stehlen setzt voraus, dass dem Täter dieser Umstand bekannt sein muss (Diebstahl eines Koffers am Bahnhof oder eines Fahrzeuges, in dem sich eine der genannten Waffen befindet, erfüllt nur dann die Voraussetzung, wenn der Täter erkennen konnte oder wusste, dass er eine Waffe erbeutet).

Weitere Qualifizierungsmerkmale (ebenfalls Vergehenstatbestände) sind im § 244 StGB (Diebstahl mit Waffen; Bandendiebstahl) festgelegt. Auch hierzu gilt immer, dass der § 242 StGB zunächst als Grunddelikt verwirklicht werden muss.

3.2.2.11 – Diebstahl mit Waffen; Bandendiebstahl; Wohnungseinbruchsdiebstahl – § 244 StGB

(1) Mit Freiheitsstrafe von sechs Monaten bis zu zehn Jahren wird bestraft, wer

1a) einen Diebstahl begeht, bei dem er oder ein anderer Beteiligter eine Waffe oder ein anderes gefährliches Werkzeug bei sich führt,

1b) sonst ein Werkzeug oder Mittel bei sich führt, um den Widerstand einer anderen Person durch Gewalt oder Drohung mit Gewalt zu verhindern oder zu überwinden, oder

2) als Mitglied einer Bande, die sich zur fortgesetzten Begehung von Raub oder Diebstahl verbunden hat, unter Mitwirkung eines anderen Bandenmitgliedes stiehlt, oder

3) einen Diebstahl begeht, bei dem er zur Ausführung der Tat in eine Wohnung einbricht, einsteigt, mit einem falschen Schlüssel oder einem anderen, nicht zur ordnungsgemäßen Öffnung bestimmten Werkzeug eindringt oder sich in der Wohnung verborgen hält.

(2) Der Versuch ist strafbar.

[...]

Erläuterung

Zu § 244/I/Nr. 1a StGB: Auch hierzu gilt immer, dass der § 242 StGB als Grunddelikt mit verwirklicht werden muss.

Schusswaffen sind solche im Sinne des Waffengesetzes. Es genügt bereits das bloße Mitführen einer Waffe; es ist nicht erforderlich, dass die Verwendung der Waffe beabsichtigt ist.

Führt ein Täter eine Waffe mit, von der die anderen Täter nichts wissen, so hat sich der Waffenträger nach § 244 StGB zu verantworten, nicht jedoch die Mittäter. Dagegen sind alle wegen § 244 StGB strafbar, wenn zwar nur ein Täter eine Schusswaffe mit sich führt, alle anderen jedoch darüber Bescheid wissen.

Waffen sind Hieb-, Stoß-, Schlag- oder Stichwaffen, aber auch eine Handgranate oder andere Waffen im nichttechnischen Sinne (auch ein Kraftfahrzeug könnte als Waffe mitgeführt werden).

Zu § 244/I/Nr. 1b StGB

Werkzeuge sind insbesondere gefährliche Gegenstände, die geeignet sind, den Widerstand einer anderen Person durch Gewalt oder Drohung mit Gewalt zu verhindern oder zu überwinden.

Mittel sind z. B. ein Elektroschockstab, ein Taschentuch mit Äther, »K.-o.-Tropfen« oder Pfeffer (der dem Opfer in die Augen gestreut werden soll). Hierfür ist die Absicht jedes Täters erforderlich, von der Waffe, dem Werkzeug oder dem Mittel Gebrauch zu machen. Wer zwar mitführt oder davon weiß, aber keine Gebrauchsabsicht hat, fällt nicht unter die Strafverschärfung nach § 244 StGB, soweit nicht andere Tatbestandsmerkmale des § 244 StGB ohnehin zutreffen (z.B. Einbruch in eine Wohnung).

Zu § 244/I/Nr. 2 StGB

Eine *Bande* bedeutet mindestens zwei Personen, die stillschweigend oder ausdrücklich vereinbart haben, über einen gewissen Zeitraum hinweg mehrere selbständige, im Einzelnen noch ungewisse Taten zu begehen.

Fortgesetzte Begehung bedeutet die Begehung mehrerer, im Einzelnen noch ungewisser Taten.

Eine Einschränkung sieht der § 247 StGB (Haus- und Familiendiebstahl) vor, der bestimmt, dass Diebstähsle nach den §§ 242, 243 und 244 StGB sowie die Unterschlagung nach § 246 StGB nur nach Antrag des Geschädigten verfolgt werden. § 247 StGB setzt ferner voraus, dass der Täter ein Angehöriger oder ein Mitbewohner des Opfers sein muss.

3.2.2.12 – Schwerer Bandendiebstahl – § 244 a StGB

> (1) Mit Freiheitsstrafe von einem Jahr bis zu zehn Jahren wird bestraft, wer den Diebstahl unter den in § 243 Abs. 1 Satz 2 genannten Voraussetzungen oder in den Fällen des § 244 Abs. 1 Nr. 1 oder 3 als Mitglied einer Bande, die sich zur fortgesetzten Begehung von Raub oder Diebstahl verbunden hat, unter Mitwirkung eines anderen Bandenmitglieds begeht.
>
> [...]

Erläuterung

Die Bestimmung des § 244a StGB erhöht das Strafmaß nochmals für die Fälle, in denen die genannten Tatbestandsmerkmale (Mitführen von Waffen bzw. gefährlichen Werkzeugen oder Einbruch in Wohnungen) von mindestens zwei Personen verwirklicht werden, die sich als Mitglieder einer Bande zur fortgesetzten Begehung von Raub oder Diebstahl zusammengeschlossen haben. Die Höherqualifizierung hat jedoch auf die rechtlichen Möglichkeiten beim Einschreiten durch den Sicherheitsverantwortlichen keinerlei Einfluss.

3.2.2.13 – Unterschlagung – § 246 StGB

> (1) Wer eine fremde, bewegliche Sache sich oder einem Dritten rechtswidrig zueignet, wird mit Freiheitsstrafe bis zu drei Jahren oder mit Geldstrafe bestraft, wenn die Tat nicht in anderen Vorschriften mit schwererer Strafe bedroht ist.
>
> (2) Ist in den Fällen des Absatzes 1 die Sache dem Täter anvertraut, so ist die Strafe Freiheitsstrafe bis zu fünf Jahren oder Geldstrafe.
>
> (3) Der Versuch ist strafbar.

Erläuterung

Geschütztes Rechtsgut ist das Eigentum. Der Tatbestand erfordert, dass der Täter ausschließlichen Gewahrsam oder übergeordneten Gewahrsam an der Sache hat. Haben andere übergeordneten oder gleichgeordneten Gewahrsam, so liegt bei Gewahrsamsbruch Diebstahl vor.

Ausschließlichen Gewahrsam hat, wer Alleingewahrsam ausübt; übergeordneten Mitgewahrsam hat z. B. der Filialleiter eines Lebensmittelmarktes an den Waren der Filiale gegenüber dem untergeordneten Mitgewahrsam seiner Verkäufer. Zu den Begriffen »fremd«, »bewegliche Sache«, »Gewahrsam« und »rechtswidrige Zueignung« siehe die Erläuterungen zu § 242 StGB.

Im Gegensatz zum Diebstahl hat der Täter bei der Unterschlagung vorher die Sache bereits berechtigt in seinem Gewahrsam, d. h., mit dem Einverständnis des Eigentümers oder des vorhergehenden Gewahrsamsinhabers. Die Tathandlung besteht in der Zueignung und der Überführung der Sache in das alleinige Vermögen des Täters unter Ausschluss der Einwirkung des Berechtigten.

Bei der Unterschlagung im Gegensatz zum Diebstahl ist die Sache schon vorher im Gewahrsam des Täters

Formen der Zueignung können sein: Verkaufen der Sache ohne Einwilligung des Berechtigten oder ohne den Gegenwert abzuliefern; verschenken; verbrauchen; verzehren; mit dem eigenen Namen versehen. Das Verleugnen des Besitzes kann ebenfalls als Form der Zueignung gewertet werden.

Auch an einem gefundenen Gegenstand kann eine Unterschlagung begangen werden (Fundunterschlagung): Der gefundene Gegenstand (soweit er einen bewertbaren Verkehrswert von zurzeit mindestens fünf Euro besitzt) ist für den Finder fremd, da im Eigentum des Verlierers stehend. Da der Verlierer im Regelfall nicht weiß, wo er den Gegenstand verloren hat, hat er keinen Gewahrsam an dem (also keine Einflussmöglichkeit auf den) Gegenstand mehr. Ein Bruch des »Verlierergewahrsams« kann vom Finder daher nicht mehr begangen werden (Ausnahmen sind jedoch möglich bei verlorenen Gegenständen in Bahnanlagen oder öffentlichen Ämtern, da hier zumeist ein genereller amtlicher Gewahrsam an allen eingebrachten Gegenständen besteht). Das bloße Nichtanzeigen eines Fundes bedeutet nicht notwendig bereits eine Unterschlagung, wohl aber, wenn z. B. aus einer gefundenen Brieftasche das Geld entnommen und die Brieftasche im Anschluss daran fortgeworfen wird.

Unterschlagungen kommen im Bereich der Ladendiebstahlskriminalität überwiegend bei leitenden Angestellten und im Kassenbereich vor. Für Kassenkräfte in Großmärkten und Kaufhäusern, die im Regelfall durch vorgesetzte Kassenaufsichten kontrolliert werden, wird in der herrschenden Rechtsprechung der übergeordnete Gewahrsam an Bargeldbeständen der Kasse allerdings verneint, sodass hierbei regelmäßig ein Vergehen des Diebstahls in Betracht kommt (Bruch des übergeordneten oder gleichgeordneten Mitgewahrsams der Kassenaufsicht durch die Kassenkraft). Der Vorsatz muss das Wissen um die Fremdheit der Sache umfassen.

Bei Unterschlagung geringwertiger Sachen gilt über § 248a StGB, dass ein Strafantrag erforderlich ist, es sei denn, dass die Strafverfolgungsbehörde wegen des besonderen öffentlichen Interesses an der Strafverfolgung ein Einschreiten von Amts wegen für geboten hält.

Interessant ist, dass das deutsche Recht einen Eigentumserwerb an einer *gestohlenen* Sache ausschließt, egal wie viele Besitzer zwischenzeitlich den Gegenstand besaßen und unabhängig davon, ob der Erwerber des gestohlenen Gegenstandes diesen gutgläubig, also ohne den Verdacht zu haben, dass der Gegenstand entwendet worden sein könnte, erworben hat. Hingegen ist ein Eigentumserwerb an einer *unterschlagenen* Sache möglich, wenn der Erwerb der Sache gutgläubig erfolgt. In anderen Ländern, z. B. in Russland und vielen ehemaligen Sowjetrepubliken, die nun selbstständig sind, ist hingegen der gutgläubige Erwerb von Eigentum an *gestohlenen* Sachen möglich. Diese Regelung schafft für Straftäter dementsprechend einen lukrativen Anreiz, Diebesgut in diesen Ländern zu verkaufen.

3.2.2.14 – Raub – § 249 StGB

> (1) Wer mit Gewalt gegen eine Person oder unter Anwendung von Drohungen mit gegenwärtiger Gefahr für Leib oder Leben eine fremde, bewegliche Sache einem anderen in der Absicht wegnimmt, die Sache sich oder einem Dritten rechtswidrig zuzueignen, wird mit Freiheitsstrafe nicht unter einem Jahr bestraft.
>
> […]

Erläuterung

Die Strafbestimmung des Raubes beinhaltet und verbindet zugleich alle Tatbestandsmerkmale des Diebstahls und der Nötigung. Dabei müssen zunächst alle Tatbestandsmerkmale des Diebstahls erfüllt sein. Hinzu kommt jetzt als Besonderheit, dass die Wegnahmehandlung mit Gewalt oder durch Drohung mit Gewalt erfolgt. Der Raub ist ein Verbrechenstatbestand, der Versuch daher immer strafbar.

Wenn Diebstahl und Nötigung zusammen ausgeübt werden, handelt es sich um Raub

Als Form der Gewalt (und damit als Raubhandlung) wird z. B. das Entreißen einer Handtasche gewertet, wenn das Opfer nicht völlig überrascht wird und die Tasche ohne jeglichen Widerstand (festes Halten des Tragegriffes genügt in der Regel für eine Gewalthandlung) erlangt wird (dann § 242 StGB – einfacher Diebstahl).

Die weiteren qualifizierenden Bestimmungen des Raubes (schwerer Raub gem. § 250 StGB oder Raub mit Todesfolge gem. § 251 StGB) können für die vorliegenden Erläuterungen außer Betracht bleiben, da sich die Voraussetzungen für das Einschreiten des Sicherheitsverantwortlichen (nach den Jedermannsrechten) dadurch nicht ändern (also auch keine Erweiterung der Befugnisse möglich ist). Zur Abgrenzung sei darauf hingewiesen, dass – wenn der Täter die Sache nicht mit Gewalt wegnimmt, sondern durch Gewalt oder durch Drohung mit Gewalt veranlasst, dass ihm die Sache übergeben wird – ein Verbrechen der räuberischen Erpressung gem. §§ 253, 255 StGB vorliegt (Räuber richtet Waffe gegen Kundin und lässt sich Geld aushändigen – schwere räuberische Erpressung; aber: Räuber bedroht Kundin mit Waffe und nimmt Geld selbst aus der Kasse – schwerer Raub). Auch hier ist – bei gleicher Strafandrohung – kein Unterschied im Einschreiten veranlasst.

Auch schwerer Raub und Erpressung können dem Sicherheitsverantwortlichen begegnen

3.2.2.15 – Räuberischer Diebstahl – § 252 StGB

Wer, bei einem Diebstahl auf frischer Tat betroffen, gegen eine Person Gewalt verübt oder Drohungen mit gegenwärtiger Gefahr für Leib oder Leben anwendet, um sich im Besitz des gestohlenen Gutes zu halten, ist gleich einem Räuber zu bestrafen.

Erläuterung

Als Grunddelikt muss laut BGH mindestens ein **vollendeter** (aber noch nicht zwingend auch schon beendeter) Diebstahl vorliegen; dabei können Diebstähle nach §§ 242, 243, 244, 244a, 247 oder 248a StGB als Vortat verübt worden sein.

Räuberischer Diebstahl liegt vor, wenn der Täter mit Gewalt versucht, die erbeutete Sache zu behalten

Wesentlicher Bestandteil der Handlung nach § 252 StGB ist, dass – im Gegensatz zum Raub – die Gewalt oder die Drohung mit Gewalt nicht die Mittel zur Erlangung des Diebesgutes sind, sondern gezielt dazu eingesetzt werden, um im Besitz der Beute zu bleiben. Darauf muss sich der Vorsatz des Täters richten. Die herrschende Rechtsmeinung und die ständige obergerichtliche Rechtsprechung *verneinen einen räuberischen Diebstahl,* wenn der Täter die Beute zwar am Körper oder in seiner Bekleidung verborgen hat, die Gewalthandlung aber primär darauf gerichtet ist, der Festnahme zu entkommen bzw. sich selbst der Strafverfolgung zu entziehen. Anders ist die Situation zu bewerten, wenn der Täter die Beute in der Hand trägt und sich dem Zugriff auf die Beute mit Gewalt entgegenstellt. Hätte der Täter die Möglichkeit, zu entkommen, wenn er die Beute loslassen würde, so ist von einem räuberischen Diebstahl auszugehen, wenn der Täter gezielt Gewalt anwendet, um im Besitz der Beute zu bleiben.

Eine Qualifizierung des Deliktes ist analog den Bestimmungen der §§ 249, 250, 251 StGB möglich; der räuberische Diebstahl ist ebenfalls ein Verbrechenstatbestand und der Versuch dazu ist stets strafbar (das heißt, die Diebstahlshandlung ist vollendet, der Versuch bezieht sich darauf, mit Gewalt die Wegnahme des Diebesgutes zu verhindern). Bei allen Raubstraftaten sollte nach Möglichkeit immer und unverzüglich die Polizei eingeschaltet werden.

3.2.2.16 – Betrug – § 263 StGB

(1) Wer in der Absicht, sich oder einem Dritten einen rechtswidrigen Vermögensvorteil zu verschaffen, das Vermögen eines anderen dadurch beschädigt, dass er durch Vorspiegelung falscher oder durch Entstellung oder Unterdrückung wahrer Tatsachen einen

Irrtum erregt oder unterhält, wird mit Freiheitsstrafe bis zu fünf Jahren oder mit Geldstrafe bestraft.

(2) Der Versuch ist strafbar.

(3) In besonders schweren Fällen ist die Strafe Freiheitsstrafe von sechs Monaten bis zu zehn Jahren. Ein besonders schwerer Fall liegt in der Regel vor, wenn der Täter

1. gewerbsmäßig oder als Mitglied einer Bande handelt, die sich zur fortgesetzten Begehung von Urkundenfälschung oder Betrug verbunden hat,

2. einen Vermögensverlust großen Ausmaßes herbeigeführt oder in der Absicht handelt, durch die fortgesetzte Begehung von Betrug eine große Zahl von Menschen in die Gefahr des Verlustes von Vermögenswerten zu bringen,

3. eine andere Person wirtschaftlich in Not bringt,

4. seine Befugnisse oder seine Stellung als Amtsträger missbraucht oder

5. einen Versicherungsfall vortäuscht, nachdem er oder ein anderer zu diesem Zweck eine Sache von bedeutendem Wert in Brand gesetzt oder durch eine Brandlegung ganz oder teilweise zerstört oder ein Schiff zum Sinken oder Stranden gebracht hat.

(4) § 243 Abs. 2 sowie die §§ 247 und 248a StGB gelten entsprechend.

(5) Mit Freiheitsstrafe von einem Jahr bis zu zehn Jahren [...] wird bestraft, wer den Betrug als Mitglied einer Bande, die sich zur fortgesetzten Begehung von Straftaten nach den §§ 263 bis 264 oder 267 bis 269 verbunden hat, gewerbsmäßig begeht.

[...]

Erläuterung

Ein Betrug liegt vor, wenn ein Täter jemanden so täuscht, dass jener seinem eigenen Vermögen oder dem eines anderen schadet

Geschütztes Rechtsgut ist das Vermögen. Die Vorschrift des § 263 StGB ist die umfangreichste Strafvorschrift, mit der ein Sicherheitsverantwortlicher im Normalfall konfrontiert wird. Oft ist eine eindeutige Abgrenzung zum Diebstahl oder zur Unterschlagung nicht ohne weiteres möglich, da beide Delikte ebenfalls Vermögensdelikte sind. Als wesentliche Unterscheidung ist zu sehen, dass beim Betrug eine Vermögensverfügung des Getäuschten oder eines Dritten erfolgen muss, während beim Diebstahl und bei der Unterschlagung der Täter selbst die schädigende Handlung ausführt.

Für die Praxis bedeutet dies, dass der Sicherheitsverantwortliche bei der Erstattung einer Strafanzeige alle ihm bekanntgewordenen Handlungen des Täters genau beschreiben sollte. Soweit nicht mit letzter Sicherheit die Zuordnung als Betrug möglich ist, so wird die Anzeige wegen »Verdacht des Betruges« erstattet. Die letzte Entscheidung wird dann durch die Staatsanwaltschaft bzw. durch das Gericht getroffen. Betrug ist die Vermögensschädigung eines anderen durch die Täuschungshandlung des Täters. Dabei muss der Täter in rechtswidriger Bereicherungsabsicht handeln. Vermögen ist die Summe aller geldwerten Güter einer Person (auch einer »juristischen Person« im Sinne des BGB), vor allem auch der Güter, die einen wirtschaftlichen Wert verkörpern.

Zum sogenannten »äußeren Tatbestand«, also den objektiv feststellbaren Tathandlungen, gehören:

- die Täuschungshandlung des Täters;
- ein dadurch hervorgerufener Irrtum beim Getäuschten;
- dadurch bedingt eine Vermögensverfügung,
- die zu einem Vermögensschaden beim Getäuschten oder bei einem Dritten führt.

Dazu muss – als »innerer Tatbestand«, also als Vorsatz – der vom Täter beabsichtigte Vermögensvorteil (der nicht tatsächlich einzutreten braucht) für den Täter oder einen Dritten hinzukommen. Dabei muss der beabsichtigte Vermögensvorteil dem Schaden des Geschädigten genau entsprechen (sogenannte »Stoffgleichheit«).

Täuschungshandlung

Die Täuschung ist eine Art des Verhaltens, die beim Gegenüber eine Irreführung bewirkt. Das Verhalten kann eine Vorspiegelung falscher Tatsachen oder die Unterdrückung oder Entstellung wahrer Tatsachen (durch aktives Tun oder pflichtwidriges Unterlassen) sein. Auch durch schlüssiges Verhalten des Täters kann eine Täuschung erfolgen.

Eine Täuschung bedeutet, dass der Täter jemanden bewusst irreführt – durch Handeln oder Unterlassen

Beispiele: Ein Gast bestellt im Lokal Speisen und Getränke, wobei er durch sein Verhalten den Anschein erweckt, er sei zahlungsfähig und zahlungswillig, obwohl er kein Geld hat. Ein Fahrgast steigt in ein Taxi und lässt sich zu einem Fahrziel bringen, obwohl er kein Geld besitzt. Durch sein Verhalten täuscht er ebenfalls Zahlungsfähigkeit und Zahlungswilligkeit vor. Ebenso verhält es sich beim Übernachtungsgast im Hotel oder beim Autofahrer, der Benzin tankt, ohne bezahlen zu können. Eine Voraussetzung bei der Täuschung besteht darin, dass eine »natürliche« Person getäuscht werden muss. Die »Täuschung« eines Automaten fällt nicht hierunter.

Irrtum des Getäuschten meint, dass beim sich Irrenden eine falsche Vorstellung von den wirklichen Gegebenheiten existiert; er nimmt also Tatsachen als gegeben an, die der Wirklichkeit nicht entsprechen.

Erregen des Irrtums bedeutet somit, dass der Täter wesentlich zu der Fehlvorstellung des Opfers durch aktives Handeln beigetragen hat.

Unterhalten eines Irrtums heißt, dass der Täter die Aufklärung über den tatsächlichen Sachverhalt erschwert oder verhindert oder die vorhandenen Fehlvorstellungen beim Opfer durch sein Handeln noch bestärkt.

Die Vermögensverfügung des Getäuschten bezieht sich auf Folgendes: Das Verfügen ist jede Handlung, die sich direkt – ohne weitere Handlung des Täters – vermögensmindernd auswirkt. Dabei ist es nicht erforderlich, dass der Verfügende zugleich auch derjenige ist, der einen Vermögensschaden erleidet. Unbedeutend dabei ist, ob der Verfügende die Vermögensminderung sogleich erkennt (was z. B. bei der Täuschung über die Tragweite einer Unterschrift oft gar nicht sofort möglich ist) oder erst später.

Abgrenzung vom Diebstahl

Vor allem bei gefälschten Dokumenten handelt es sich um Betrug

Ein Diebstahl liegt nach herrschender Rechtsprechung dann vor, wenn der Täter nach unbefugter Mitnahme einer Ware (z. B. verborgen in einer Tasche) an der Kasse im SB-Markt der Kassenkraft diesen Umstand verschweigt und deshalb unbehelligt passieren darf. Betrug liegt vor, wenn der Täter ein falsches Etikett an der Ware anbringt und damit bewirkt, dass die Kassenkraft einen für den Täter günstigeren Preis kassiert (in einem solchen Falle ist auch Tateinheit mit dem Vergehen der Urkundenfälschung möglich). Betrug ist ebenfalls anzunehmen, wenn Lieferanten durch Vorlegen falscher Lieferscheine oder durch Täuschung über die Menge oder die Qualität einer gelieferten Ware eine Vermögensverfügung beim Getäuschten bewirken und dadurch einen Vermögensschaden (eventuell auch erst zeitlich versetzt, etwa bei der Rechnungsbegleichung) beim Getäuschten verursachen. Strittig ist, ob Betrug oder Trickdiebstahl vorliegt, wenn der Täter in einem Geschäft eine Jacke anzieht, die Etiketten entfernt und dann – ohne dies anzugeben oder die Ware zu bezahlen – an der Kassenkraft vorbei das Geschäft verlässt.

Mehrheitlich geht die Rechtslehre davon aus, dass eine auf Täuschung beruhende Lockerung des Gewahrsams noch keine Vermögensverfügung im Sinne des § 263 StGB darstellt (da der Geschädigte nicht erkennen konnte, dass eine Gewahrsamsverschiebung zu seinen Lasten und aus seinem Gewahrsamsbereich erfolgte). So eine Lockerung des Gewahrsams könnte z.B. erfolgen, wenn der Täter sein Opfer unter einem Vorwand ablenkt oder weglockt und die Ablenkung oder die vorübergehende Abwesenheit für die Wegnahme der Sache ausnützt. Somit ist diese Handlung überwiegend als »Wegnahmehandlung« und damit als Diebstahl zu werten.

3.2.2.17 – Sachbeschädigung – § 303 StGB

> (1) Wer rechtswidrig eine fremde Sache beschädigt oder zerstört, wird mit Freiheitsstrafe bis zu zwei Jahren oder mit Geldstrafe bestraft.
>
> (2) Der Versuch ist strafbar.

Erläuterung

Schutzzweck dieser Bestimmung ist die Erhaltung der Tauglichkeit, des Gebrauchswertes und der Funktionsfähigkeit des Eigentums. Die Beschädigung einer entwendeten Sache durch den Dieb ist als mitbestrafte »Nachtat« zum Diebstahl straflos.

Als Begehungsform für die Sachbeschädigung kommt nur Vorsatz infrage. Ein Vergehen der fahrlässigen Sachbeschädigung gibt es nicht; daher sind bei fahrlässiger Sachbeschädigung keine Maßnahmen nach der StPO zulässig. Allerdings stellt die fahrlässige Sachbeschädigung eine unerlaubte Handlung nach dem BGB dar, weshalb zur Sicherung der Schadenersatzansprüche die im BGB vorgesehenen Selbsthilfemaßnahmen dennoch zulässig sind. Von der Rechtsprechung ist unter anderem das Auslassen von Luft aus Fahrzeugreifen als Sachbeschädigung anerkannt, da eine Beeinträchtigung des Gebrauchswertes eintritt. Bei Sachbeschädigung wird die Tat nur auf Antrag verfolgt, wenn nicht die Strafverfolgungsbehörde wegen des besonderen öffentlichen Interesses an der Strafverfolgung ein Einschreiten von Amts wegen für geboten hält (§ 303c StGB – Strafantrag). Bezüglich des Strafantrages gilt das zu den §§ 77, 78 StGB Erläuterte entsprechend.

3.2.2.18 – Hehlerei – § 259 StGB

> (1) Wer eine Sache, die ein anderer gestohlen oder sonst durch eine gegen fremdes Vermögen gerichtete rechtswidrige Tat erlangt hat, ankauft, sich oder einem Dritten verschafft, sie absetzt oder absetzen hilft, um sich oder einen Dritten zu bereichern, wird mit Freiheitsstrafe bis zu fünf Jahren oder mit Geldstrafe bestraft.

(2) Die §§ 247 und 248a StGB gelten entsprechend (Strafantrag erforderlich).

(3) Der Versuch ist strafbar.

Erläuterung

Der Ankauf bzw. Verkauf von gestohlener Ware ist Hehlerei, wenn der Käufer bzw. der Verkäufer weiß, dass die Ware gestohlen ist

Als Grunddelikt kommen hier alle Vermögensdelikte (Diebstahl in allen Varianten, Betrug, Unterschlagung, Raub) in Betracht. Der Käufer einer gestohlenen Sache muss wissen, dass diese Sache gestohlen ist, das heißt, er muss mit Vorsatz handeln. Verkauft ein Dieb die von ihm selbst gestohlene Ware, ist für ihn selbst die Hehlerei nicht gesondert strafbar (sogenannte mitbestrafte Nachtat).

3.3 – Fangprämien

3.3.1 – Grundsätzliche Zulässigkeit von Fangprämien

Ausgelobte Fangprämien, die dazu bestimmt sind, Personen für deren Hinweis auf einen Warendieb eine Geldprämie zu bezahlen, sind grundsätzlich rechtmäßig. Die Prämie kann daher vom Dieb unter den im nachstehenden BGH-Urteil genannten Voraussetzungen verlangt und nötigenfalls auch eingeklagt werden. Allerdings muss diese erhobene Prämie direkt und ohne jeden Abzug an die Person ausbezahlt werden, die den Hinweis auf den Dieb gegeben hat. Alle anderen Formen der Erhebung von Geldbeträgen von Warendieben sind unzulässig. Dabei ist es ohne Bedeutung, wie man die Forderung bezeichnet (z. B. als »Vertragsstrafe«, »Bearbeitungsgebühr« »Unkostenpauschale«, »Verwaltungskosten« oder »Schadenersatz«). Die Fangprämie wird in erster Linie an Kunden ausbezahlt werden, aber auch eigenes Personal des Handelsunternehmens hat Anspruch auf eine Fangprämie, wenn der Hinweis auf den Warendieb eben durch einen Mitarbeiter erfolgte. Lediglich solche Mitarbeiter, zu deren Aufgaben die Bekämpfung des Ladendiebstahls gehört, dürfen keine Fangprämie beanspruchen.

Fangprägen sind laut BGH nur unter bestimmten Voraussetzungen legal

Achtung: Wird von einem Warendieb eine Fangprämie oder eine Art von Bearbeitungsgebühr verlangt und sogar erhoben, ohne dass ein Kunde oder ein Verkäufer Anspruch den Hinweis auf den Täter gegeben hat und diese Fangprämie anschließend auch erhält, besteht die Gefahr, dass der Sicherheitsverantwortliche sich selbst wegen eines Betruges zum Nachteil des ertappten Ladendiebes schuldig macht. Und zwar deshalb, weil er dem Täter rechtswidrig vortäuscht, dass er in diesem Fall eine Fangprämie zu entrichten habe, obwohl die Voraussetzungen dafür gar nicht gegeben sind! Man sollte daher im eigenen Interesse nur dann eine Fangprämie von einem Ladendieb erheben, wenn ein Kunde oder ein Angestellter den Hinweis auf den Täter gegeben hat und die Prämie anschließend auch ausbezahlt erhält!

Fangprämien dürfen nur an Kunden und Mitarbeiter ausgezahlt werden, nicht an das Sicherheitspersonal

BGH-Urteil vom 06.11.79

In seinem Urteil vom 06.11.79, Az.: VI ZR 254/77, abgedruckt in der NJW 1980, Seite 119, hat der BGH (Bundesgerichtshof) zur Fangprämie in Kaufhäusern bestimmt:

Basierend auf der Bestimmung des § 249 BGB, der auch den Schadenersatz regelt im Zusammenhang mit durch Diebstahl verursachten Personalaufwendungen, erging folgendes Urteil, das bindend für die gesamte Rechtsprechung ist:

1. Der Warendieb ist nach schadenersatzrechtlichen Grundsätzen auch dann nicht zum Ersatz von Personalkosten für die Bearbeitung des Diebstahls verpflichtet, wenn diese einer besonderen Abteilung übertragen ist.

2. Eine vor dem Diebstahl ausgesetzte Fangprämie ist vom Warendieb in angemessenem Umfang zu erstatten; angemessen ist angesichts der Durchschnittskriminalität in einem Lebensmittelmarkt (zum Zeitpunkt der Entscheidung) eine pauschalierte Prämie bis zu 50 DM [der heutigen durchschnittlichen Schadenssumme angepasst erscheint eine Fangprämie von 50 Euro verhältnismäßig].

Ersatzfähig kann auch eine höhere Prämie sein, die für besonders umfangreiche Entwendungen verhältnismäßig zugesagt ist. In Bagatellfällen kann die Erhebung der Pauschale unzulässig sein. Unter einem Bagatellfall ist ein Fall zu verstehen, bei dem der Wert der entwendeten Waren unter einer DM liegt [angepasst sollte man heute diese Bagatellfallgrenze auf einen Euro festlegen].

In der Ausführung zu der Entscheidung erklärt der Senat, dass dort, wo der Schaden regelmäßig mindestens 50 DM (diese nach wie vor gültige Entscheidung stammt aus dem Jahr 1977, also umgerechnet jetzt 25 Euro) beträgt und darüber (z. B. im Bereich Uhren/Schmuck) auch eine höhere Fangprämie zulässig ist. Bei höherwertigem Diebesgut kann als Prämie zehn Prozent des Warenwertes als Fangprämie ausgelobt werden. Die Auslobung der Fangprämie muss vorab und deutlich erkennbar erfolgen.

Bezüglich dieser Passage der genannten BGH-Entscheidung dürfte es zukünftig allerdings neuen Entscheidungsbedarf geben, da mit Wegfall des Gesetzes über die Allgemeinen Geschäftsbedingungen – kurz AGB-Gesetz – Anfang Januar 2002 die Bestimmung des § 308 Nr. 5 BGB – Klauselverbote mit Wertungsmöglichkeit – greift, die im Zuge der Besserstellung von Verbraucherrechten am 02.01.2002 in Kraft getreten ist. Darin heißt es, dass in Allgemeinen Geschäftsbedingungen insbesondere das Folgende **unwirksam** ist:

§ 308 Nr. 5 BGB – Fingierte Erklärungen

> […] eine Bestimmung, wonach eine Erklärung des Vertragspartners des Verwenders bei Vornahme oder Unterlassung einer bestimmten Handlung als von ihm abgegeben oder nicht abgegeben gilt, es sei denn, dass
>
> a. dem Vertragspartner eine angemessene Frist zur Abgabe einer ausdrücklichen Erklärung eingeräumt ist und
>
> b. der Verwender sich verpflichtet, den Vertragspartner bei Beginn der Frist auf die vorgesehene Bedeutung seines Verhaltens besonders hinzuweisen [...]

Die mögliche Auswirkung dieser Neuregelung auf die Zulässigkeit der Erhebung von Fangprämien ist bis dato (August 2011) noch nicht abschließend geregelt. Es wird empfohlen, die entsprechende Rechtsprechung aufmerksam zu verfolgen!

3.3.2 – Besondere Regelungen bei Fangprämien

Immer wieder haben sich Gerichte mit der Frage auseinandergesetzt, ob es zulässig ist, wenn Detektive Fangprämien erheben und für sich verwenden. Dazu wird stellvertretend nachstehende Entscheidung des AG Offenbach aus dem Jahre 1985 – bis heute durch keine obergerichtliche Entscheidung aufgehoben – erläutert.

3.3.2.1 – Fangprämien für Detektive unzulässig

Urteil des AG Offenbach, Az.: 35 C 5145/85 zur Fangprämie

Gegenstand dieser Entscheidung war die Beschwerde eines ertappten Ladendiebes, der sich dagegen zur Wehr setzte, dass er die Fangprämie an einen Detektiv bezahlen musste, der diese Fangprämie selbst behielt. Das Gericht entschied, dass dies nicht zulässig sei. In der Begründung wurde unter anderem ausgeführt: »[...] die Fangprämie darf nicht verlangt werden, wenn Detektive den Dieb überführt haben. Beim Kaufhausdetektiv dient nämlich das Aussetzen der Prämie nicht dazu, ihn überhaupt zu veranlassen, seine Wachsamkeit in die entsprechende Richtung zu lenken. Das ist vielmehr der Hauptinhalt seiner Tätigkeit als solcher [...] der Detektiv würde vielmehr seine ihm vertraglich obliegenden Verpflichtungen verletzen, wenn er dies nicht täte [. . .]«!

3.3.2.2 – Fangprämien bei Personaldiebstählen zulässig

Urteil des Arbeitsgerichtes Regensburg zur Fangprämie bei Personaldiebstählen – Az.: Ca 883/83

Nachdem ein Mitarbeiter nach jahrelangen Diebstählen in seinem Unternehmen ertappt wurde, legte er ein umfassendes Geständnis ab. Das Unternehmen forderte nunmehr eine Fangprämie in Höhe von zehn Prozent des gesamten Warenwertes, den der Mitarbeiter entwendet hatte. Obwohl der Gesamtschaden nur aufgrund des Geständnisses festgestellt worden war, bestätigte das Arbeitsgericht in Regensburg, dass die Fangprämie von der gesamten Summe zu entrichten sei und nicht nur von dem Wert des Gegenstandes, bei dessen Diebstahl der Mitarbeiter ertappt worden war. Bis zu einer anders lautenden Entscheidung eines übergeordneten Gerichtes ist damit die Erhebung einer Fangprämie auch von diebischen Mitarbeitern zulässig. Wiederum ausgenommen sind Fälle, die durch einen eigenen Kaufhausdetektiv festgestellt worden sind e (siehe 3.3.2.1).

3.3.2.3 – Fangprämien bei Kindern und Jugendlichen

Von Kindern und Jugendlichen darf keine Fangprämie erhoben werden!

Begründet wird dies folgendermaßen: Durch den Hinweis auf die Erhebung einer Fangprämie von ertappten Ladendieben macht der Einzelhändler seinen Kunden ein Vertragsangebot, das der Kunde durch das Betreten des Geschäftes annimmt (konkludentes Handeln – aber strittig nach Wegfall des Gesetzes über Allgemeine Geschäftsbedingungen AGBG! – siehe oben). Dabei würde dieser Vertrag auch dann Bestand haben, wenn der Kunde einen geheimen Vorbehalt gegen diese Vertragsannahme hätte (§ 116 BGB).

Allerdings erfordert das rechtskräftige Zustandekommen dieses Vertrages, dass beide Parteien geschäftsfähig sind. Dies ist bei Kindern bis zum vollendeten siebten Lebensjahr nicht der Fall, da sie geschäftsunfähig sind (§ 104/I BGB). Minderjährige, die das siebte Lebensjahr vollendet haben, aber noch nicht das siebzehnte, sind in der Geschäftsfähigkeit beschränkt. Für sie gelten die §§ 107 bis 113 BGB, d. h., solange die Einwilligung des gesetzlichen Vertreters nicht vorliegt, ist der Vertrag schwebend unwirksam. Wenn also der gesetzliche Vertreter seine Einwilligung verweigert, kommt der Vertrag nicht zustande. Es besteht damit für den Sicherheitsverantwortlichen die Gefahr, dass er – wenn er dennoch bei Jugendlichen eine Fangprämie erhebt – leicht in den Bereich der Nötigung (§ 240 StGB), des Betruges (§ 263 StGB) oder gar der Erpressung (§ 253 StGB) gerät und sich damit selbst strafbar macht!

Niemals von Kindern und Jugendlichen eine Fangprämie nehmen

Daher empfiehlt es sich immer, von Jugendlichen und von Kindern kein Geld anzunehmen, sondern allenfalls die Forderung einer Fangprämie an die gesetzlichen Vertreter mit der Bitte um Zustimmung zu richten. Und natürlich darf die Erstattung einer Strafanzeige bei Jugendlichen unter keinen Umständen davon abhängig gemacht werden, ob die Fangprämie bezahlt wird oder nicht! Aber auch hier gilt, was oben schon zur neuen Bestimmung des § 308 Nr. 5 BGB ausgeführt wurde.

3.4 – Taschenkontrolle

3.4.1 – Hausverbot bei Verweigerung unzulässig

Die Verweigerung der Taschenkontrolle ist kein Grund, jemandem ein Hausverbot zu erteilen

In einem Urteil des Oberlandesgerichts (OLG) Frankfurt war entschieden worden, dass Kunden Hausverbot erteilt werden kann, wenn sie sich weigern, an der Kasse mitgeführte Taschen kontrollieren zu lassen. In dem entschiedenen Fall war im Eingangsbereich des Geschäftes eine allgemein formulierte Bitte an die Kunden angebracht, ihre Einkaufstaschen nicht mit in den Markt zu nehmen. Eine Kundin hatte ihre Tasche dennoch mitgenommen und sich dann geweigert, sie an der Kasse kontrollieren zu lassen. Daraufhin war ihr Hausverbot erteilt worden, was zunächst vom Landgericht Frankfurt als unzulässig bezeichnet worden war, in der Berufungsverhandlung beim OLG Frankfurt jedoch dann als rechtmäßig bewertet wurde. Am 03.11.1993 verkündete der BGH unter dem Az. VIII ZR 106/93 zum Thema »Taschenkontrollen« folgendes Urteil und hob damit die Entscheidung des OLG Frankfurt auf: Gemäß dieser Entscheidung des BGH reicht eine derartige Bitte im Eingangsbereich eines Geschäftes nicht aus, um bei Nichterfüllung derselben ein Hausverbot zu verhängen.

3.4.2 – Durchführung der Kontrolle

Generell sollten anlassunabhängige Kontrollen von Einkaufstaschen nur dann in Erwägung gezogen werden, wenn der Kunde mit einer Einkaufstasche in einem SB-Markt einkauft, bei dem im Eingangsbereich die Möglichkeit besteht, Taschen zur Verwahrung aufzugeben (Taschenannahme, Schließfächer). Zusätzlich sollten deutliche Schilder im Eingangsbereich darauf hinweisen, dass man die Verkaufsräume nicht mit Taschen betreten soll.

Kommt nun ein Kunde trotzdem mit einer Einkaufstasche an die Kasse, so ist die höflich formulierte Frage, ob er mit einer Kontrolle seiner Einkaufstasche einverstanden ist, zumindest dann keine Beleidigung, wenn diese Bitte grundsätzlich an jeden Kunden herangetragen wird, der mit einer Einkaufstasche an die Kasse kommt. Erklärt sich der Kunde mit der Kontrolle einverstanden, so liegt kein Rechtseingriff vor und die Tasche kann problemlos kontrolliert werden (»Dem Wollenden geschieht kein Unrecht …«). Verweigert der Kunde hingegen die Kontrolle und gibt es keine gesicherten Anhaltspunkte dafür, dass sich in der Tasche Diebesgut befindet, so muss man den Kunden unbeanstandet gehen lassen; eine wie auch immer geartete rechtliche Begründung für eine Taschenkontrolle gegen den Willen eines Kunden gibt es nicht! Dabei ist zu beachten, dass allein aus dem Umstand heraus, dass der Kunde die Kontrolle verweigert, noch nicht geschlossen werden darf, dass er eine Straftat begangen hat!

Aus dem Umstand, dass ein Kunde die Taschenkontrolle verweigert, darf nicht der Rückschluss gezogen werden, dass der Kunde Diebesgut in der Tasche verbirgt

Besteht aus tatsächlichen Gründen ein konkreter Anhaltspunkt dafür, dass sich in der Tasche Diebesgut befindet (z. B. aufgrund der Beobachtung eines Zeugen), so sind gegen den Kunden die Maßnahmen zulässig, die die Strafprozessordnung (StPO) »jedermann« für das Ertappen eines Straftäters auf frischer Tat einräumt, wie z. B. dessen vorläufige Festnahme. Erst die hinzugezogene Polizei darf dann die mitgeführte Tasche (und auch die Bekleidung des Kunden) nach möglichem Diebesgut durchsuchen. Soweit der tatverdächtige Kunde versucht, bis zum Eintreffen der Polizei Beweismittel zu beseitigen, indem er beispielsweise in seiner Einkaufstasche versucht, Etiketten von gestohlenen Waren abzulösen, so kann ihm die vorläufige Festnahme (wegen Fluchtgefahr, denn auch das Beseitigen von Beweismitteln kann als Fluchtgefahr gewertet werden!) erklärt und ihm ggf. auch die Tasche weggenommen werden. Wehrt sich der Kunde dagegen, so ist unter Umständen auch seine Fesselung möglich.

3.5 – Notwehr und Nothilfe

3.5.1 – Notwehr und Nothilfe nach dem StGB

Nachstehend werden die sogenannten Notstandsrechte nach dem Strafgesetzbuch behandelt. Je nach dem angegriffenen oder verteidigten Rechtsgut und der Art der gewählten Abwehrhandlung kann die Ausübung von Notstandsrechten entweder einen Rechtfertigungsgrund oder aber einen Schuldausschließungsgrund darstellen.

Begeht jemand eine Handlung, die alle Tatbestandsmerkmale eines Strafgesetzes erfüllt, hat jedoch für die Tat einen Rechtfertigungsgrund, so hebt dieser Rechtfertigungsgrund die Rechtswidrigkeit dieser Handlung auf und bedingt dadurch deren Rechtmäßigkeit. Insofern trifft den Handelnden auch keine Schadenersatzpflicht.

Im Gegensatz zu einer tatbestandsmäßigen Handlung im rechtfertigenden Notstand, der die Rechtswidrigkeit der Tat aufhebt, liegt bei einem entschuldigenden Notstand immer eine *rechtswidrige* Tat vor. Begeht jedoch der Täter diese rechtswidrige Tat, um eine Gefahr von sich, einem Angehörigen oder einer ihm nahestehenden Person abzuwehren, die für das Leben, die körperliche Unversehrtheit oder die Freiheit einer der genannten Person droht (und nur unter diesen Voraussetzungen), so handelt er bei der Begehung der Tat zwar rechtswidrig, aber ohne Schuld. Damit kann er zwar wegen der rechtswidrigen Tat nicht belangt werden, aber – weil die Tat nicht zu rechtfertigen ist – ist er in vollem Umfang schadenersatzpflichtig.

Dazu ein Beispiel: Zwei Bergsteiger sind in einem felsigen Gelände unterwegs, als einer aus Unachtsamkeit stürzt und sich schwer verletzt. Um schnellstmöglichst den Rettungsdienst zu alarmieren, schlägt sein Begleiter die Scheibe eines geparkten Fahrzeuges ein, um ein darin liegendes Handy für den Notruf zu nutzen. Tatbestandsmäßig liegt zwar eine Sachbeschädigung vor, aber aufgrund der Notlage war die Handlung geboten und verhältnismäßig (ein weniger schwerwiegendes Rechtsgut, das Eigentum, wurde verletzt, um das höherwertige Rechtsgut der körperlichen Unversehrtheit zu erhalten) und damit nicht rechtswidrig. Damit muss der Wanderer die zerstörte Scheibe nicht bezahlen.

Zur Abgrenzung dazu ein zweites Beispiel: In derselben Situation rutscht der eine Bergsteiger aus und klammert sich gerade noch an einem Bein des anderen fest, der Mühe hat, sich an einer Wurzel festzuhalten. Durch das Gewicht der beiden Bergsteiger löst sich die Wurzel Stück für Stück aus dem Erdreich. Beide drohen in die Tiefe zu stürzen. Nun tritt der obere Bergsteiger mit seinem freien Bein gegen die Arme des anderen, der daraufhin den Halt verliert und über einen Felshang abrutscht. Dabei wird er schwer verletzt. Obwohl das Treten nach dem Mittäter nicht gerechtfertigt war, handelt der Täter schuldlos, da er andernfalls selbst abgestürzt und schwer verletzt oder sogar getötet worden wäre. Dennoch muss er nun für den Schaden aufkommen (Arztkosten, Verdienstausfall u.a.).

Ein Schuldausschließungsgrund (Entschuldigungsgrund) im Sinne der Notstandsrechte macht zwar eine Tat nicht rechtmäßig, schließt aber die Schuld aus unter dem Gesichtspunkt, dass ein Unterlassen der Tat für den Handelnden nicht zumutbar gewesen wäre. Ihn trifft jedoch in vollem Umfang die Schadenersatzpflicht aus seiner Handlung, die eine unerlaubte Handlung im Sinne des § 823 BGB bleibt.

3.5.1.1 – Notwehr – § 32 StGB

> (1) Wer eine Tat begeht, die durch Notwehr geboten ist, handelt nicht rechtswidrig.
>
> (2) Notwehr ist die Verteidigung, die erforderlich ist, um einen gegenwärtigen rechtswidrigen Angriff von sich oder einem anderen abzuwenden.

Erläuterung

Das Notwehrrecht ist ein echter Rechtfertigungsgrund, der die Rechtswidrigkeit einer ansonsten tatbestandsmäßigen Handlung aufhebt. Daher ist Notwehr gegen eine rechtmäßige Notwehrhandlung nicht zulässig!

Eine Handlung, die ansonsten gegen das Gesetz verstößt, darf zur Notwehr eingesetzt werden

Begriffsdefinitionen

Verteidigung ist jede Handlung, die mit dem Willen und zu dem Zweck erfolgt, einen gegenwärtigen Angriff auf ein Rechtsgut (z. B. Ehre, körperliche Unversehrtheit, Freiheit, Leben) abzuwehren.

Die *»erforderliche« Handlung* ist die, die einerseits die Beendigung des Angriffs bewirkt und zum anderen das mildeste dazu geeignete Mittel darstellt. Jedoch darf der sich Verteidigende von vornherein ein Mittel wählen, das ihn von dem Risiko möglichst befreit, den Angriff nicht vollständig abwehren zu können.

Gegenwärtig ist ein Angriff, wenn er bereits stattfindet (bis zu seiner Beendigung!) oder wenn er unmittelbar bevorsteht und bei weiterem Zuwarten die Tat unmittelbar danach vollendet werden wird.

Ein *rechtswidriger Angriff* ist jeder Angriff auf ein geschütztes Rechtsgut, der nicht seinerseits gerechtfertigt ist (z. B. durch ein hoheitliches Eingriffsrecht).

Die Formulierung *»von sich oder einem anderen«* beinhaltet, dass das angegriffene Rechtsgut nicht den in Notwehr Handelnden betreffen muss. Werden die Rechte anderer geschützt, spricht man von **Nothilfe**.

Notwehrfähig sind alle Individualrechte, aber auch die Rechtsgüter des Staates. Dabei geht die Rechtslehre weitestgehend davon aus, dass – je geringwertiger das angegriffene Rechtsgut ist und je weniger der Handelnde direkt davon betroffen ist – der Grundsatz der Verhältnismäßigkeit umso mehr Bedeutung erlangt. Gegebenenfalls ist auch ein Zurückweichen oder die Flucht zumutbar (etwa auch bei einem Angriff durch ein Kind).

3.5.1.2 – Notwehrüberschreitung – § 33 StGB

Überschreitet jemand bei einer gerechtfertigten Notwehrhandlung die Grenzen der an sich erforderlichen und ausreichenden Notwehr aus **Verwirrung, Furcht oder Schrecken**, so ist die Notwehrhandlung dann zwar nicht mehr gerechtfertigt, wird aber entschuldigt. Die

Notwehrüberschreitung ist damit aber durch den Wegfall des Rechtfertigungsgrundes zugleich eine »unerlaubte Handlung« nach den Bestimmungen des Bürgerlichen Gesetzbuchs (BGB) und kann daher Schadenersatzforderungen nach sich ziehen.

3.5.1.3 – Rechtfertigender Notstand – § 34 StGB

> Wer in einer gegenwärtigen, nicht anders abwendbaren Gefahr für Leben, Leib, Freiheit, Ehre, Eigentum oder ein anderes Rechtsgut eine Tat begeht, um die Gefahr von sich oder einem anderen abzuwenden, handelt nicht rechtswidrig, wenn bei Abwägung der widerstreitenden Interessen, namentlich der betroffenen Rechtsgüter und des Grades der ihr drohenden Gefahren, das geschützte Interesse das beeinträchtigte wesentlich überwiegt. Dies gilt jedoch nur, soweit die Tat ein angemessenes Mittel ist, die Gefahr abzuwenden.

Erläuterung

Die Bestimmung des § 34 StGB ist ein echter Rechtfertigungsgrund. Im Gegensatz zur Notwehrbestimmung des § 32 StGB geht hier jedoch der Handlung nicht notwendigerweise ein rechtswidriger Angriff voraus. Vielmehr genügt hier allgemein das Vorliegen einer konkreten Gefahrenlage, die eines der genannten Rechtsgüter unmittelbar bedroht. Weitestgehend unerheblich ist dabei, wer die Gefahr verursacht hat. Auch wenn die Gefahr vom Handelnden selbst zuvor verursacht worden ist, darf er zur Rettung höherwertiger Rechtsgüter (z. B. Leben, körperliche Unversehrtheit) geringwertigere Rechtsgüter (Eigentum, Ehre) verletzen.

Um Gefahren abzuwenden oder Hilfe zu leisten, dürfen Tathandlungen begangen werden, die ansonsten strafbar wären. Es muss allerdings die Verhältnismäßigkeit der Mittel gewahrt bleiben!

Dazu ein Beispiel:

> Ein Einbrecher stürzt vom Dach einer einsam gelegenen Fabrik und verletzt sich schwer. Sein Komplize schließt daraufhin einen Lieferwagen kurz, um seinen verletzten Kumpel zum Arzt zu transportieren. Beide sind »nur« wegen des versuchten Einbruchs in die Fabrik strafbar, nicht jedoch nach § 248b StGB (unbefugter Gebrauch eines Fahrzeuges).

Die Gefahr muss aber nicht unbedingt von einem Menschen ausgehen. Auch durch technische Fehler oder Naturereignisse (Hochwasser, Lawinen, Sturmschäden, Feuer, aber auch durch den »Angriff« eines gefährlichen Tieres) verursachte oder entstandene Gefahrenlagen können Grundlage für Notstandshandlungen sein (z. B. das Betreten eines fremden Grundstückes und das Eintreten einer Tür, um telefonieren zu können und Rettungsdienste zu alarmieren – Hausfriedensbruch und Sachbeschädigung liegen zwar tatbestandsmäßig vor, die Handlung ist jedoch gerechtfertigt). Ist die Gefahr von einem Menschen verursacht worden, darf man zur Abwehr dieser Gefahr dennoch auch in die Rechte anderer Menschen, die für die Gefahr nicht verantwortlich sind, eingreifen. Wer die Gefahr verursacht hat, spielt für die Rechtmäßigkeit der Notstandshandlung keine Rolle. Unter einer »Tat« im Sinne des § 34 StGB ist tatbestandsmäßiges Handeln zu verstehen, das den Tatbestand eines Strafgesetzes verwirklicht.

3.5.1.4 – Entschuldigender Notstand – § 35 StGB

> (1) Wer in einer gegenwärtigen, nicht anders abwendbaren Gefahr für Leben, Leib oder Freiheit eine rechtswidrige Tat begeht, um die Gefahr von sich, einem Angehörigen oder einer anderen, ihm nahestehenden Person abzuwenden, handelt ohne Schuld. Dies gilt nicht, soweit der Täter nach den Umständen, namentlich weil er die Gefahr selbst verursacht hat oder weil er in einem besonderen Rechtsverhältnis stand, zugemutet werden konnte, die Gefahr hinzunehmen [...].

(2) Nimmt der Täter bei der Begehung der Tat irrig Umstände an, welche ihn nach Absatz 1 entschuldigen würden, so wird er nur dann bestraft, wenn er den Irrtum vermeiden konnte. [...]

Erläuterung

Die Bestimmung des § 35 StGB ist ein Schuldausschließungsgrund. Die Tat bleibt rechtswidrig und damit als unerlaubte Handlung im Sinne des BGB schadenersatzpflichtig! Die Voraussetzungen in Abs. 1 sind identisch mit den Voraussetzungen der Notwehr; allerdings findet hier eine Einschränkung hinsichtlich der angegriffenen Rechtsgüter auf das Leben, die Unversehrtheit des Leibes und die persönliche Freiheit und ferner dahingehend statt, dass es sich bei der gefährdeten Person um den Handelnden selbst, um einen Angehörigen von ihm oder um eine ihm nahestehende Person handeln muss.

Wer in einer Notstandslage eine rechtswidrige Tat begeht, wird zwar wegen dieser Tat nicht bestraft, bleibt aber zum Schadenersatz verpflichtet

3.5.2 – Notwehr, Nothilfe, Notstand nach dem BGB

Die nachfolgend behandelten Bestimmungen schlagen eine Brücke zwischen den Notwehr- und den Notstandsrechten des StGB und den dabei etwa entstehenden schadenersatzrechtlichen Ansprüchen von »Verletzten« (also in ihren Rechten verletzten Personen).

3.5.2.1 – Notwehr – § 227 BGB

(1) Eine durch Notwehr gebotene Handlung ist nicht widerrechtlich.

(2) Notwehr ist diejenige Verteidigung, welche erforderlich ist, um einen gegenwärtigen rechtswidrigen Angriff von sich oder einem anderen abzuwehren.

Erläuterung

Diese Bestimmung des BGB ergänzt die Notwehrbestimmung des § 32 StGB in einem wesentlichen Punkt: Sie regelt, dass bei einer durch Notwehr erforderlichen Handlung (diese muss als erforderlich feststehen, insoweit muss die Prüfung nach dem StGB bereits abgeschlossen sein) der Handelnde nicht widerrechtlich handelt.

Damit ist eine Schadenersatzpflicht nicht gegeben. Dies ergibt sich als Umkehrschluss aus § 823 BGB, der eine Schadenersatzpflicht dann festlegt, wenn eine unerlaubte Handlung widerrechtlich erfolgte.

Wer in einer Notwehrsituation rechtmäßig handelt, ist für den durch seine Handlung entstandenen Schaden nicht zum Schadenersatz verpflichtet!

3.5.2.2 – Notstand – § 228 BGB

Das Beschädigen oder Zerstören einer Sache zum Schutz von sich selbst und anderen ist gesetzlich erlaubt – natürlich nur im angemessenen Rahmen

Wer eine fremde Sache beschädigt oder zerstört, um eine durch sie drohende Gefahr von sich oder einem anderen abzuwenden, handelt nicht widerrechtlich, wenn die Beschädigung oder die Zerstörung zur Abwendung der Gefahr erforderlich und der Schaden nicht außer Verhältnis zu der Gefahr steht. Hat der Handelnde die Gefahr verschuldet, so ist er zum Schadenersatz verpflichtet.

Erläuterung

Diese Bestimmung behandelt den sogenannten defensiven Notstand des BGB. Ähnlich wie bei der vorhergehenden Bestimmung wird auch hier die Widerrechtlichkeit einer Handlung verneint, die zur Abwehr einer Gefahr erforderlich ist, wenn der entstandene Schaden nicht außer Verhältnis zur abgewehrten Gefahr steht. Die Vorschrift regelt die Beschädigung von Sachen im Zuge einer Handlung, die zur Abwehr einer Gefahr erfolgt. Sind die rechtlichen Voraussetzungen erfüllt, so ist auch hierbei der Handelnde von der Schadenersatzpflicht befreit.

Dazu regelt der § 904 BGB, dass der Eigentümer einer Sache nicht berechtigt ist, die Einwirkung eines anderen auf seine Sache zu verbieten, wenn die Einwirkung zur Abwehr einer gegenwärtigen Gefahr erforderlich und verhältnismäßig ist.

3.6 – Jedermannsrechte

In diesem Kapitel werden die wichtigsten gesetzlichen Vorschriften erläutert, die Befugnisse für Eingriffsmaßnahmen durch Privatpersonen in die Freiheit anderer Personen beinhalten. Die sicherlich bedeutsamste Bestimmung – zugleich die mit der größten Tragweite – ist dabei die Befugnis zur vorläufigen Festnahme nach der Strafprozessordnung. Aber auch das Bürgerliche Gesetzbuch (BGB) enthält Bestimmungen, die einen weitgehenden Eingriff in die Rechte Dritter zulassen (z. B. zur Sicherung von Schadenersatzansprüchen).

Jeder Sicherheitsverantwortliche sollte die Jedermannsrechte verinnerlicht haben

Die sichere Kenntnis der nachfolgenden Gesetze ist eine unabdingbare Voraussetzung für den Sicherheitsverantwortlichen, quasi sein unverzichtbares Handwerkszeug, damit er die im täglichen Einsatz oft unvorhergesehen eintretenden Situationen jederzeit sicher meistert und sich selbst durch rechtlich einwandfreies Verhalten vor Strafverfolgung oder vor vermeidbaren Schadenersatzforderungen schützt. Sichere Kenntnis bedeutet, dass der Sicherheitsverantwortliche die wesentlichen Inhalte der Eingriffsbefugnisse aus dem Stehgreif beherrschen muss. Denn die Zeit, im Einsatzfalle die rechtlichen Bestimmungen nachzulesen, besteht im Regelfall nicht!

Wie die Bezeichnung »Jedermannsrechte« schon aussagt, gelten diese Bestimmungen uneingeschränkt für jedermann. Unabhängig von Alter, Geschlecht, Staatsangehörigkeit, Religion und Beruf kann jeder von diesen Rechten bzw. Befugnissen Gebrauch machen, soweit die rechtlichen Voraussetzungen im Einzelfall vorliegen.

Daraus ergibt sich im Umkehrschluss, dass der Sicherheitsverantwortliche keine weitergehenden Befugnisse besitzt als beispielsweise eine 12-jährige neuseeländische Schülerin, die als Touristin in Deutschland einen zweistündigen Zwischenstopp an einem Flughafen macht! Dies muss man sich stets bewusst vor Augen halten, will man vermeiden, im Übereifer Befugnisse in Anspruch zu nehmen oder Maßnahmen zu treffen, die allein den staatlichen Strafverfolgungsorganen zustehen. Eine Erweiterung der Befugnisse ist allenfalls dann denkbar, wenn man im Auftrag und mit der ausdrücklichen Ermächtigung des Auftraggebers z. B. das Hausrecht für ein Gebäude oder ein befriedetes Besitztum übertragen erhält oder als Bevollmächtigter anderweitige

Rechte des Auftraggebers wahrnimmt (z. B. die Ermächtigung zur Strafantragsstellung oder die Vornahme von Tätigkeiten, die man als sogenannter »Besitzdiener« ausübt). Hierbei handelt es sich jedoch im Normalfall nicht um Eingriffsbefugnisse.

3.6.1 – Die vorläufige Festnahme nach der StPO

Die vorläufige Festnahme ist ein Jedermannsrecht

Die vorläufige Festnahme ist eine der schwerwiegendsten Eingriffsbefugnisse, die der Gesetzgeber für Privatpersonen vorsieht. Ausgangsüberlegung des gesetzgeberischen Willens war, dass es für einen Rechtsstaat unerträglich ist, wenn auf frischer Tat angetroffene Rechtsbrecher nur deshalb nicht zur Rechenschaft gezogen werden können, weil gerade kein Träger von Hoheitsbefugnissen zur Stelle ist. Zur Sicherung des staatlichen Strafanspruches (und nur dazu, denn die Sicherung zivilrechtlicher Ansprüche wird im BGB geregelt!) wurde daher die Bestimmung des § 127/I in der Strafprozessordnung verankert, in der sonst fast ausschließlich Vorschriften für die Strafverfolgung durch staatliche Institutionen geregelt sind. Wenn die Voraussetzungen der vorläufigen Festnahme erfüllt sind, handelt der Festnehmende rechtmäßig, solange er die – für Privatpersonen großzügiger geregelte – Verhältnismäßigkeit der Mittel beachtet. Der Festgenommene hat gegen die rechtmäßige Festnahme kein Notwehrrecht. Insofern sind Widerstandshandlungen rechtswidrig und begründen ihrerseits eine erneute Strafbarkeit des Widerstand Leistenden (z. B. wegen Körperverletzung).

Die vorläufige Festnahme – § 127/I StPO

> (1) Wird jemand auf frischer Tat betroffen oder verfolgt, so ist, wenn er der Flucht verdächtig ist oder seine Identität nicht sofort festgestellt werden kann, jedermann befugt, ihn auch ohne richterliche Anordnung vorläufig festzunehmen. [...]
>
> (3) Ist eine Straftat nur auf Antrag verfolgbar, so ist die vorläufige Festnahme auch dann zulässig, wenn ein Antrag noch nicht gestellt ist. [...]

Erläuterung

Die Befugnis nach § 127/I StPO ist die wichtigste Befugnisnorm im Bereich der Straftatenbekämpfung durch Privatpersonen. Ohne diese Bestimmung wäre ein Anhalten von Straftätern mit dem Ziele einer Anzeigenerstattung durch Privatpersonen nicht möglich.

Dieser »Jemand«, der im Sinne dieser Vorschrift »auf frischer Tat betroffen« wird, kann nur eine Person sein, die das 14. Lebensjahr bereits erreicht hat. Davor ist ein Kind (bis 24.00 Uhr am Vortag zum 14. Geburtstag) immer schuldunfähig und kann daher nicht auf frischer *Tat* betroffen werden (weil Kinder immer strafunmündig sind und eben nicht tatbestandsmäßig handeln können). Eine vorläufige Festnahme scheidet demnach aus. Jedoch darf das Kind (ohne Zwang) festgehalten werden. Zur Durchsetzung von Schadenersatzansprüchen kommt bei Kindern ferner auch die Selbsthilfe nach § 229 BGB in Betracht. Sonst kann jeder unabhängig von Geschlecht, Alter, Nationalität und sonstigen Merkmalen als Täter vorläufig festgenommen werden, der einer Straftat dringend verdächtig ist.

Kinder dürfen nicht vorläufig festgenommen werden

Vorläufig festgenommen werden können demnach Personen, die Täter i. S. d. § 25/I StGB, Mittäter i. S. d. § 25/II StGB, Anstifter i. S. d. § 26 StGB oder Gehilfen i. S. d. § 27/I StGB sind.

Einer Straftat dringend verdächtig ist jemand, der vom Festnehmenden selbst oder von einer anderen Person bei der Ausführung der Straftat beobachtet wurde. Daneben lässt der BGH (Bundesgerichtshof, NJW 81, 765) auch dann einen dringenden Tatverdacht zu, wenn die erkennbaren äußeren Umstände einen dringenden Tatverdacht vermitteln.

Die Formulierung *»auf frischer Tat betroffen«* bedeutet, dass der Täter während der Tatausführung oder unmittelbar danach am Tatort angetroffen wird.

Die *Tat* ist ein tatbestandsmäßiges und rechtswidriges Handeln, das ein Verbrechen oder ein Vergehen nach dem StGB oder einem strafrechtlichen Nebengesetz darstellt. Hierunter fällt auch ein strafbarer Versuch gem. § 23/I StGB.

Der Hinweis »*auf frischer Tat verfolgt*« bedeutet, dass der Täter sich bereits vom Tatort entfernt hat. Die Verfolgung setzt unmittelbar nach der Tat ein. Dabei weisen sichere Anhaltspunkte auf den Täter hin (z. B. ständiger Blickkontakt oder Spuren im Neuschnee oder Blutspuren oder Ähnliches). Die zeitliche Dauer der Verfolgung und die Streckenlänge spielen dabei keinerlei Rolle, solange die Verfolgung **ohne Unterbrechung** durchgeführt wird. Dabei kann der Verfolger den Täter selbstverständlich auch ganz bewusst vom Tatort aus zunächst erst einmal verfolgen, um ihn bei einer günstigeren Gelegenheit (wenn z. B. genügend Verstärkungskräfte zur Verfügung stehen) festnehmen zu können. Die Örtlichkeit, an der die Festnahme erfolgt, kann also vom Festnehmenden völlig frei gewählt werden, solange die Verfolgung nach der Tat nicht unterbrochen wurde (so darf ein Verkäufer dem Ladendieb ohne Weiteres aus dem Kaufhaus heraus unbemerkt folgen, um ihn z. B. auf der Straße, am Bahnhof, in der U-Bahn oder in einem anderen Geschäft festzunehmen).

Das Recht zur Festnahme nach Verfolgung auf frischer Tat endet in dem Moment, in dem die Verfolgung unterbrochen wird

Die Verfolgung auf frischer Tat ist unterbrochen, wenn der Verfolger den Täter aus den Augen verliert. Dies bleibt auch so, selbst wenn der Verfolger den Täter zufällig fünf Minuten später wiedersieht. Dann scheidet die vorläufige Festnahme nach § 127 Abs. 1 der Strafprozessordnung aus. In diesem Fall bleibt jedoch die Möglichkeit der Selbsthilfe nach dem BGB, wenn ein konkreter Schaden bekannt ist.

Die Formulierung »*Identität nicht sofort feststellbar*« bezieht sich darauf, dass zur Identitätsfeststellung die sichere Kenntnis von Name, Vornamen, Geburtsdatum und Geburtsort, Adresse und Staatsangehörigkeit eines Täters gehört. Die Festnahme ist bei begründetem Zweifel an der angegebenen Identität des Täters zulässig (z. B. kein oder ein ungenügender Ausweis). Das Kennzeichen eines vom Täter gefahrenen Kfz reicht zur sicheren Identifizierung der Person des Täters *nicht* aus!

»*Der Flucht verdächtig*« ist der Täter dann, wenn aufgrund seines Verhaltens der Verdacht besteht, dass der Täter unmittelbar im Begriff steht zu flüchten. Unter Flucht ist ein Verhalten zu verstehen, mit dem sich der Täter der Strafverfolgung entziehen will. Das bloße Weglaufen des Täters im Moment der Entdeckung reicht alleine (als einziger Festnahmegrund) nicht aus. In diesem Moment besteht i. d. R. aber der Festnahmegrund »Identität nicht feststellbar«. Erst wenn der Täter gestellt wurde und nun erneut zu fliehen versucht, kann man die Festnahme mit »*der Flucht verdächtig*« begründen.

Von den jeweils zwei Alternativen (Antreffen auf frischer Tat oder Verfolgung auf frischer Tat und Identität nicht feststellbar oder der Flucht verdächtig) muss je eine Bedingung zutreffen. Somit ergeben sich folgende Festnahmekombinationen:

Bestimmte Kombinationen von Bedingungen müssen gegeben sein, damit eine vorläufige Festnahme rechtens ist

- Täter wird auf frischer Tat betroffen + seine Identität ist nicht (sofort) feststellbar

oder

- Täter wird auf frischer Tat betroffen + er ist der Flucht verdächtig

oder

- Täter wird auf frischer Tat verfolgt + Identität nicht sofort feststellbar (auch wenn nach der Anhaltung keine Fluchtgefahr mehr ersichtlich ist)

oder

- Täter wird auf frischer Tat verfolgt + er ist der Flucht verdächtig (auch wenn die Identität bekannt ist, da sich auch ein namentlich bekannter Täter der Strafverfolgung entziehen kann)

Der Festnahmegrund der Fluchtgefahr kann im Einzelfall wegfallen, sobald die Identität feststeht. Sobald also eine der vier »Paarungen« vorliegt, ist jedermann (Alter, Staatsangehörigkeit, Beruf, Geschlecht spielen absolut keine Rolle) zur vorläufigen Festnahme berechtigt. Der Festnehmende braucht dabei in keiner Weise durch die Straftat selbst betroffen sein!

ACHTUNG: Eine Festnahme durch jedermann wegen einer Ordnungswidrigkeit ist unzulässig!

Eine Pflicht zur Festnahme besteht für den Privatmann nicht (und damit grundsätzlich auch nicht für den Sicherheitsverantwortlichen). Allerdings könnten Angehörige von Bewachungsunternehmen, z. B. Detektive, sofern sie einen ausdrücklichen Bewachungsvertrag oder Schutzvertrag mit dem Handelsunternehmen haben, unter Umständen wegen ihrer daraus erwachsenden Garantenpflicht wegen eines Unterlassungsdeliktes belangt werden.

Die vorläufige Festnahme ist an keine bestimmte Form gebunden; jedoch ist dem Festgenommenen unmissverständlich klarzumachen, dass er festgenommen ist. Dabei sollte ihm auch der Grund (die Tat) mitgeteilt werden, damit er eine eventuelle Widerstandshandlung nicht als »Missverständnis« abstreiten kann. Nötigenfalls darf die Festnahme auch mit körperlicher Gewalt durchgeführt werden. Hierbei ist jedoch die Verhältnismäßigkeit der Mittel zu beachten! Ist der Zweck der Festnahme erreicht, ist der Festgenommene freizulassen; andernfalls ist er möglichst rasch (ohne schuldhaftes Verzögern) der Polizei zu übergeben.

Schematische Übersicht: vorläufige Festnahme nach § 127/I StPO

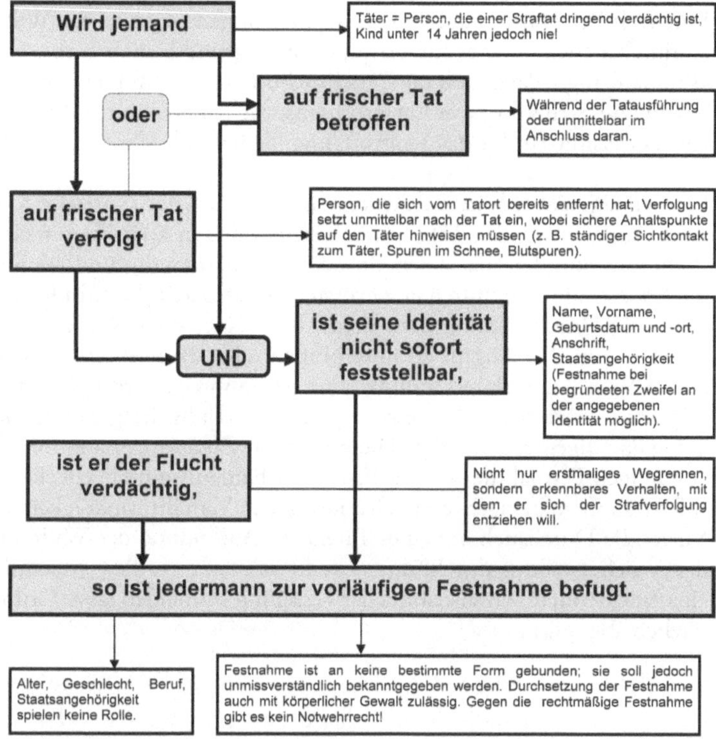

3.6.2 – Durchsuchung von Tatverdächtigen

Eine rechtliche Grundlage, einen Tatverdächtigen gegen seinen Willen zu durchsuchen, gibt es für Privatpersonen grundsätzlich nicht. Dies gilt unabhängig davon, ob die Durchsuchung zum Auffinden von Diebesgut, zur Sicherung von Eigentumsansprüchen oder zur Auffindung von Beweismitteln für das Strafverfahren dienen soll.

Eine einzige Ausnahme ist denkbar im Rahmen der Notwehr. Und zwar dann, wenn der Täter einen rechtswidrigen Angriff mit einer Waffe angekündigt hat oder ein solcher Angriff aufgrund konkreter Erkenntnisse unmittelbar bevorsteht oder bereits stattfindet und wenn die Durchsuchung dazu dient, dem Täter diese Waffe wegzunehmen, um den Angriff zu unterbinden oder abzuwehren. In solch einem Falle – zur Unterbindung eines gegenwärtigen, rechtswidrigen Angriffs – wäre sogar die Fesselung eines vorläufig festgenommenen Tatverdächtigen rechtmäßig. Diese wird im Zusammenhang mit der vorläufigen Festnahme von der Festnahmebefugnis mit abgedeckt. Insofern kann man nach dem Grundsatz der Verhältnismäßigkeit der Mittel die Durchsuchung eines Täters zur Auffindung der Waffe und deren Sicherstellung durchführen, wenn sich dadurch die – wesentlich einschneidendere – Maßnahme der Fesselung vermeiden lässt. Grundsätzlich aber gilt:

Eine rechtliche Befugnis zur Durchsuchung gegen oder ohne den ausdrücklichen Willen eines Festgenommenen durch »jedermann« gibt es nicht!

Eine obergerichtliche Entscheidung zum Thema »Durchsuchung eines Festgenommenen« ist bisher nicht ergangen. Wenn ein Tatverdächtiger jedoch ausdrücklich sein Einverständnis mit der Durchsuchung erklärt, stellt die dann durchgeführte Durchsuchung keinen Rechtseingriff dar und ist somit ohne Einschränkung erlaubt. Dies gilt dann sowohl für Bekleidung und mitgeführte Gegenstände als auch für Fahrzeuge und sogar die Wohnung des Beschuldigten. Eine absolute Selbstverständlichkeit ist es, dass Frauen – vorausgesetzt, dass sie mit einer Durchsuchung einverstanden sind – ausschließlich von Frauen durchsucht werden dürfen. Männer haben während der Durchsuchung den Raum zu verlassen.

Man sollte sich möglichst vor einer Durchsuchung die Einwilligung dazu schriftlich bestätigen lassen, soweit dadurch der Zweck der Durchsuchung nicht gefährdet wird und dies aus Gründen der Eigensicherung vertretbar erscheint (wie etwa bei der Durchsuchung von mitgeführten Einkaufstaschen, die außerhalb der Zugriffsmöglichkeit des Täters abgestellt wurden). Ferner ist eine Durchsuchung stets von mindestens zwei Personen vorzunehmen, um falschen Anschuldigungen (»Das haben Sie mir gerade in die Jackentasche gesteckt.« oder »Ich hatte gerade noch einen Geldschein in der Tasche, der ist jetzt verschwunden, den haben Sie mir gestohlen!«) vorzubeugen.

Von der Durchsuchung von Wohnräumen oder Geschäftsräumen ist grundsätzlich *dringend* abzuraten. Selbst wenn der Tatverdächtige damit ausdrücklich einverstanden ist, kann er dann in seiner Wohnung diese Erlaubnis jederzeit und ohne Begründung widerrufen und die Durchsuchenden auffordern, unverzüglich seine Wohnung bzw. sein Büro zu verlassen. Dann müssen die Aufgeforderten unverzüglich die Räume verlassen, da sie sich andernfalls eines Vergehens des Hausfriedensbruchs schuldig machen würden. Bis dann in so einem Fall die alarmierte Polizei eintrifft, hat der Tatverdächtige Zeit, Beweismittel und Spuren zu beseitigen. Dessen sollte man sich stets bewusst sein und deshalb prüfen, ob nicht bereits im Vorfeld die Polizei eingeschaltet werden kann.

3.6.3 – Fesselung des Täters

Die Fesselung eines Täters ist unter den Voraussetzungen des § 127/I StPO (vorläufige Festnahme) dann zulässig, wenn sie zur Bedeutung der Sache im Verhältnis steht und das mildeste Mittel darstellt, um einen Täter an der Flucht zu hindern oder sich gegen seine rechtswidrigen Angriffe zu schützen. Von der Fesselung sollte erst dann Gebrauch gemacht werden, wenn festes Zupacken allein nicht mehr ausreicht. Insofern ist die Anwendung von Zwang gegen den Täter durch Privatpersonen von der Ermächtigungsnorm der vorläufigen Festnahme abgedeckt. Eine eigene Rechtsvorschrift für die Fesselung durch Privatpersonen gibt es nicht.

Es ist bei der Fesselung besonders zu berücksichtigen, dass eine gesundheitliche Beschädigung des Täter nicht zulässig ist (Ausnahme: die bei der Überwindung der Gegenwehr erforderlichen Maßnahmen). Der Gefesselte darf also weder so gefesselt werden, dass durch die Fesselung Schmerzen zugefügt werden (zu enges Verschnüren, Verschnüren mit scharfkantigen Bändern oder mit Draht; Festbinden an heißem Heizkörper o. Ä.), noch so, dass er durch die Art der Fesselung verletzt werden kann (Fesselung an ein Hochregal, das bei einer heftigen Bewegung auf den Gefesselten stürzen könnte u. Ä.). Werden Personen festgenommen und gefesselt, ist unverzüglich die Polizei zu verständigen, wobei auf den Umstand, dass der Festgenommene gefesselt wurde, *am Telefon ausdrücklich bereits hinzuweisen ist*!

Wenn eine Fesselung notwendig ist, muss die Polizei unverzüglich darüber informiert werden

3.6.4 – Selbsthilfe nach dem BGB

3.6.4.1 – Selbsthilfe (Festnahme) – § 229 BGB

> Wer zum Zwecke der Selbsthilfe eine Sache wegnimmt, beschädigt oder zerstört oder wer zum Zwecke der Selbsthilfe einen Verpflichteten, welcher der Flucht verdächtig ist, festnimmt oder den Widerstand des Verpflichteten gegen eine Handlung, die dieser zu dulden verpflichtet ist, beseitigt, handelt nicht widerrechtlich, wenn obrigkeitliche Hilfe nicht rechtzeitig zu erlangen ist und ohne sofortiges Eingreifen die Gefahr besteht, dass die Verwirklichung des Anspruches vereitelt oder wesentlich erschwert werde.

Erläuterung

Diese Bestimmung dient der Sicherung eigener Ansprüche des Handelnden. Die Ausübung des Selbsthilferechtes ist nur für den Betroffenen selbst zulässig. Er darf allerdings die Hilfe eines Dritten dazu in Anspruch nehmen. Nothilfe ist nach § 32 StGB für Dritte zugunsten des Handelnden dann möglich, wenn der Verpflichtete sich gegen die Handlung wehrt und dadurch einen rechtswidrigen Angriff begeht.

Diese Bestimmung beinhaltet drei unterschiedliche Handlungsbefugnisse:

- die Wegnahme, Zerstörung oder Beschädigung einer Sache
- die Festnahme eines Verpflichteten und
- die Beseitigung des Widerstandes gegen eine zulässige Handlung.

Die Selbsthilfe erfordert, dass der Handelnde zunächst einen Rechtsanspruch besitzt (z. B. aus einer Forderung auf Schadenersatz aus einer unerlaubten Handlung) und dass die Verwirklichung dieses Anspruches ohne Selbsthilfehandlung vereitelt oder wesentlich erschwert würde. Darüber hinaus müssen zwei weitere Voraussetzungen erfüllt sein: Sofortiges Handeln muss erforderlich sein und obrigkeitliche Hilfe (also z. B. die Polizei) ist nicht rechtzeitig zu erlangen.

Bedeutung in der Praxis

Ein Ladendieb wird beim Einstecken einer bestimmten Ware durch einen Mitarbeiter des Handelsunternehmens beobachtet, kann sich jedoch seiner Festnahme nach § 127/I StPO durch die Flucht entziehen. Acht Tage später entdeckt der Mitarbeiter den Täter wieder im Kaufhaus. Eine vorläufige Festnahme nach der StPO scheidet nunmehr aus, da der Täter jetzt nicht mehr auf frischer Tat angetroffen wird und auch seine Verfolgung nach der Tat unterbrochen war und daher nicht mehr andauert. Da das Kaufhaus jedoch durch die Tat des Ladendiebes um den Wert der von ihm entwendeten Ware geschädigt wurde, hat es gegen den Täter (den »Verpflichteten«) einen Rechtsanspruch auf Schadenersatz wegen der von ihm – mit dem Diebstahl zugleich – begangenen unerlaubten Handlung (beachte dazu § 823 BGB).

Ohne die sofortige Anhaltung des Täters, also des Verpflichteten, würde dieser erneut flüchten und damit die Verwirklichung des Schadenersatzanspruchs abermals vereitelt werden. Diese Lücke schließt der § 229 BGB, der ein **echtes Festnahmerecht** darstellt, gegen das der Verpflichtete kein Notwehrrecht besitzt! Allerdings darf die Zielrichtung der Festnahme ausschließlich dahin gehen, die eigene Forderung zu befriedigen, und nicht dahin, den Täter der Strafverfolgung zuzuführen. Würde also der Verpflichtete unmittelbar nach seiner Anhaltung den von ihm geforderten Schadenersatz leisten (z. B. durch Barzahlung oder Rückgabe der entwendeten Sache) oder sich zweifelsfrei ausweisen können und dabei über einen festen Wohnsitz verfügen, sodass seine Identität eindeutig feststünde, so entfällt der Festnahmegrund nach § 229 BGB und der Verpflichtete (Täter) ist unverzüglich wieder zu entlassen! In letzterem Falle ist der Schadenersatzanspruch zivilrechtlich geltend zu machen.

Begeht der Täter bei seiner Festnahme nach § 229 BGB allerdings erneut eine »frische« Straftat (z. B. Körperverletzung, Bedrohung, Nötigung, Beleidigung oder eine Sachbeschädigung), dann sind diesbezüglich die Voraussetzungen für eine erweiterte Festnahme nach § 127/I StPO gesondert zu prüfen. Soweit der Verpflichtete weder den Schaden ersetzen noch sich genügend ausweisen kann, um seine Identität zu belegen, darf er bis zum Eintreffen der dann unverzüglich zu verständigenden Polizei auch gegen seinen Willen festgehalten werden.

Die Festnahme nach § 229 BGB darf nach dem Wegfall der dort geregelten Voraussetzungen nicht zu dem Zweck aufrechterhalten werden, um den Festgenommenen zur Strafverfolgung an die Strafverfolgungsbehörden zu übergeben!

3.6.4.2 – Zurückholen von Diebesgut

Gestohlene Dinge dürfen dem Dieb wieder abgenommen werden

Die §§ 858 bis 860 BGB geben dem Besitzer einer **beweglichen Sache** oder dessen Beauftragten (dem sogenannten Besitzdiener) das Recht, nötigenfalls gewaltsam einem auf frischer Tat betroffenen oder verfolgten Täter eine durch dessen verbotene Eigenmacht entzogene, bewegliche Sache wieder wegzunehmen. Nach herrschender Rechtsmeinung schließt dieses Recht eine vorausgehende Durchsuchung nach der Sache jedoch nicht ein, sondern gilt nur für die Gegenstände, die frei sichtbar und erreichbar sind. Die verbotene Eigenmacht durch den Täter stellt zugleich eine unerlaubte Handlung dar, die den Geschädigten zur Selbsthilfe nach § 229 BGB berechtigt, und überdies auch eine »frische« Straftat, die die Festnahme des Täters auch nach § 127/I

StPO erlaubt. Kann also der im Wege der verbotenen Eigenmacht entzogene bewegliche Gegenstand nicht sofort wieder erlangt werden, bleibt dem Geschädigten als Alternative die Festnahme des Täters und dessen Übergabe an die Polizei, die dann zur Durchsuchung und Sicherstellung des Gegenstandes befugt ist.

3.6.4.3 – Verbotene Eigenmacht – § 858 BGB

> (1) Wer dem Besitzer ohne dessen Willen den Besitz entzieht oder ihn im Besitz stört, handelt, sofern nicht das Gesetz die Entziehung oder die Störung gestattet, widerrechtlich (verbotene Eigenmacht).
>
> (2) Der durch verbotene Eigenmacht erlangte Besitz ist fehlerhaft. [...]

3.6.4.4 – Selbsthilfe des Besitzers – § 859 BGB

> (1) Der Besitzer darf sich verbotener Eigenmacht mit Gewalt erwehren.
>
> (2) Wird eine bewegliche Sache dem Besitzer mittels verbotener Eigenmacht weggenommen, so darf er sie dem auf frischer Tat betroffenen oder verfolgten Täter mit Gewalt wieder abnehmen.
>
> [...]

Erläuterung

»*Auf frischer Tat betroffen oder verfolgt*« unterliegt den gleichen Kriterien, wie sie im Zusammenhang mit der vorläufigen Festnahme nach § 127/I StPO bereits beschrieben wurden. Das bedeutet, dass der Besitzer einer Sache den Täter in dem Moment antrifft, in dem dieser die Sache wegnimmt oder den Täter unmittelbar nach der Wegnahme der Sache zu verfolgen beginnt. Die Verfolgung muss ohne Unterbrechung andauern bis zu dem Zeitpunkt, an dem der Täter angehalten wird. Zugleich ist die – verhältnismäßige – Anwendung von Gewalt durch den Geschädigten gerechtfertigt, der Täter ist daher nicht berechtigt,

Man darf sich eines Diebstahls am eigenen Besitz auch gewaltsam wehren seinerseits gegen die Maßnahme des Geschädigten zur Wiedererlangung seines Besitzes Notwehr geltend zu machen! Wendet der Täter gar Gewalt an, um gezielt im Besitz des gestohlenen Gutes zu bleiben, begeht er ein Verbrechen des räuberischen Diebstahls gem. § 253 StGB (siehe das entsprechende Kapitel dazu).

3.6.4.5 – Selbsthilfe des Besitzdieners – § 860 BGB

Zur Ausübung der dem Besitzer nach § 859 zustehenden Rechte ist auch derjenige befugt, welcher die tatsächliche Gewalt nach § 855 für den Besitzer ausübt. Bei der gewaltsamen Wegnahme ist der Grundsatz der Verhältnismäßigkeit in besonderer Weise zu beachten! In aller Regel sind Angestellte eines Unternehmens zugleich auch Besitzdiener ihres Arbeitgebers und damit ist auch der Sicherheitsverantwortliche Besitzdiener im Sinne dieser Vorschrift.

3.7 – Anhaltung von Kunden an Warensicherungsschleusen

Bei der Einführung der elektronischen Warensicherungssysteme waren sich Medien und Handel einig: Die Wunderwaffe gegen Ladendiebstahl war erfunden! Unaufhaltsam hielt die innovative Alternative zu allen bisher dagewesenen Sicherheitsmaßnahmen Einzug in die Geschäfte. Mit enormen finanziellen Aufwendungen wurden die Artikel mit den neuen Etiketten versehen und Detektoren an den Ausgängen montiert.

Zunächst war der Erfolg vielversprechend: Viele Täter wurden von der neuen Methode überrascht und blieben in den Fängen der Elektronik hängen. Umso größer war das Erstaunen, ja das Erschrecken bei den Handelsunternehmen, als sich schon nach kurzer Zeit herausstellte, dass die Inventurverluste trotz des enormen Aufwandes kontinuierlich weiterstiegen. Wie konnte das sein? Nun, die einseitig herausgestellten Vorzüge dieser Warensicherungssysteme hatten deren erhebliche Nachteile schlichtweg unterdrückt. Denn einerseits kann dieses Sicherungssystem Personaldiebstähle kaum verhindern, da ja das diebische Personal alle Möglichkeiten hat, die Sicherungsetiketten zu entfernen (oder gar nicht erst anzubringen), und zum anderen hatte man nicht mit der Anpassungsfähigkeit des kriminellen Gegenübers gerechnet:

Mithilfe einfacher Folien oder – professioneller – mit eigens mitgebrachten Magnetlösern konnten die Sicherungsetiketten leicht unwirksam gemacht werden. Rabiatere Täter versahen sich mit einer Nagelschere und schnitten die Sicherungsetiketten einfach aus Plastik und Textilien heraus.

Zu Beginn des revolutionären Zeitalters der elektronischen Sicherungsetiketten wurden die alarmgesicherten Ausgangsschleusen überwiegend mit geschultem Sicherheitspersonal besetzt, um im Falle der Alarmauslösung sofort die erforderlichen Maßnahmen ergreifen zu können. Zu diesem Zweck verlagerten viele Unternehmen den Einsatzbereich ihrer Detektive aus dem Verkaufsraum hin zu den Ausgängen.

Mit Freude registrierte man anfangs, dass auf diese Art und Weise etliche Ladendiebe ertappt werden konnten, die oftmals ohne diese

Sicherungstechnik unentdeckt geblieben wären. Daraus zogen die Unternehmen den – unzulässigen, weil sachlich falschen – Schluss, dass man für diese Tätigkeit vermeintlich keine teuren Sicherheitsfachleute benötige, sondern den gleichen Nutzen mit günstigeren Türstehern, sogenannten Doormen erreichen könne. So wurden Detektive entlassen und durch fachlich nicht qualifizierte Türsteher ersetzt. Doch auch dies erschien den Firmen schon bald zu teuer, sodass man schließlich dazu überging, Verkäufer von Abteilungen, die in der Nähe der Ausgänge lagen, damit zu beauftragen, im Falle einer Alarmauslösung nach dem Rechten zu sehen.

Kaufhausdetektive wurden durch Elektronik ersetzt – zum Nachteil der Unternehmen

Damit aber wurde die Qualität der gesamten Sicherheitsstandards zusehends immer schlechter. Dies wiederum hatte zur Folge, dass es unehrlichem Personal, aber auch den Profis unter den Ladendieben umso leichter gemacht wurde, innerhalb der Verkaufsbereiche, aber auch im übrigen Bereich Manipulationen durchzuführen, da dort ja kaum noch Überwachung stattfand. Zudem erwies es sich im Laufe der Zeit, dass die Systeme relativ störanfällig waren und es daher zu einer Vielzahl von Fehlalarmen kam. Übersehene Etiketten, die von den Verkäufern versehentlich nicht abgenommen worden waren, führten zu Peinlichkeiten und Ärgernissen und nicht selten auch zu körperlichen Angriffen und zu Anzeigen gegen die Verkäufer. Immer öfter verzichten diese daher darauf, bei einer Alarmauslösung nach der Ursache zu forschen. Täter warteten einen günstigen Moment ab, wenn mehrere Kunden gleichzeitig durch die Ausgänge gingen, sodass es schwer war, den Kunden korrekt zu bestimmen, der für die Auslösung des Alarms verantwortlich war.

Eine Kosten-Nutzen-Analyse zeigt: Ladendetektive verhindern mehr Diebstähle als elektronische Sicherungen

All dies sind schwerwiegende technische und organisatorische Mängel, die die »Wunderwaffe« Warensicherungselektronik als fragwürdig erscheinen lassen, vor allem, wenn man eine Kosten-Nutzen-Analyse hierzu erstellt und dabei realistisch berücksichtigt, dass der Faktor »Abschreckung« weitgehend vernachlässigt werden kann. Symptomatisch erscheinen mir in diesem Zusammenhang die Aussagen mehrerer Mitglieder einer großen Diebesbande, die sich auf Kaufhausdiebstähle verlegt hatten. Unumwunden gaben sie an, dass sie mit Vorliebe Geschäfte mit elektronischen Warensicherungsanlagen bei ihren Beutezügen heimgesucht hatten, weil in »solchen Geschäften so gut wie keine echten Detektive mehr arbeiten«, »da kannst du völlig ungeniert dein

Ding machen«, »da beobachtet dich keiner und du kannst ungestört raus spazieren«, »die Etiketten sind kein Problem, da gibt es einfache Mittelchen …«.

Das schwerwiegendste Argument gegen die Verwendung von elektronischen Sicherungsetiketten jedoch hat bislang offensichtlich weder die Industrie – und die aus nachvollziehbarem Grund – noch der Handel bislang realisiert, geschweige denn, öffentlich thematisiert: Die Anhaltung einer Person nämlich, die beim Durchschreiten einer Sicherungsschleuse Alarm auslöst, ist in den allermeisten Fällen gegen den Willen dieser Person immer dann nicht zulässig und damit rechtswidrig, wenn ansonsten keine weiteren, sicheren Erkenntnisse vorliegen, dass diese Person eine Straftat verübt hat!

Löst eine Person beim Durschreiten der Ausgangsschleuse Alarm aus, darf sie – wenn nicht andere, sichere Erkenntnisse vorliegen, dass die Person einen Diebstahl verübt hat – gegen ihren Willen nicht angehalten werden!

Ist eine Person, bei der sich beim Durchqueren einer Ausgangsschleuse Alarm ausgelöst hat, mit einer Kontrolle einverstanden, ist die weitere Kontrolle rechtlich unproblematisch. Hier greift wieder der Rechtsgrundsatz »dem Wollenden geschieht kein Unrecht«. Wer sich erkennbar und ausdrücklich mit der Vornahme von Kontrollmaßnahmen – ggf. bis hin zu einer Durchsuchung – einverstanden erklärt, löst seitens des Überprüfenden somit keinerlei rechtliche Eingriffsmaßnahmen aus.

Nur ein Alarm an den Ausgängen reicht für den Verdacht auf Ladendiebstahl nicht aus

Ganz anders ist die Situation zu bewerten, wenn die betroffene Person sich nicht ausdrücklich mit derartigen Überprüfungsmaßnahmen einverstanden erklärt oder gar solchen Maßnahmen widerspricht oder durch ihr Verhalten (Abwenden, Weitergehen oder Losreißen nach Ergreifung) deutlich macht, dass sie mit einer Kontrolle nicht einverstanden ist. In diesem Falle ist zu prüfen, welche Befugnisnormen in Form von Eingriffsrechten der handelnde Mitarbeiter oder Beauftragte des Unternehmens für eine zwangsweise Anhaltung einer Person nach Alarmauslösung in Anspruch nehmen kann.

Hierzu kommen grundsätzlich als Jedermannsrechte die Befugnisnormen aus § 127/I StPO (vorläufige Festnahme) und § 229 BGB (Selbsthilfe) in Betracht. Zwingende Voraussetzung für eine vorläufige Festnahme nach § 127/I StPO ist das Antreffen bzw. die Verfolgung einer Person auf frischer Tat und die Tatsache, dass deren Identität nicht feststeht oder die Person der Flucht verdächtig ist.

Besonders zum Punkt »auf frischer Tat betroffen« gibt es rechtsverbindliche Entscheidungen des BGH, die – auf den Punkt gebracht – das Recht zu einer vorläufigen Festnahme durch jedermann ausdrücklich und **nur dann** zulassen, wenn der Festnehmende **»sicheres Wissen für das tatsächliche Vorliegen einer Straftat«** hat. Die bloße Vermutung oder ein Verdacht reichen explizit nicht aus, um eine vorläufige Festnahme durch »jedermann« zu rechtfertigen.

Elektronische Sicherungssysteme lösen auch häufig Fehlalarm aus. Das hat rechtliche Konsequenzen!

Dies bedeutet in der Praxis zunächst einmal, dass **sicheres Wissen** um das Vorliegen einer »frischen« Tat gegeben sein muss, soll jemand gegen seinen Willen nach Alarmauslösung festgehalten (vorläufig festgenommen) werden. Diese Annahme könnte dann begründet werden, wenn gewährleistet wäre, dass jedem einzelnen Fall einer Alarmauslösung auch tatsächlich ein Diebstahl zugrunde liegt. Nach meinen langjährigen Erfahrungen und nach den Recherchen bei verschiedenen Handelsunternehmen ist es in der Praxis jedoch so, dass eine Vielzahl von Alarmauslösungen an Warensicherungsschleusen als sogenannte »Fehlalarme« einzustufen sind.

In Einzelfällen berichteten Diebstahlsachbearbeiter sogar von einer »Fehlalarmquote« von bis zu 95 % (!) – in Übereinstimmung mit den BGH-Entscheidungen ist damit eine sichere Kenntnis vom Vorliegen einer Straftat bei einer Alarmauslösung längst nicht mehr gegeben! Im letztgenannten Beispiel – bei einer Fehlalarmquote von 95 % – beträgt die Wahrscheinlichkeit, dass die Alarmauslösung auf eine Straftat zurückzuführen ist, gerade einmal 5 % – da kann von »sicherer Kenntnis von einer Straftat« wahrlich nicht mehr die Rede sein!

Dies aber bedeutet in letzter Konsequenz wiederum, dass damit eine zwangsweise Anhaltung von Personen nach einer Alarmauslösung rechtlich nicht statthaft ist! Vielmehr macht sich der Anhaltende damit selbst einer Reihe von Straftaten wie Amtsanmaßung, Nötigung,

Beleidigung oder Verleumdung und bei Einschaltung der Polizei ggf. auch bis zu deren Eintreffen der Freiheitsberaubung und der falschen Verdächtigung und bei Widerstandshandlungen des Festgenommenen ggf. sogar der Körperverletzung schuldig!

Die Inanspruchnahme der allgemeinen Selbsthilfe nach § 229 BGB setzt das Vorliegen einer unerlaubten Handlung und einer daraus resultierenden Schadenersatzpflicht durch einen Verpflichteten voraus. Auch in diesem Fall besteht rechtlich keine Möglichkeit, beim Auslösen eines Alarms ohne weitergehende Erkenntnisse der betroffenen Person eine unerlaubte Handlung zu unterstellen. Tatsache ist nämlich, dass häufig lediglich ein Sicherungsetikett versehentlich durch das Personal nicht abgelöst oder nicht »entschärft« wurde und es nur deswegen zu einer Alarmauslösung kommt. Damit aber kann dem Kunden kein Fehlverhalten (keine unerlaubte Handlung als Auslöser für eine Schadenersatzpflicht nach dem BGB) angelastet werden.

Und wenn es sich dabei gar nur um ein nicht »entschärftes« Etikett handelt, das ansonsten regulär an der verkauften Ware verbleibt, entsteht dem Unternehmen keinerlei bezifferbarer Schaden und damit auch kein Schadenersatzanspruch an dem Etikett. Damit scheidet regelmäßig auch die Anwendung des § 229 BGB als »Universalbefugnis« zur Anhaltung nach einer Alarmauslösung aus, wiederum verbunden mit der Gefahr für den Anhaltenden, sich im Falle einer zwangsweisen Anhaltung der bereits genannten Straftaten schuldig zu machen, wie z. B. der Amtsanmaßung, der falschen Verdächtigung, der Beleidung oder im Falle, dass sich die angehaltene Person – zurecht – zur Wehr setzt, womöglich auch eines Vergehens der Freiheitsberaubung oder der Körperverletzung.

Die letzte Variante des eigenen Tätigwerdens durch Jedermann zum Schutz seiner privaten Rechte beschreiben die §§ 859, 860 BGB, die die Selbsthilfe des Besitzers regeln. Während mit der Bestimmung des § 229 BGB die Durchsetzung eines privaten Anspruchs mit privater Gewalt geregelt wird, gibt der § 859 BGB die Befugnis zur Anwendung privater Gewalt zur Abwehr einer Besitzstörung bzw. zur Wiedererlangung des Besitzes.

Voraussetzung für eine vorläufige Festnahme wie auch Selbsthilfe ist die sichere Kenntnis von der Tat

Voraussetzung dafür ist, dass der Besitzstörer in verbotener Eigenmacht (§ 858 BGB) gehandelt hat. Für die Rechtmäßigkeit der Anwendung privater Gewalt, z. B. zur Wiedererlangung von Besitz, ist allerdings wieder zwingende Voraussetzung, dass der Festnehmende sichere Kenntnis von der Tat bat und der Täter auf frischer Tat angetroffen wird. Damit ergibt sich dieselbe Problematik wie bei der vorläufigen Festnahme.

Wenn nach einer ungerechtfertigten Anhaltung Strafverfahren gegen die anhaltenden Personen (z. B. beauftragtes Verkaufspersonal oder Diebstahlsachbearbeiter) eingeleitet werden, hat dies darüber hinaus zur Folge, dass sich Mitarbeiter und Angehörige der Unternehmen künftig – zu Recht – weigern werden, weiterhin derartige Anhaltungen gegen den Willen eines Betroffenen vorzunehmen.

Mitarbeiter, auch Sicherheitsverantwortliche, können rechtlich belangt werden, wenn sie unrechtmäßig gegen den Kunden handeln

Auch wird es zu weiteren folgenschweren Reaktionen kommen: Es ist nämlich zu befürchten, dass der Großteil der Personen, die unwissentlich und ohne Verschulden an einer Ausgangsschleuse Alarm auslösen, dann der in der Regel nicht besonders angenehmen – weil fast immer öffentlich wahrnehmbaren – freiwilligen Prozedur einer Kontrolle nicht mehr zustimmen werden. Damit aber müssen auch alle Straftäter, die in einem Unternehmen gesicherte Waren entwendet und eingesteckt haben, ohne dass diese Tat beobachtet wurde, fortan keine Sorge mehr haben, dass sie nach Auslösung eines Alarmes angehalten werden können. Damit erweist sich die einseitige Investition in Warensicherungselektronik als folgenschwere Fehlinvestition, und den Handelsunternehmen bricht einer der wesentlichsten Pfeiler ihrer Diebstahlsprävention weg, nämlich die elektronische Warensicherung.

Als Fazit bleibt somit festzustellen, dass elektronische Warensicherungsanlagen zwar einen gewissen präventiven Schutz bieten können, doch dass das System so viele praktische Unzulänglichkeiten aufweist und rechtliche Mängel bewährt, dass man unbedingt begleitend und überlagernd dazu auf andere, bewährte Sicherungssysteme zurückgreifen muss. Hierbei sind die Verwendung von Videoüberwachungssystemen und der Einsatz geschulter Diebstahlsachbearbeiter unverzichtbar.

Register – Paragraphen

Register – Begriffe

E

L

S

V

W

Z